改訂新版
ジオグラフィー入門
―考える力を養う地理学は面白い―

筑波大学名誉教授 **高橋伸夫**
東京大学名誉教授 **谷内　達**
愛知教育大学名誉教授 **阿部和俊**
駒澤大学教授 **佐藤哲夫**
高知大学教授 **杉谷　隆**
編

古今書院

0 はじめに

　　　　　　　　本書は，「ジオグラフィー入門」の改訂新版です。
　一冊の本をつくるとき，まず読者のニーズの分析から始めます。それには執筆者と編集担当者が携わります。今回は，改訂作業にあたり，両者に集まっていただきましたので，われわれの作成した本書の目標と特色などについて語ることにしましょう。

1 地理学とは

S まだまだ高校でも地理の履修者数が少なくて，15％とか言われています。まして一般の人々には，地理・地理学は「地名の暗記と名産物の羅列」であると考えられているようです。そこで，「地理学とは，何であるか」を，最初におおまかに述べるとどうなりますか。
T 手短に申し述べると，以下のようになるでしょう。
　地理学とは，人びとが居住する土地の自然環境に対していかに適応しているのかを究明する学問です。すなわち，人間と自然環境のかかわりを正しく知ることです。
　最近では，各地で将来に対して当該地域をどのように開発・計画するべきかの政策的な役割・要請も地理学に求められています。

2 地理学の特色

T 地理学は森羅万象への興味を抱くことが原点です。本書はその一端を示していることになりますが，重要な点としては，「現地調査は地理学の基本である」とさえ言われています。それほど現実世界の諸事象の観察や洞察が重要になります。
S 写真手前は，東京都文京区の東京ドームとその周辺の後楽園地区です。教育機関やオフィス，寺院，住宅等がめだちます。
T 文献によると，この地区は江戸末期には水戸藩主の広大な上屋敷（かみやしき）（大名の江戸での居住地）でした。明治期に軍の諸施設となり，その一部は1988年に日本で最初の屋根付き野球場となります。台地には広大な屋敷や私塾をはじめとした学校等があり，一方，低地には小石川に沿って商工業地域がありました。このように文献の解読や土地利用・調査等も必要に応じて行います。自分の関心事が深まるにつれて「大都市の都心周辺における土地利用の変遷」のようなテーマで研究することもできます。
　古代，地理学は，ある地域的範囲を記述することからはじまりました。そのため，「地域」あるいは「空間」がキーワードの1つとなります。そして，なるべく多くの地域と比較して，どこにでも見られる一般性と，逆にその土地のみしか見られない固有性とを見い出すのです。
S 少々，抽象的になってきましたので，詳細については各章の事例を読んでもらいましょう。

写真　文京区シビックセンター25階展望室より西側を望む。新宿副都心その遠景に富士山が見える。（2008年3月撮影）

3　地理学を学んで何を得るのか

T　地理学の方法論はむずかしくて，執筆者の先生間にも見解の不統一があります。いずれにしても地理学のモデル化・理論化を目指すには，多数の事例が必要だといえます。

S　それゆえ，地理学の先生方は海外出張されて楽しい想い出をお持ちになるのですね。

T　そう，このテキストは，学生だけでなく，一般の人びとにも向けて編集したつもりです。地理学を学ぶと，1. 自然・人文環境の両者を理解できるような複眼を持ちます。2. 現地で物事を考えるため，現状認識に強くなります。たとえばグローバル化に対応しやすいことなどです。3. 事象をみるときに，地域とそれぞれのスケールごとに分けて考えることもできるようになります。

S　なるほど，それでは，地球をスケールごとに分けて考える仕方を教えてください。

T　人は，生活する上で，住宅（家族），身近な地域（郷土），地方，都道府県，国，人陸，そして世界，というように，自らの舞台をモザイク状に，分割されたそれぞれの空間を擁

しています。それに加えて，人類愛に満ち溢れた人びとこそ，この各モザイクのなかで活動できるのです。

S 「かけがえのない地球」にわれわれの愛情を注ぐには，地理学の眼差しが必要になります。それにこそ地理学が重要ですね。

T まさしく，私の考え方はみなさんと同様なのです。「最小の宇宙」と言われている家族には家族愛が，身近な地域を大切にするには，近隣愛，郷土愛が従来必要であると言われてきました。地表のあらゆる諸事象を明らかにする地理学によってこそ，地球をこよなく愛する「地球愛」を持つことができるし，地理学がおそらく最も近道な学科でしょう。世界平和を常に祈るために，地理学愛を持ち備える人が増えることを切望いたします。これから地理学を楽しく学びあいたいですね。

T&S 読者のみなさんとともに地理学を学びましょう。

4 本書の使い方・読み方

S どのように本書を使って地理学を学んだらよいのでしょうか。

T 中学校や高校にはそれぞれ社会科地理，地理歴史科地理がありますが，大学にも地理学があります。中学や高校の地理は，文部科学省による学習指導要領によって決められた目標のもとに構成されています。大学の地理学は，地理学の専門家を育てるコースと，本書のように教養としての地理学のおもしろさをわかろうとするコースがあります。

本書にはいくつもの地理学のトピックスがあり，それぞれのトピックが地理学の特色あるテーマでもあります。チラシ寿司のようにきれいな色別に飾り立てた構成なら，現代的なテーマ，日本のテーマ，世界のテーマでまとめることもできます。素材ごとにグルーピングして読者の興味関心の高いトピックスから読むこともできます。いずれにしても，本文と図版と写真でテーマを明らかにするという地理学のセンスがあふれている題材を厳選してあります。

S これから出会うであろう未知の場所，地域，都市，そこでおこるさまざまな現象に遭遇したとき，地理学分野なら，このように考えてみるのだろうなぁ，という見方のお手本がトピックスとして並べられているわけですね。実際の自分たちの生活のなかで地理学のおもしろさを発見するヒントとしての読み物として読んだりもできますね。

T そうです。そして，基本的な三つの課題例を挙げておきました。統計数値を処理する作業，地図で作業する課題，システム思考の作業です。これらは，社会で生きていくうえでおそらく役に立つだろうトレーニングとして，地理学スキルとして身につけておかれたらと思います。本書を読むのもちろんですが，「現地で，体験すること」こそが一番大事なのです。

S はい，わかりました。読者のみなさんには，この本で地理学のセンスを身につけて，どんどん現地に飛び出して行って，いろいろな体験をしてほしいですね。

2008年5月　　　　　　　　　　　　　　　　　　　執筆者・編集者一同

改訂新版 ジオグラフィー入門 目次

はじめに

第1章　ジオグラフィー（地理学）の基礎　　　7

1	自然環境と人間社会	杉谷　隆	8
2	日本を縮める新幹線	田中耕市	10
3	分布図でみるオーストラリア	谷内　達	14
4	選挙にみる地理学	高木彰彦	18
5	地図にみる平安京と平城京	高橋誠一	22
6	人々の行動を分析する―生活活動の分析	川口太郎	26
7	頭のなかの地図	岡本耕平	30
8	地図は語る	長坂政信	34
9	人はいかに分布するか	小笠原節夫	38
10	人は移動する―引っ越しの地域性	平井　誠	42
★	課題を考えてみよう（1）数値を地図化する	高橋伸夫	46

第2章　都市の問題を考える　　　47

11	都市の内部に構造をみる	伊東　理	48
12	郊外は成長しうるか？	藤井　正	52
13	モータリゼーションは地域を変える	菅野峰明	56
14	東京一極集中はすすむ	阿部和俊	60
15	都市は気候を変える	黒坂裕之	62
16	阪神・淡路大震災が教えたこと	戸所　隆	66
★	課題を考えてみよう（2）土地利用の観察	菊地俊夫	70

第3章　グローバリゼーション　　　71

17	サッカーにみる地理学	高橋伸夫	72
18	アジア新時代	佐藤哲夫	74
19	航空機は世界をめぐる	井田仁康	76
20	農林水産物を外国に依存する日本	犬井　正	80
21	石油は世界をめぐる	菊地俊夫	84

| 22 | ヨーロッパの「中心」と「周辺」 | 山本　充 | 88 |
| ★ | 課題を考えてみよう（3）システム思考を | 高橋伸夫 | 92 |

第4章　さまざまな産業そして地域開発　　93

23	新しい観光形態の誕生	溝尾良隆	94
24	世界遺産と持続する観光	溝尾良隆	98
25	観光まちづくり―景観保全と景観創造	溝尾良隆	102
26	日本の商業が急変する	高橋重雄	106
27	工業の立地が変わる	大塚昌利	110
28	農業は変わる―果樹生産地域の土地利用変化	内山幸久	114
29	カリーの秘密―インド社会の展開	佐藤哲夫	118
30	フィリピンの地域開発政策―均衡ある発展をめざす	貝沼恵美	122
31	アフリカの農村と食料問題	手塚　章	126

参考文献と数行の解説	130
解答編	138
出典および資料一覧	142
用語解説	146

第1章 ジオグラフィー（地理学）の基礎

1 自然環境と人間社会

南国高知を代表する農業は？

 小中学校の「地理」では、「気候と暮らし」の題材として太平洋岸の温暖気候と高知県のハウス栽培がよく取りあげられる。しかし、筆者が学んだ1960年代にはイネの二期作だった。この変更の理由は図1に示されている。実は、二期作も昔から全県域で盛んだったわけではなく、1921年に極早稲品種と極晩稲品種が作出されてから高知平野に広まった農法にすぎない。コメ生産量は1960年ころに最大になるが、食生活が洋風化し日本史上未曾有のコメ余り問題が発生したために減反が始まる。この苦境下で二期作は中止され、稲作と野菜栽培の複合経営に移行していくのである。ただし、超早場米はいまなお市場価値があるため、3月中旬には専用品種が植え付けられ、7月に収穫されている。ハウス栽培の成立条件には、この食糧事情のほかに、生鮮野菜を迅速にトラック輸送する方法、とくに高速道路網の確立、石油化学工業からの農業用ビニル資材供給、冬に加温するための安価な石油燃料の供給なども欠かせない。

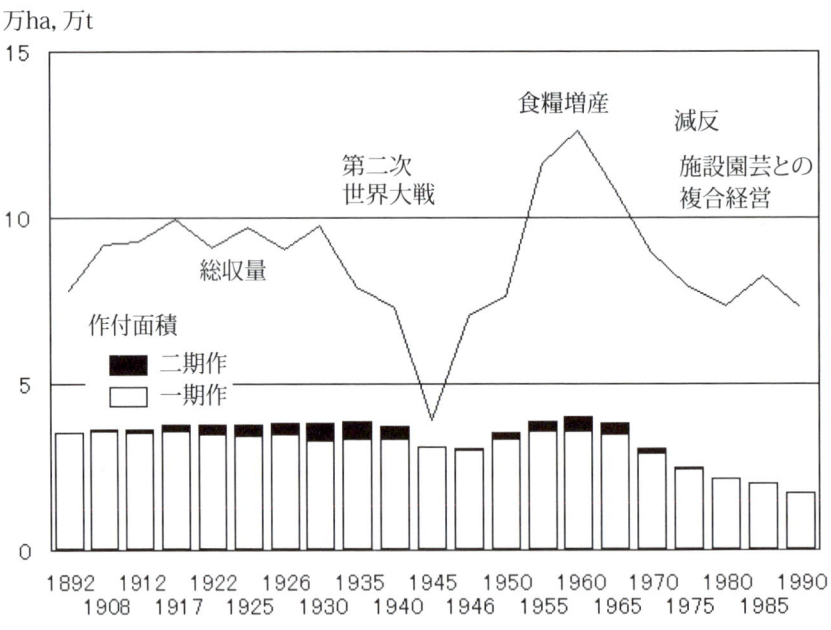

図1　高知県稲作の年次変化（山岡浩1997より図化）

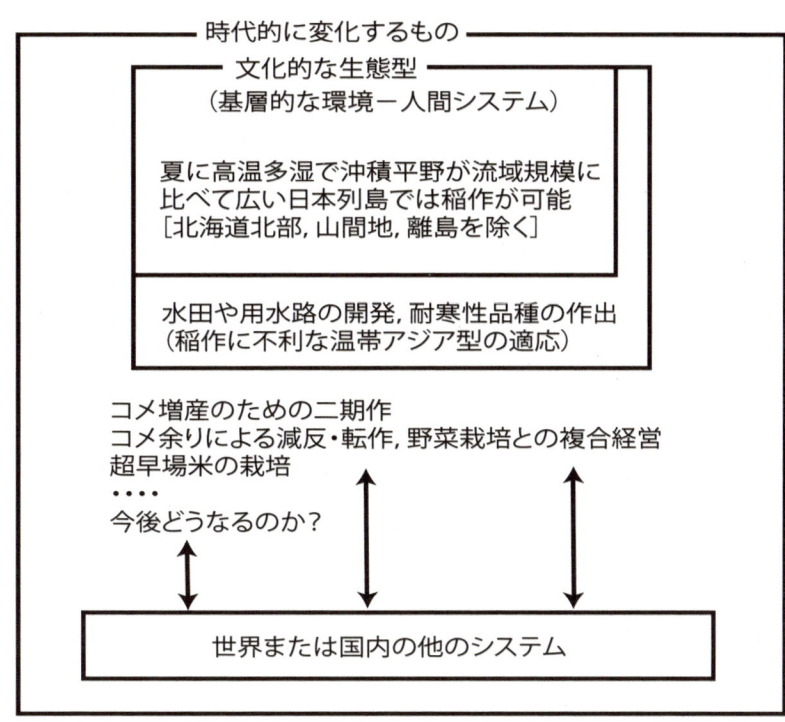

図2　基層的な環境－人間システムとその変化（杉谷原図）

環境―人間系の限界

　自然環境と人間との関係は「地理」の入門的な題材だが，上述のように両者の関係は単純ではない。教科書の「世界の気候と暮らし」の説明ならば，日本列島の自然条件が亜熱帯植物であるイネの栽培を可能にしたことは，最低限いえるだろう（図2）。これは，世界的観点から農耕文化として大分類される特徴であり（厳密には稲作はサバナ農耕文化の一種とされる），約3万年前にアフリカで誕生したわれわれ新人（*Homo sapiens sapiens*）が世界各地に拡散し，それぞれの移住先の自然環境に適応して作りあげた文化的な生態型といえる。ただし，日本列島の稲作は，水田を整備しつつ極度に集約的な栽培を行い，現在にいたるまで耐寒性品種の作出に努力するという温帯型の適応を必要とした。

　この基本型を土台として，「日本各地の地域性」の説明としては，高知県のミクロな適応として二期作，ハウス栽培との複合経営，超早場米などを挙げることができよう。しかし，これらのどれが採用されるかは，もはや自然条件では説明できず，国内や世界の社会経済的条件に依存する。学校地理の欠陥は，このような区別を明確に教えないことである。社会経済的条件は今後も変化していき，たとえば食のグローバリゼーションが進んで季節が逆転した南半球から農作物を輸入すれば，国内での高知県の気候的な有利性は薄らいでいくだろう。世界的に原油価格が高騰すれば，安価な石油に頼ってきた農家経営を圧迫する一方，世界市場で農産物価格が高騰すれば国内農産物への需要を高めるだろう。国内でも産地間競争は激しくなっていく。時代を追う地理学の課題はつきない。

（杉谷　隆）

2 日本を縮める新幹線

新幹線は日本が世界に誇る高速鉄道である。1964年の東京〜新大阪の開業を皮切りに順次延伸されてきた新幹線は，およそ40年間で延べ70億人以上の乗客を運んできた。営業最高時速300kmにも及ぶ高速性，そして大量・多頻度の旅客輸送能力は，沿線地域の利便性を急激に上昇させて，日本の経済発展の大きな原動力となった。

新幹線の延伸

1961年の日本では，電化されている在来線区間は驚くほど少なく，東海道本線などの主要幹線の一部に限られていた（図1）。実は，1959年に着工される以前，新幹線構想

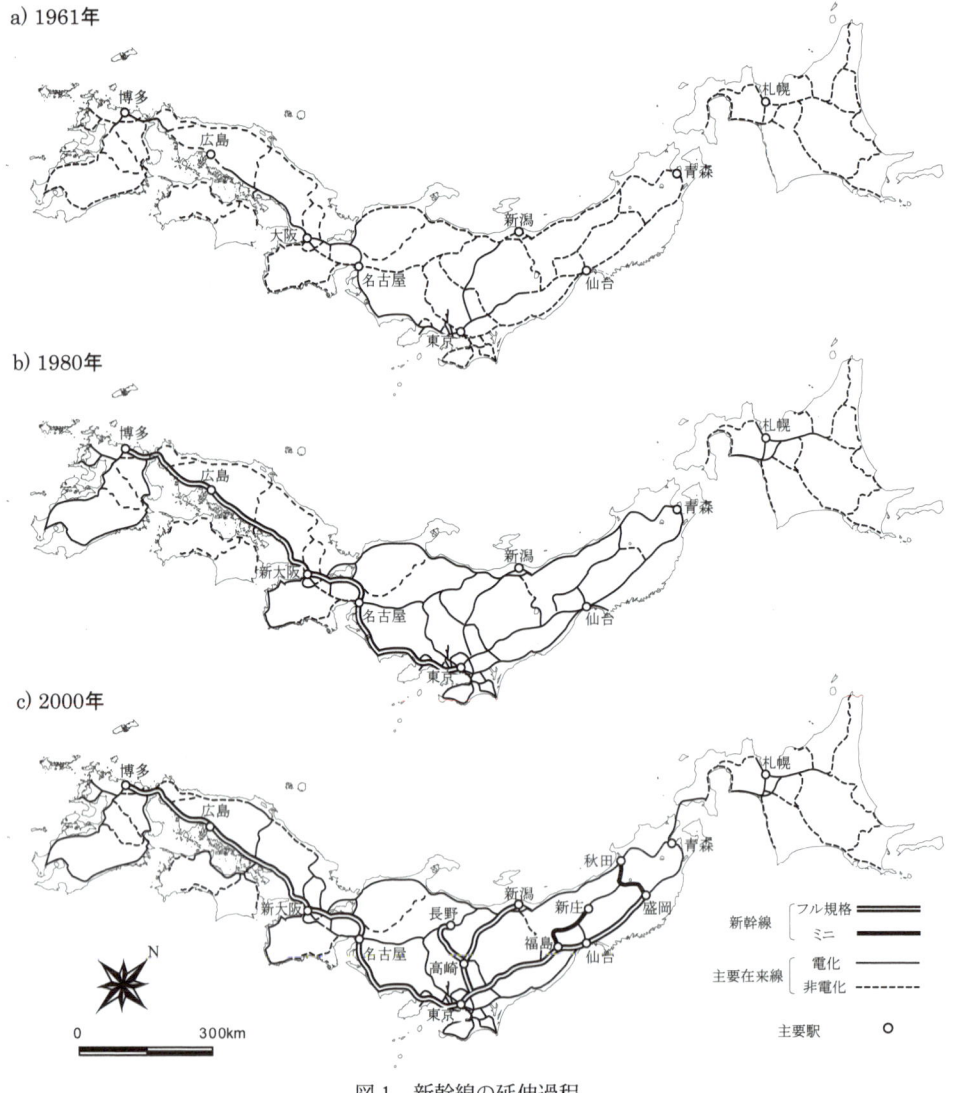

図1　新幹線の延伸過程

は政財界からも疑問の声があがっていた。在来線の大部分が電化さえされていなかったなかで，時速200kmを超える超特急の運行などは非現実的と思われていたのである。しかし，東京オリンピック開会を目前にした1964年10月1日に，東海道新幹線は確かに開業した。最高時速を200kmに制限しての運行であったが，それまでの在来線特急に比べればまさしく「ひかり」の速さであり，東京〜（新）大阪間の所要時間は400分弱から200分弱にまで半減された（図2）。この衝撃的な時間短縮はさらなる大きな需要を呼び起こして，乗客数は開業前の予想をはるかに上回っていった。

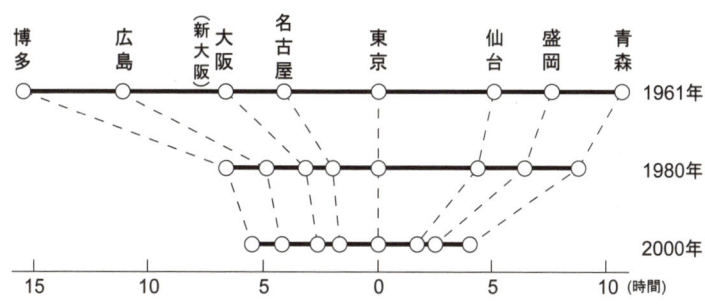

図2　東京からの鉄道時間距離の変化

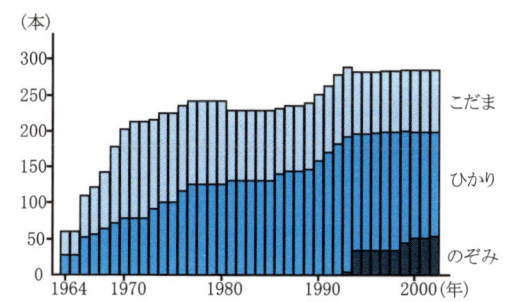

図3　東海道新幹線の1日あたり運行本数の変化

　開業当初は，1時間あたり片道2本，1日あたり26往復で運行されていたが，1970年には100往復を超えるまでに増発された（図3）。

　乗客数も順調に伸び続けて，1970年には8,000万人/年，1974年には1億2,000万人/年まで迫った（図4）。1975年には東海道・山陽新幹線が全線開業して，東京・名古屋・大阪の三大都市に加えて，広島・博多の地方中枢都市が結ばれた。1982年には，大宮〜盛岡（東北新幹線），大宮〜

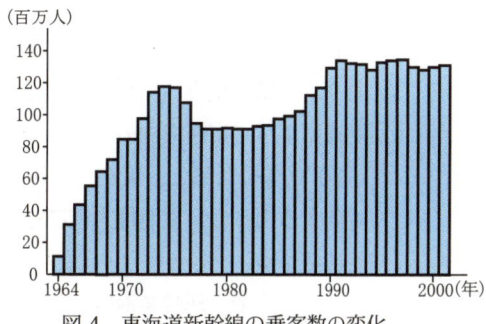

図4　東海道新幹線の乗客数の変化

新潟（上越新幹線）が開業して，東京以北における新幹線時代の幕開けとなった。その後，同新幹線は大宮から上野・東京へと延伸され，冬季長野オリンピックの開催を翌年に控えた1997年には長野新幹線（高崎〜長野）が開業した。また，上述のフル規格新幹線

時間距離の短縮効果

以外にも，山形新幹線（福島～新庄），秋田新幹線（盛岡～秋田）といったミニ新幹線が1990年代に開業した。

このような新幹線の延伸によって，時間距離はどれくらい短縮されたのだろうか。図2をみると，新幹線開通以前の1961年は，東京から青森まで10時間，博多までは15時間以上も要したことがわかる。つまり，本州を縦貫するには丸一日かかったわけである。しかし，東海道・山陽新幹線の全線開通によって，1980年の時間距離の様相は一変する。東京～博多は1961年の半分弱の6時間40分にまで大幅に短縮された。そして，東北新幹線開業に伴って2000年には東京～青森の時間距離が約4時間半までに減少された。およそ40年の間に，青森～東京～博多の時間距離は，約25時間から約10時間へと短縮された。すなわち，時間距離からみた日本の大きさは，およそ10分の4に圧縮されたのである。

沿線地域の利便性の変化

さて，新幹線開業による時間距離の大幅な短縮は，地域の利便性をどれだけ向上させたのだろうか。近接性測度の一つである接触ポテンシャルを指標として明らかにしてみたい。

接触ポテンシャルとは，1日の限られた制限時間（たとえば8時間）内に「どれだけの時間」を「どれだけの人々」と対面接触することが可能であるか，を測定する指標である。

仮にA市の接触ポテンシャルを測定するとしよう。

A市から片道2時間かかるB市に100人居住していたと仮定する。

活動制限時間を8時間とした場合，A市の人がB市で滞在できるのは4時間である。

そして，100人と4時間接触する可能性（選択肢）があるため，400人・時間という値を持つ。この計算をA市から日帰りできるすべての地域について行って，その値を合算する。

その最終値が，A市の接触ポテンシャルということになる。

図5は，1961年から2000年までの接触ポテンシャルの変化を示している。新幹線開業前の1961年は，関東から東海，近畿地方までにやや高い値の地域が広がっている。しかし，とくに利便性が高い東京，名古屋，大阪・京都の三大都市圏は独立しており，東西の移動性がさほど高くないことが読み取られる。

1980年になると，三大都市圏にまたがった広い範囲で接触ポテンシャルが急上昇しており，等値線が東西に長く伸びている傾向が明瞭にみられる。東海道・山陽新幹線の全線開通によって東西方向の移動性が高くなったためである。

2000年になると，東北・上越・長野新幹線等の開通を受けて，三大都市圏の高まりを追随するように，東北地方南部や甲信越地方の接触ポテンシャルがだいぶ上昇してきたことに気づく。

その一方で，新幹線沿線とそれ以外の地域において，利便性の格差が広がっていることも見逃せない。新幹線を利用できない地域では，三大都市圏等への移動は飛行機等の他の交通機関に頼ることが多くなり，大量・多頻度輸送の新幹線のメリットを享受することができない。

以上のように，新幹線は地域間の時間距離を短縮させて，人々の生産活動における

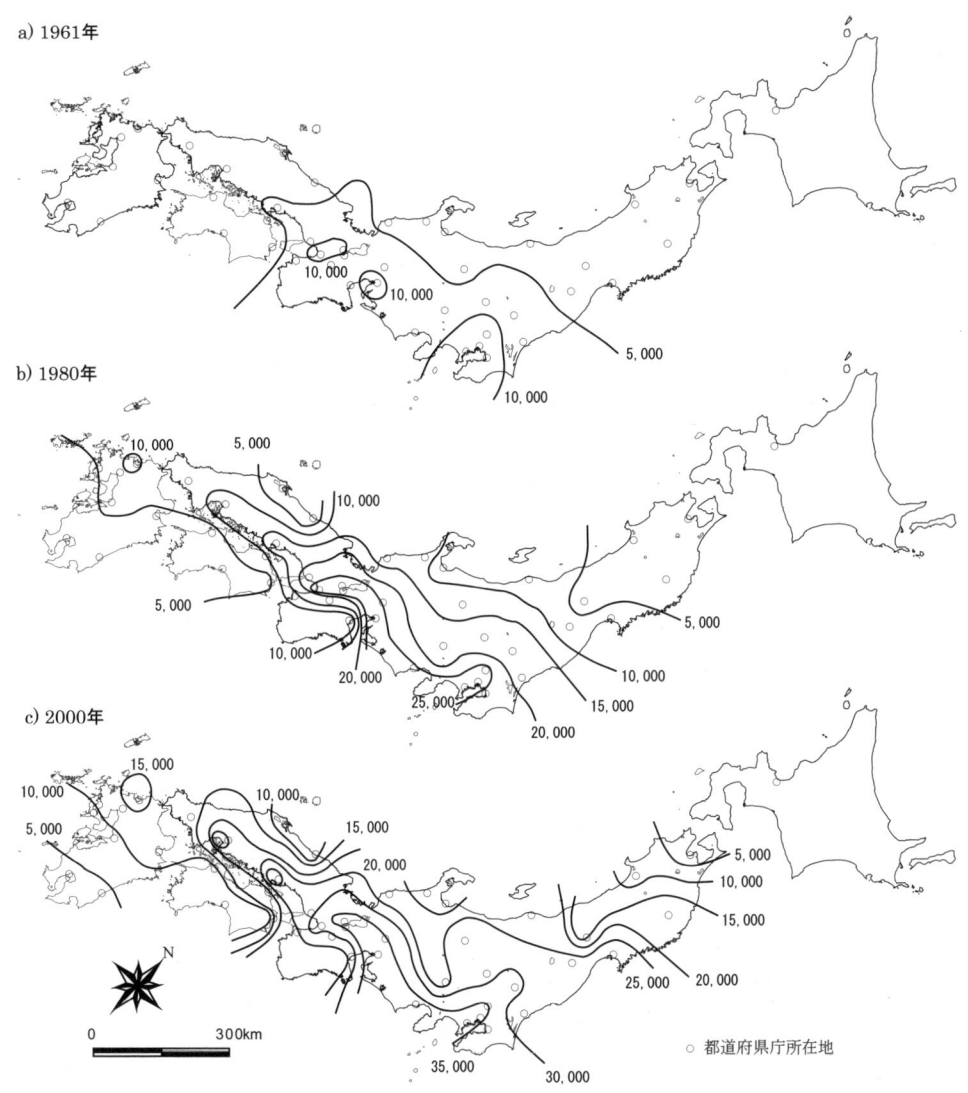

図5　接触ポテンシャルの変化
　注）　測定地点は沖縄県を除く都道府県庁所在地である。
　　　値が高いほど利便性が良いことを示す。

時間の効率性を高めてきた。長距離移動における飛行機の優位性は否定できないが，600km程度までの中距離移動には新幹線の威力が遺憾なく発揮されている。

　ヨーロッパにもTGV（仏）やICE（独）等の高速鉄道はあるが，新幹線ほどの大量輸送を誇るのは世界的にも珍しい。着工から半世紀を経ようとする夢の超特急・新幹線は，今も地域を結ぶ大動脈として日本の経済活動を支え続けている。
　　　　　　　　　　　　　　　　　　　　　　　　　　　　　　　　　　（田中耕市）

3 分布図でみるオーストラリア

オーストラリアの人口は，図1の人口分布図に示されているように，東部・南東部・南西部の比較的狭い地域に集中している。

分布図の凡例の小さな単位区画の広さは，日本の5万分の1地形図4枚分（約1700km²）に相当する。人口密度が0.3人/km²というのは，日本では実感しにくいきわめて人口稀薄な状態であるが，具体的なイメージとしては，1000～1300haの広さの農場が連なり，家族3～4人が住む農家が3～4kmおきに点在する状態であり，オーストラリアではそれほど人口稀薄というわけではない。

図1の人口密度0.3人/km²以上の区画が断続的に連なる範囲の内陸側の限界は，図2

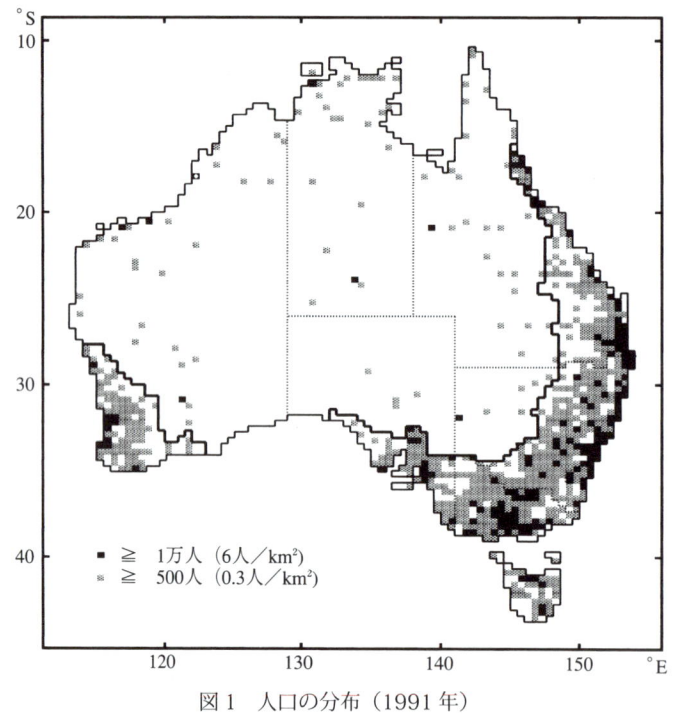

図1　人口の分布（1991年）

人口と耕地の分布

の耕地の限界によく似ている。図3は，このような図1，図2の人口と耕地の分布の類似に基づき，さらに大都市の位置も考慮して，オーストラリアを三つの地帯に区分したものである。第1地帯は，大都市を中心に人口が集中し，酪農や集約的な作物栽培がみられる地帯である。第2地帯は，混合農業（穀物と畜産の組合せ）や集約的な牧畜・酪農がみられる地帯である。これに対して第3地帯は，粗放的な牧畜と鉱業に依存する「奥地」である（各分布図には第2地帯と第3地帯との境界を記入してある）。

オーストラリアは高度に都市化した社会である。表1に示すように，300万人以上の2都市（シドニー・メルボルン）だけで総人口の39％に達し，さらに100万人以上の3都市

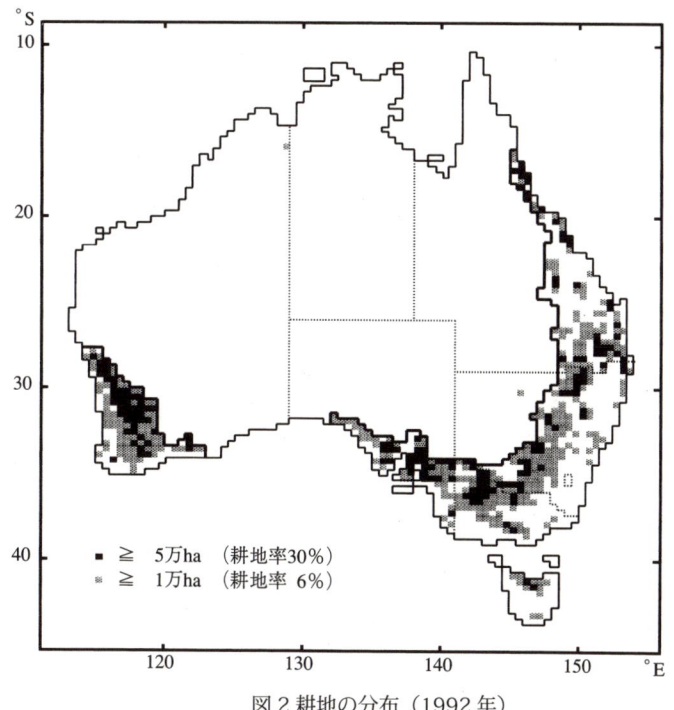

図2 耕地の分布（1992年）

（ブリズベン・パース・アデレード）を加えた5大都市が総人口の60％を占める。これら5大都市のすべてと，10万人以上の13都市のうちキャンベラなどを除いた9都市が第1地帯に位置しているので，第1地帯は総人口の84％を占めている。これに第2地帯を加えると，国土面積の23％しかない第1・第2地帯に総人口の98％が集中している。

国土面積の77％を占めながら人口の2％しか住んでいない第3地帯は，その豊かな鉱産資源によってオーストラリア経

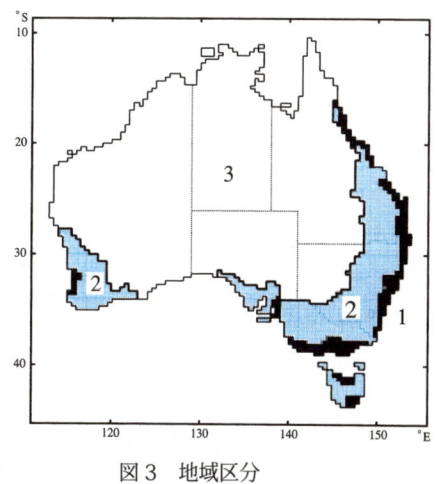

図3 地域区分

表1 人口の地帯別割合（2005年，％）

	第1地帯	第2地帯	第3地帯	合計
300万人以上の都市圏	38.8	-	-	38.8
100万人以上の都市圏	21.7	-	-	21.7
10万人以上の都市圏	10.9	2.9	0.5	14.4
3万人以上の都市圏	3.7	2.5	-	6.3
その他	8.6	8.6	1.6	18.8
総人口	83.8	14.0	2.2	100.0

鉱業生産額はどの地帯が多いか

済に寄与している。表2に示すように，第3地帯は鉄鉱石をはじめとする金属鉱石の大部分と，石油・天然ガスのほぼ3/4を産出し，鉱業生産額（建設資材を除く）の61％を占めている。しかし第1地帯も鉱業生産額の18％を占め，

表2　鉱業生産額の地帯別割合（2003/04年，％）

	第1地帯	第2地帯	第3地帯	合計
石炭・褐炭	9.8	14.7	0.1	24.6
石油・天然ガス	5.8	1.0	22.0	28.7
鉄鉱石	-	0.2	10.9	11.1
金鉱	-	2.3	7.2	9.5
他の非鉄金属鉱石	2.1	2.6	18.7	23.5
非金属鉱物	0.5	0.3	1.9	2.6
合計	18.2	21.1	60.7	100.0

とくに重要部門である石油・天然ガスと石炭のそれぞれ20％，40％を生産していることは，大都市に近い利点を考えれば，けっして見逃すことはできない。

羊と肉牛の分布

「羊毛」と「大鑽井盆地」は，伝統的な地理教育の重要事項であったし，いまでも羊毛の主産地が大鑽井盆地であるという誤解は消えていないようである。たしかに図4では大鑽井盆地での羊の存在が示されているが，表3に明らかなように，羊の大部分（84％）は第2地帯に集中しており，大鑽井盆地の羊はわずか4％である。また肉牛（図5）は第3地帯にもかなり分布しているが，その割合は28％にすぎず，最も多いのは第2地帯（53％）である。

羊と肉牛とを比較する場合には，その経済的価値などを考慮して，羊8頭を肉牛1頭とみなして「牛換算」するのが通例である。みかけの頭数では羊が肉牛の約4倍であるが，牛換算では羊は肉牛のほぼ半分ということになる。

羊・肉牛が「広大な第3地帯」に多いという誤解の原因は図6であろう。この図は「土地利用図」または「農業地域区分図」として地図帳などにしばしば引用されている図と同種のものである。図6と図4・図5とを比べるとわかるように，羊・肉牛が実際に多いのは，第2地帯の「羊＋穀物」「肉牛＋穀物」の混合農業地帯や，さらに海岸寄りの細長い集約的な羊・肉牛専業地帯であるが，図6だけをみると，第3地帯に羊・肉牛が最も多いようにみえる。しかし図6は，本来は，農場の経営類型，すなわち各農場の主な収入源による区分を表してい

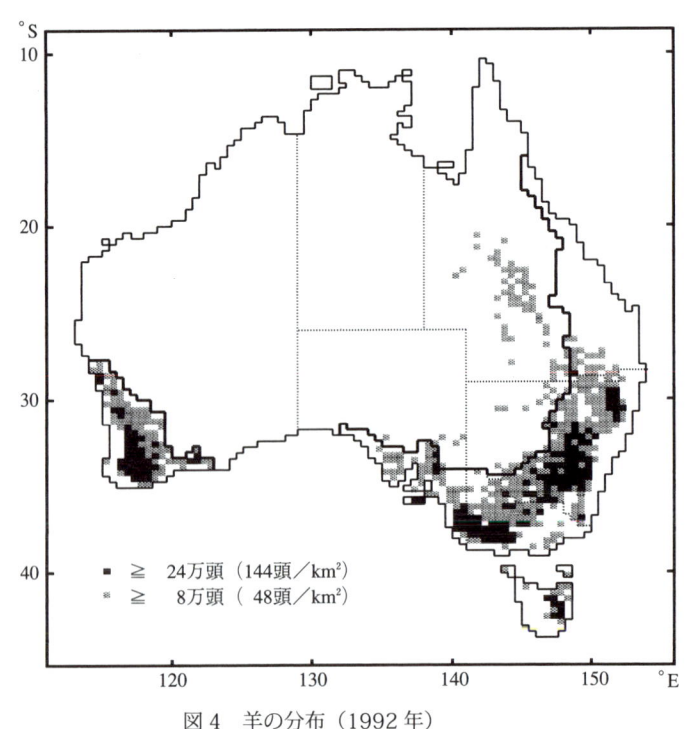

図4　羊の分布（1992年）

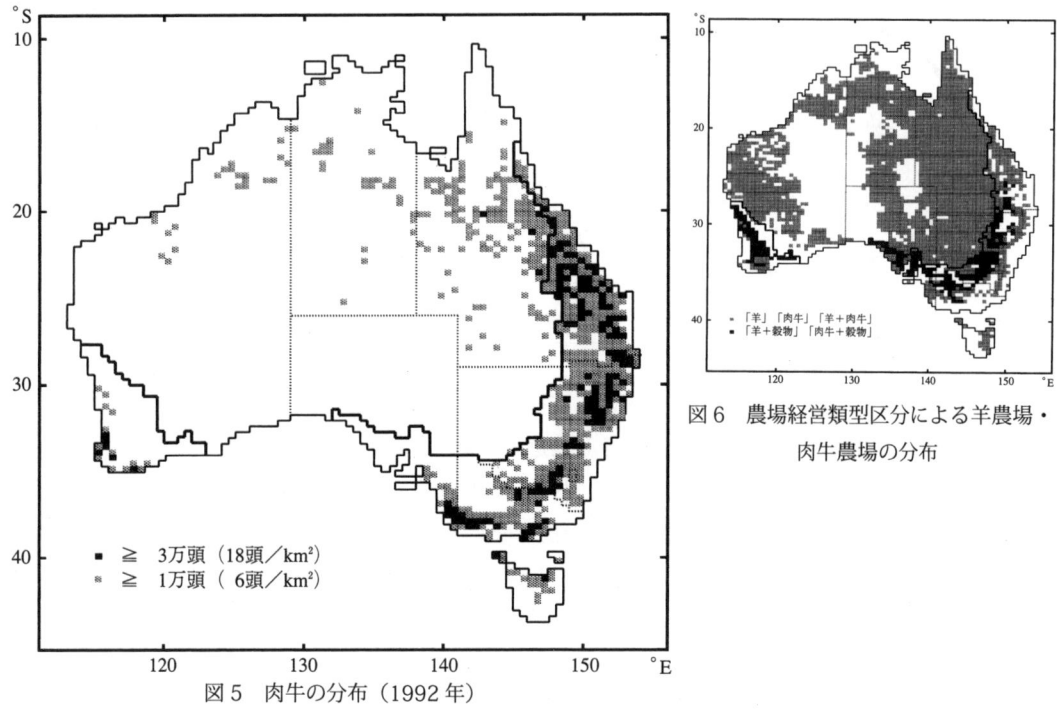

図5 肉牛の分布（1992年）

図6 農場経営類型区分による羊農場・肉牛農場の分布

る。つまり図6は，第3地帯の広大な羊・肉牛専業地帯の農場が羊・肉牛に依存していることを示してはいるが，羊・肉牛の実数がとくに多いとか，オーストラリアの羊毛・牛肉の主産地であるとかということを示しているわけではない。

表3と表4とを比べると，肉類生産額では，第3地帯で生まれ育った肉牛の一部が第2地帯に移され，最終的にさらに肥育されてから食肉加工されることや，肉類生産額には牛肉のほかに羊肉（主に第2地帯）や豚肉・鶏肉（主に第1地帯）が加わることにより，第3地帯の割合が肉牛頭数での割合より小さい。これに他の畜産（主に酪農）や作物を加えた農業生産額の合計では，人口の場合と同様に，第1・第2地帯が95％を占め，第3地帯は5％にすぎない。　　　　　　　　（谷内　達）

農業生産額はどの地帯が多いか

表3　家畜頭数の地帯別割合（2005年，％，牛換算）

	第1地帯	第2地帯	第3地帯	全国
羊	2.6	26.3	2.3	31.3
肉牛	11.8	32.3	17.1	61.2
乳牛	4.8	2.7	-	7.6
合計	19.2	61.3	19.4	100.0

表4　農業生産額の地帯別割合（2004/05年，％）

	第1地帯	第2地帯	第3地帯	全国
羊毛	0.5	5.0	0.6	6.2
肉類	10.3	20.0	3.4	33.8
他の畜産	6.7	3.2	-	9.9
畜産計	17.5	28.3	4.1	49.9
穀物	0.4	17.6	-	18.0
他の作物	14.1	17.5	0.6	32.1
作物計	14.5	35.0	0.6	50.1
合計	32.0	63.3	4.7	100.0

4 選挙にみる地理学

衆議院総選挙の結果を地域的にみる

選挙結果は場所によって異なる。このことを衆議院総選挙を例に見てみよう。「55年体制」とよばれる1955年から1993年までの総選挙結果をみると、1970年代前半までは自民党・社会党（現社民党）とも長期低落傾向にあった（図1）。これに対して、共産党や新たに誕生した民社党、公明党が伸張し、多党化が進行した。しかし80年代に入ると、多党化の進行は止まり、自民党の得票率は回復する。同党は都市部のサラリーマン層にも支持層を拡げて「包括政党」化する。この間、投票率はおおむね低下傾向にある。こうした選挙結果の動向を地域的にみると、多党化と投票率の低下は都市部で顕著にみられ、農村部では自民党の1党優位と高投票率という特色がみられた。第44回総選挙（2005）の投票率を示した図2をみると、投票率は大都市地域で低く農村地域で高いことがわかる。一方、政党別当選者は、55年体制後の政党システムの変化もあるが、郵政民営化で異常に盛り上がったこの選挙では自民党が大勝したため、地域性は顕著ではない（図3）。

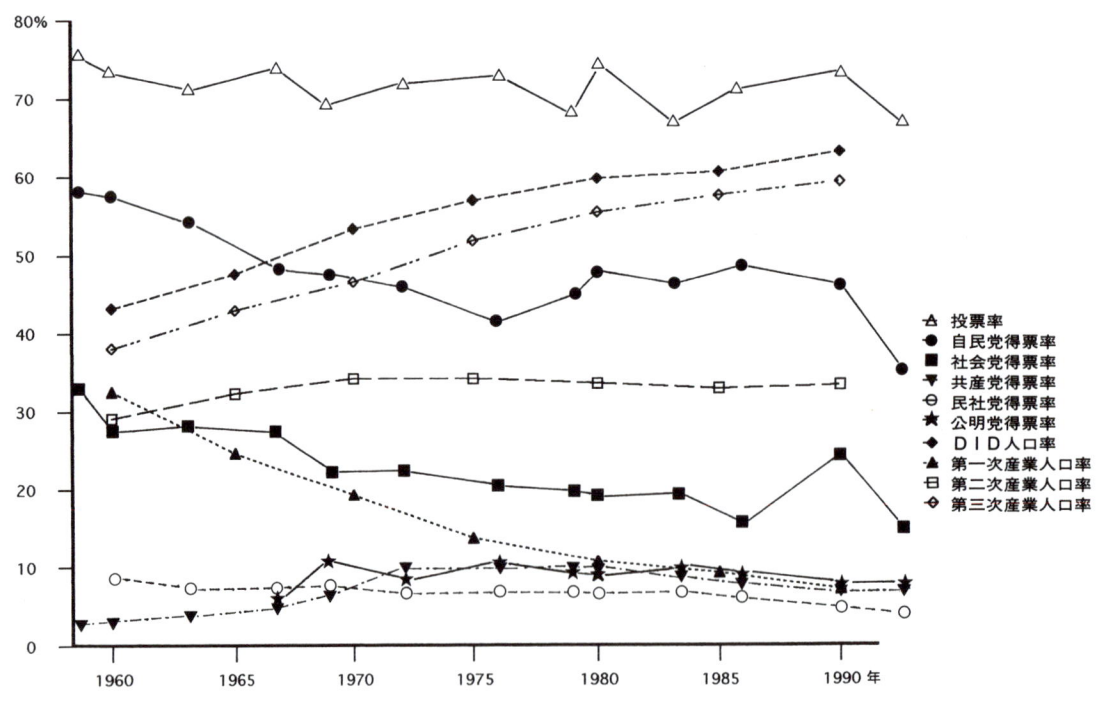

図1　衆議院総選挙結果と人口指標の推移

衆議院選挙の結果は、図の左側から順に、第28回（1958年）、第29回（1960年）、第30回（1963年）、第31回（1967年）、第32回（1969年）、第33回（1972年）、第34回（1976年）、第35回（1979年）、第36回（1980年）、第37回（1983年）、第39回（1990年）、第40回（1993年）のものである。第40回の新生党、日本新党、新党さきがけについては省略した。

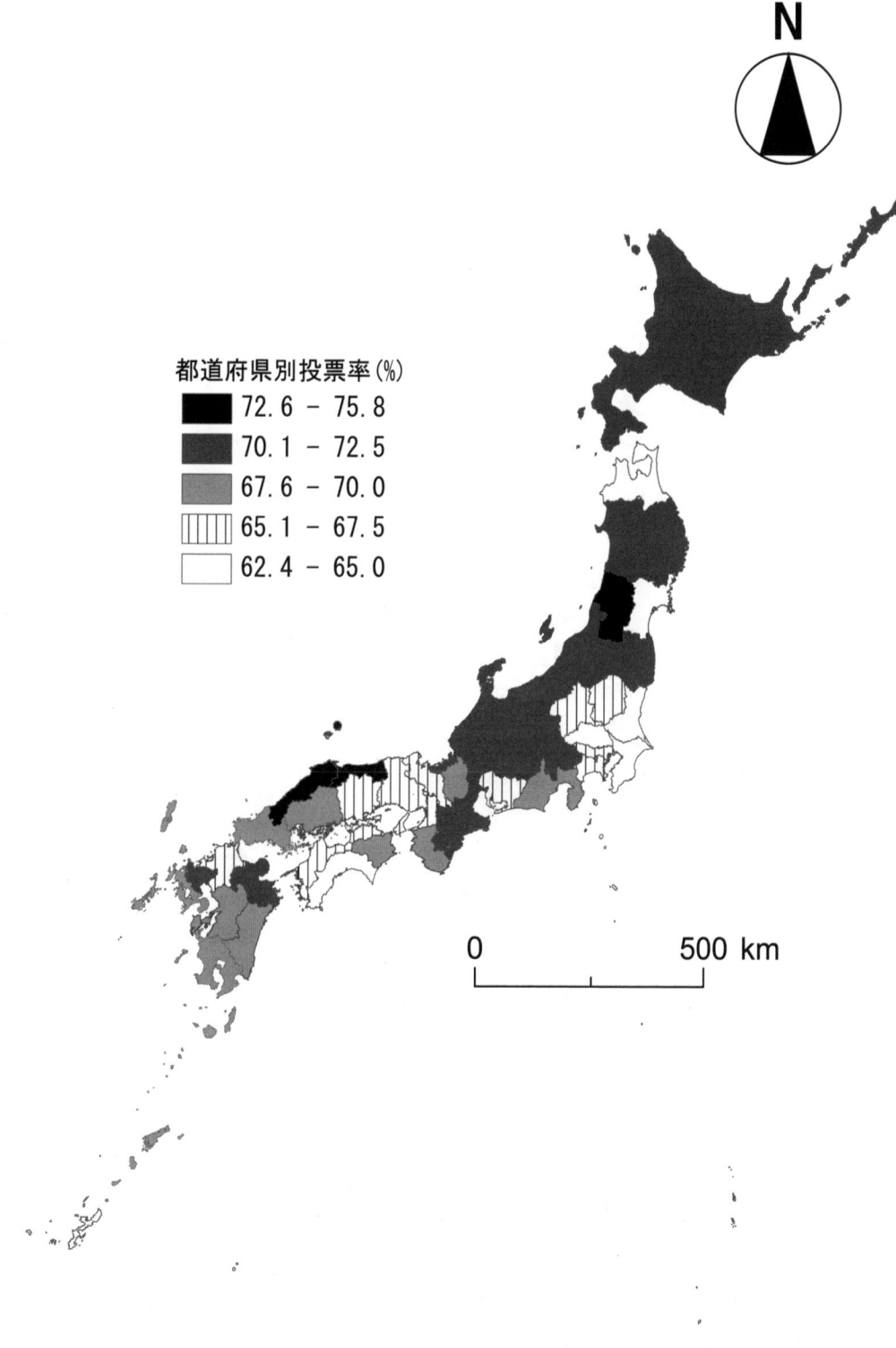

図2 第44回 (2005年) 総選挙の都道府県別投票率

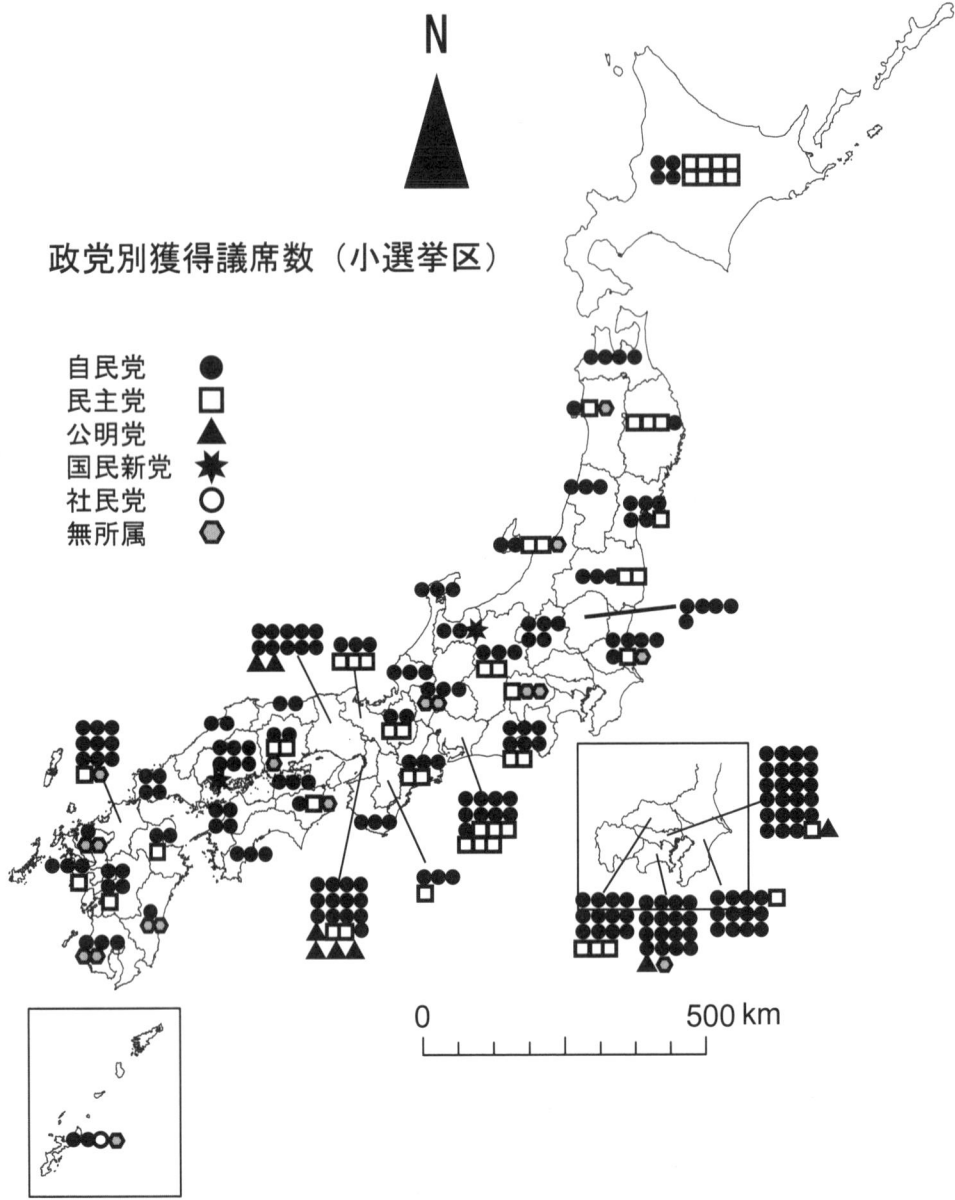

図3 第44回（2005年）総選挙の政党別獲得議席数
（小選挙区）

　このような特色はなぜ生じたのだろうか。それは都市部への人口移動が原因だ。農山村の地縁的な社会は一般に保守的で閉鎖的であり，それが自民党支持につながっているのだが，高度経済成長期に職を求め故郷を離れて大都市地域に移動した人々は，保守党への忠誠がもはや不必要となり，革新政党に投票したり棄権したりするようになったからである。図1でDID（人口集中地区）人口率や産業別人口率の変化を自民党の得票率の変化とを対応させると，このことはよくわかる。

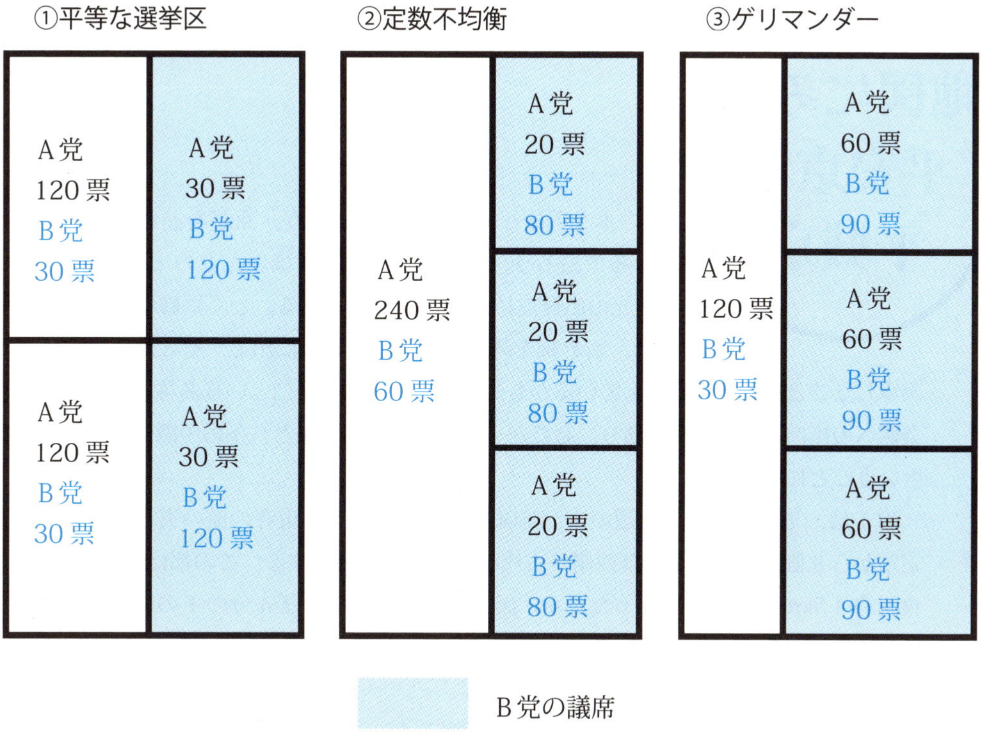

| ①平等な選挙区 | ②定数不均衡 | ③ゲリマンダー |

（図中の票数）
①：A党120票/B党30票、A党30票/B党120票、A党120票/B党30票、A党30票/B党120票
②：A党240票/B党60票、A党20票/B党80票、A党20票/B党80票、A党20票/B党80票
③：A党60票/B党90票、A党120票/B党30票、A党60票/B党90票、A党60票/B党90票

■ B党の議席

図4　定数不均衡とゲリマンダー

有権者150人の4選挙区からなる地区が三つあるとしよう．いずれの場合もA党，B党それぞれ300票ずつ獲得している．①は平等な選挙区で，両党は得票に応じて2議席ずつ分け合っている．しかし，②は選挙区の人口が異なっているため，同じ得票数でB党が3議席得ている．③は選挙区の人口は同じだが，境界線の引き方により，B党がやはり3議席獲得している．

一票の格差とゲリマンダー

　大規模な人口移動は選挙結果だけでなく選挙制度上の問題も引き起こした．この間，議員定数の配分が見直されなかったため，人口移動の結果，議員1人あたりの人口に格差が生じてしまったのである．この問題の重要性を最初に指摘したのは地理学者の清水馨八郎（当時千葉大教授）であり，1963年に訴訟に持ち込まれた．結果は合憲であったが，その後定数訴訟は頻繁に行われ，1985年には最高裁で違憲判決が出るまでになった．こうして，「一票の格差」の問題は選挙制度改革につながり，1994年，衆議院の選挙制度は中選挙区制から小選挙区比例代表並立制へと変わった．定数1の小選挙区では，人口のアンバランスをなくすのに，その境界線の変更（区割り）を行わなければならない．さらに，区割りの結果，特定の政党が有利になるゲリマンダー選挙区が生じるという問題が発生する（図4）．このように，小選挙区制の比重が大きい新制度では区割りという地理的な問題が大きな意味を持つし，2005年総選挙に見られたように，自民党の派閥の力が弱まり，党執行部の力が強まるという傾向をもたらしたのである．　　　　　　　　　　（高木彰彦）

5 地図にみる平安京と平城京

この本を手にしている人の大部分が、京都を訪れた経験をもっているであろう。そしてそのうち、ほとんどの人はJR京都駅を京都観光の出発点にしたことと思われる。とくに修学旅行で京都を訪れた人は、新幹線を降りて南側の八条口に出て、そこから観光バスに乗車したことをあるいは覚えているかもしれない。この八条口という名称は、平安京の八条側への出口という意味であり、したがって京都駅は、七条と八条の中間に位置しているということになる。

図1は、その京都駅の周辺の1：25000地形図である。東寺の前の道が九条通、この道路から北側、ほぼ鴨川より西側が古代の平安京域に相当する。この都は南北約5.2km、東西約4.5kmの長方形であったから、図1には平安京のほぼ4分の1の範囲が含まれていることになる。

中学校の教科書などに「京都の町は碁盤目状になっています。これは古代の条坊制という都市計画によるものです」という記述がある。これは古代の条坊制による街区が正方形であったことを記したものである。平安京では、南北方向に条、東西方向に坊といういわば座標軸を設定して、一辺約540mほどの正方形が区画された。この正方形を「坊」というが、この坊はさらに一辺が各4等分されて16の「町」という区画が作られる。坊の中には道路も含まれているから、町の一辺は約120mということになる。この区画こそが古代平安京の基本的な街区ということになる。図1の上辺、烏丸通と堀川通にはさまれた地区（綾小路通・仏光寺通の字のところ）などに現存している正方形は、すでに1200年以上も前に作られた街区なのである。

ところがもう一度、図1のかつての平安京域を見ていただきたい。碁盤目状とはいいながら南北に細長い長方形の街区のほうが、はるかに多いことに気づくであろう。古代においては1町は東西4等分、南北8等分、すなわち32の宅地に分割されていた。1戸の面積は、30m×15m＝450m²ということになる。しかし古代末期以降になると、間口を道路に向けた奥行きの長い家が建てられるようになった。1町の四辺が「鰻の寝床」といわれる細長い宅地によって取り囲まれるようになったわけだが、いくら細長いといっても、奥行きは40m程度、必然的に町の中心部、いいかえれば宅地の背後に空閑地が取り残されることになる。この空閑地に目をつけたのが豊臣秀吉であった。彼は、町を東西に分断する南北道路をつけることによって、この空閑地の利用度を高めたのである。

京都駅は古代平安京のほぼ東南隅

本当に京都は碁盤目状の都市なのか？

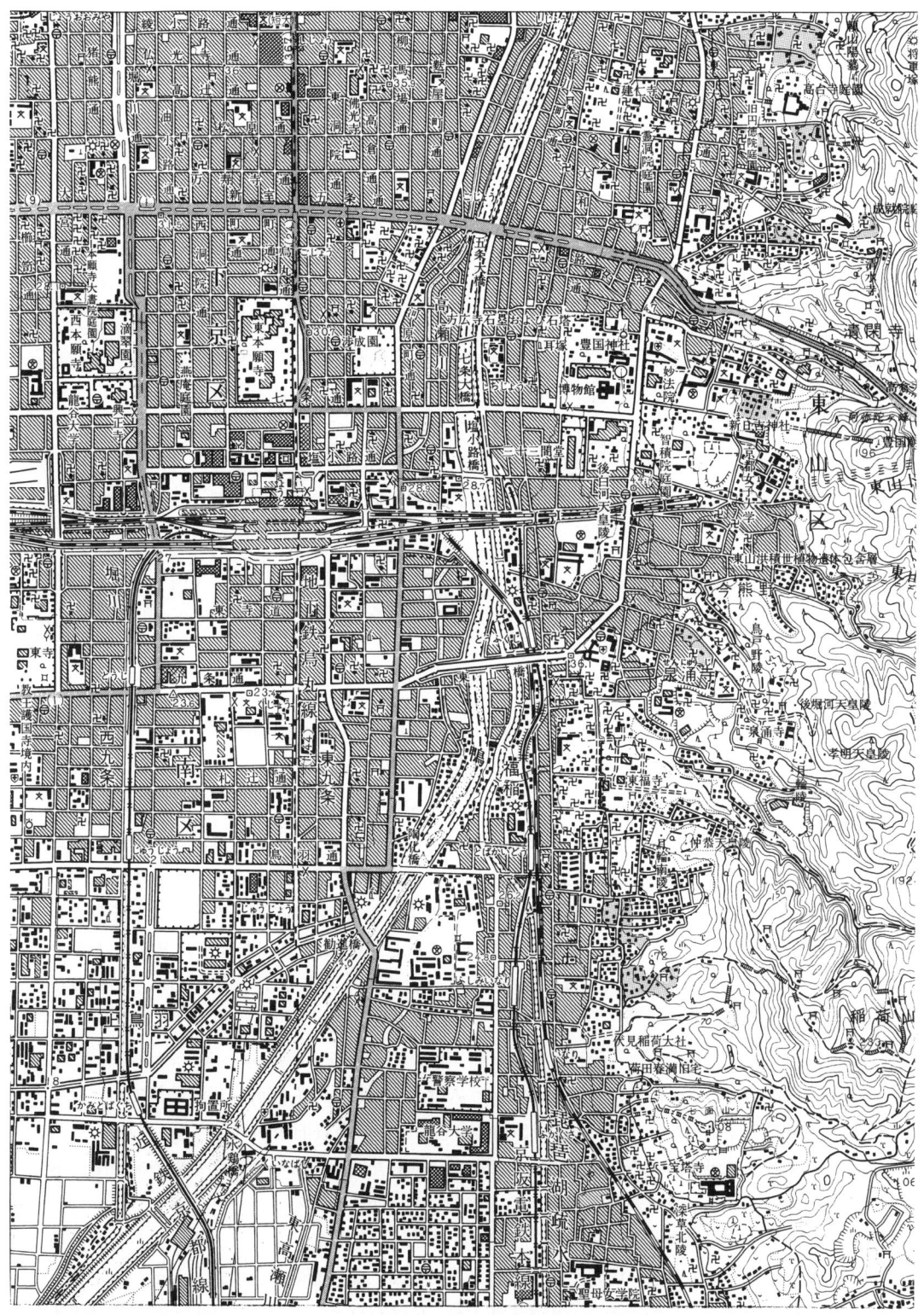

図1 京都駅とその周辺

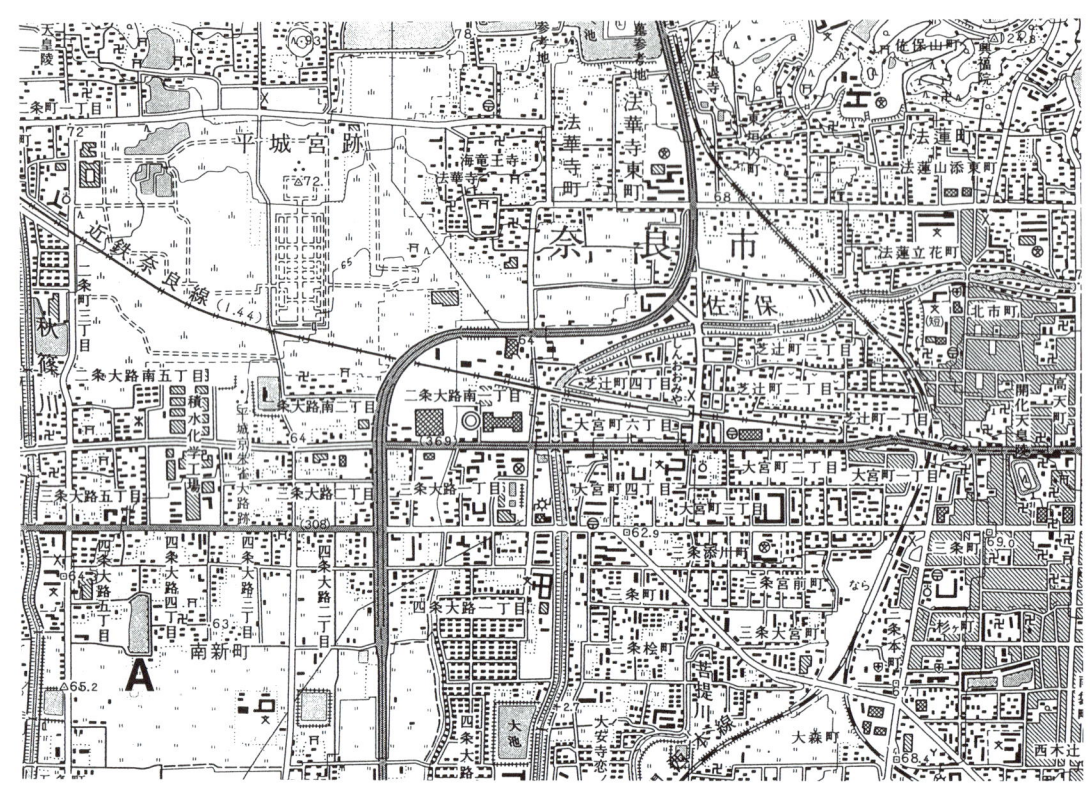

図2　平城宮跡とその周辺（1：25000）

その区画が変遷しているとはいえ，京都の町が古代都市の景観を濃密にとどめていることは確かである。まさに「千年の古都」である。京都の街路の多くが，1200年以上も前に敷設されたことも事実であり，その意味からいえば「都大路を歩く」という表現は正しい。

ところが，「いま自分は古代以来の街路を歩いている」という感慨は，往々にして錯覚を含んでいることを忘れないでいただきたい。結論からいえば，現在の京都の街路はやせほそってしまっているのである。現在の千本通は平安京の中軸であった朱雀大路を継承しているが，古代のそれは文献史料によれば幅28丈（1丈は10尺だから約84m）もの広い街路であった。一般の大路は8丈（約24m），小路でさえ4丈（約12m）もの幅員があった。

古代都市そのものにふれてみたいという人は，平安京よりも以前に日本の都であった平城京を訪れてほしい。図2の1：25000地形図東方の奈良旧市街地は平城京の外京，西部の平城京跡がその中心部である。この図に示された宮殿跡は第二次朝堂院であって，本来の中軸線は「平城京朱雀大路跡」の史跡記号の場所にあたる。

図3の左上の新村池は図2の左下のAの池である。平城京の右京四条一坊・五条一坊と左京四条一坊・五条一坊の一部が収録されている。この図の水色の部分こそが，平城京の街路の痕跡そのものである。Bは朱雀大路，Cは右京と左京の一坊坊間大路，Dは四条大路，その他の水色の部分が小路である。この図の縮尺は1：5000であるから，図上に

都大路を歩くことにともなう錯覚

平城京で古代街路を実感しよう

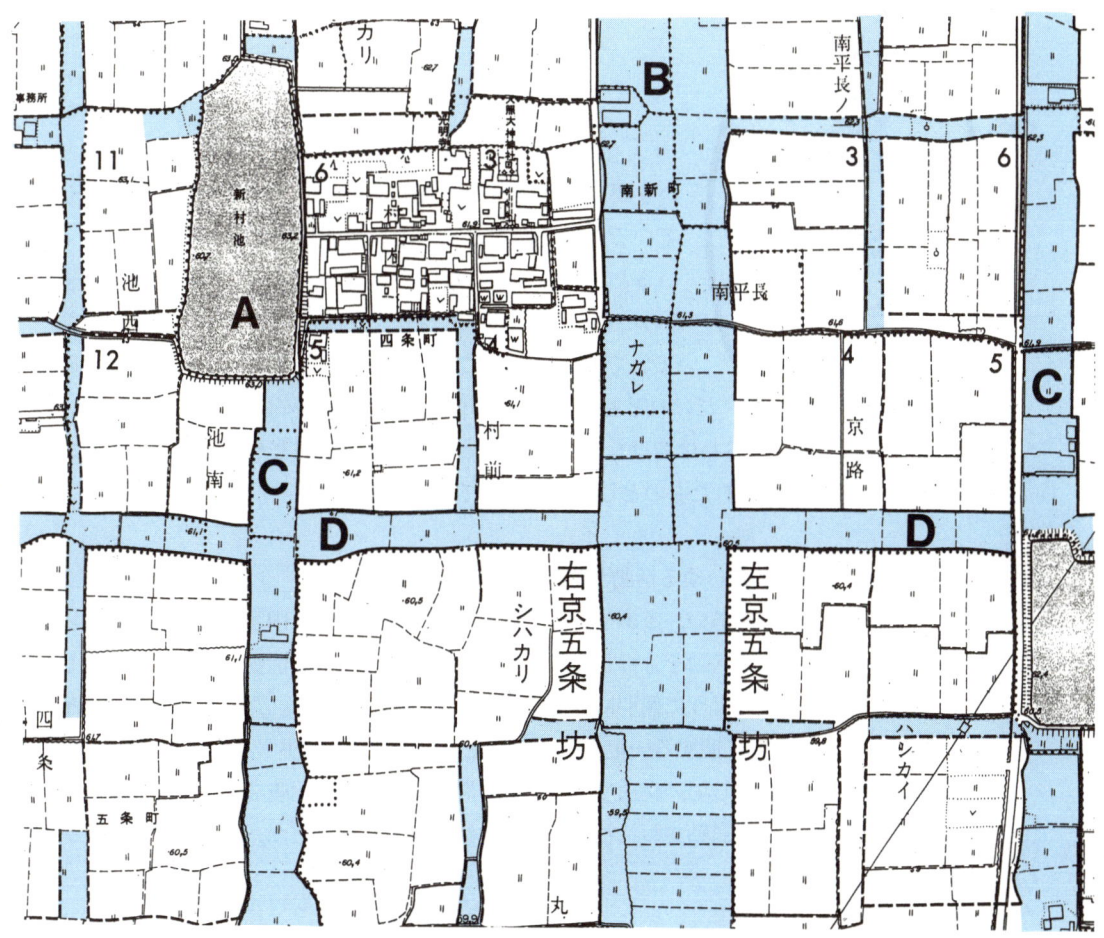

図3　平城京内の道路遺構（1：5000）

定規をあてれば，Bは約80m，Cは約30m，Dは約25m，その他は約10mという概数が算出できる。これらの数値は文献史料や発掘成果とも整合している。たとえば，朱雀大路については発掘調査によると，約70mの路面と東西の側溝幅がそれぞれ数mであったことが判明している。1300年近く前の道路敷が，水田などに姿を変えつつも，地表に残っているのである。

（高橋誠一）

6 人々の行動を分析する —生活活動の分析—

「人々は毎日，どのようにして暮らしているのだろう」という問いに答えるのは意外に難しい。それは万人が経験しているものであるから，その実態はすでに充分にわかっていると思うかもしれない。しかし，実はこの一見あたりまえのことがらについて，われわれの知識は意外に少なく，あいまいである。現実には，多くのことがらが，個々には正確だけれども断片的な統計的情報と，実証的には裏付けられているわけではない漠然とした暮らし方の常識とが，とりあえず結びつけられたものとして認識されている。

生活活動をどう分析するか

人々の日常生活にはあらゆる活動が観察される。1日の活動をざっとながめてみても，仕事や学校，買物，つきあい，家事や育児，雑用など，種々雑多な内容をもっている（表1，図1）。そこで，生活活動を分析する第一歩として，それぞれの活動を別々に切り出して，通勤や買物といったように個別に分析していく方法がとられる。たしかに国勢調査や購買調査は，通勤や買物に関する一定の精度で安定したデータを提供してくれる。そして，通勤圏や商圏の分析を通じて，交通や施設配分の問題にたいして示唆を与えてくれる。

しかしながら，長距離通勤がわれわれの日常生活に与える影響とか，まとめ買いやワンストップショッピングをわれわれが選好する理由については何も教えてくれない。つまり，個々の活動がわれわれの生活のなかでどのように構造化し，相互に影響を与えているのかについて，分節化された活動を見ている限り回答は得られない。われわれの日常生活では，ある程度活動がスケジュール化されており，それぞれの活動には最適解が得られなくても，全体としてみればそのスケジュールが合理的

表1「社会生活基本調査」による生活活動の分類と男女有業者の週平均活動時間（2001年，時.分）

		男性	女性
1次活動（生活必需活動）	1. 睡眠	7.39	7.20
	2. 身の回りの用事	1.00	1.23
	3. 食事	1.34	1.36
2次活動（社会生活活動）	4. 通勤・通学	0.48	0.33
	5. 仕事	6.48	4.51
	6. 学業	0.06	0.07
	7. 家事	0.09	2.13
	8. 介護・看護	0.01	0.04
	9. 育児	0.04	0.12
	10. 買物	0.13	0.31
3次活動（自由活動）	11. 移動（通勤・通学を除く）	0.32	0.33
	12. テレビ・ラジオ・新聞・雑誌	2.14	1.57
	13. 休養・くつろぎ	1.09	1.07
	14. 学習・研究（学業以外）	0.08	0.08
	15. 趣味・娯楽	0.40	0.27
	16. スポーツ	0.10	0.07
	17. ボランティア活動・社会参加活動	0.04	0.04
	18. 交際・付き合い	0.25	0.26
	19. 受診・療養	0.04	0.05
	20. その他	0.11	0.15

第1章　ジオグラフィー（地理学）の基礎　27

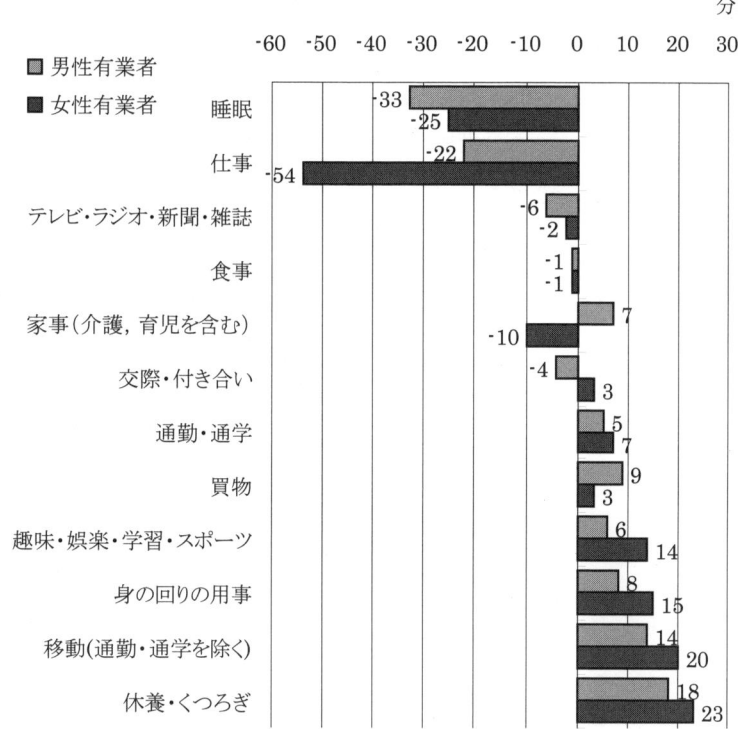

『社会生活基本調査』より

図1　過去25年間（1976-2001年）の生活時間の増減

1976年から2001年にかけての男女有業者の生活時間配分の変化をみると、睡眠時間は男性が33分、女性も25分減少した。仕事の時間も男性が22分、女性が54分減少したが、労働時間短縮による効果だけでなく、不況で残業が減ったことや、パートやアルバイトなどの非正規雇用が大きく拡大したため有業者平均で仕事時間が減少した側面も無視できない。一方、家事については、男性の家事時間が増加し、女性の家事時間が減少したが、もともと有業者であっても男女の差が激しいため（2001年の統計では男性9分に対し女性2時間13分）、家事労働に対する男女共同参画への道のりはまだまだ遠い。

それでは、睡眠と仕事の時間の減少を埋め合わせたのは何だったのか。この間、生活時間のなかで増加がとくに目立つのは「通勤通学以外の移動」「趣味・娯楽・学習・スポーツ」「身の回りの用事」および「休養・くつろぎ」の四つであり、この四つを合わせると、男性46分、女性72分の増加となっている。移動には、旅行のほか外出一般に要する時間が含まれる点、身の回りの用事には、美容やおしゃれなどに関する用事が含まれる点を考え合わせると、生活時間が増加したのはいずれも余暇活動に費やす内容である。余暇活動の時間消費が確実に増加し、それも女性がリードするかたちで進行したといえよう。

ある共稼ぎ夫婦の一日

であることが往々にしてある。こうした現実を分析するためには、一連の活動から特定の活動のみを切り出すのではなく、連続した時間のなかで生じる活動相互や他者とのつながりに注目していかなければならない。

　図2は、大都市の郊外に住む、幼児を抱えた共稼ぎの夫婦の平日のようすを示したものである。これは、個人の1日の活動の内容と地点を時空間軸上に隙間なく埋めていく活動日誌（activity diary）調査によって得られたものである。生活時間の配分に関する調査には総務庁『社会生活基本調査』やNHK『生活時間調査』があり、活動地点の分布に

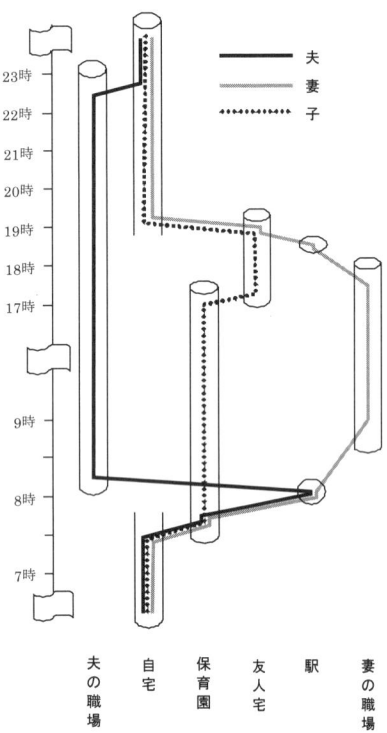

図2 大都市の郊外に住む家族の1日

関する調査には『パーソントリップ調査』が利用できる（表2）。しかしながら，一度に時空間を把握できる既存データはいまのところないので，自らの手で集めなくてはならない。

　この世帯は，夫（32歳），妻（27歳），子供（3歳）の3人家族で，夫は自家用車で15分ほどのところにある地元の職場に，妻は1時間ほどかけて都心の職場まで通勤している。毎朝，夫は妻子を乗せて家を出発し，近くの保育所でまず子供を，次いで妻を最寄駅で降ろしてから勤務先に向かう。妻は9時から5時半まで勤務につき，帰宅は7時過ぎとなる。夫はこの日残業のため職場を出たのはかなり遅く，帰宅したのは11時少し前であった。夫婦とも帰宅時間が遅いため，保育所に預けた子供は近所の友人に迎えに行ってもらい，友人宅で妻が帰宅するまで預かってもらった。このため妻は帰宅途中に友人宅に立ち寄り，子供を引き取ってから自宅に帰った。

　この事例はかなり綱渡り的なスケジュールをこなしているとはいえ，どこにでもありそうな共稼ぎの夫婦の日常であるが，この1日の家族の生活を通して，社会におけるさまざまな問題を垣間みることができる。

　今日の社会的役割分担のもとでは女性が育児を一方的に担うことが多いので，子供をもつ女性が就業する場合には，一時的にどこかに育児を委託しなくてはならない。この事例の場合，保育所という家庭の外部サービスに子供を託しているが，保育所の託児時間には初めと終わりがあるので，その前後の調整をする必要がある。さいわい，朝は夫の協力が得られ，夕方は友人の協力が得られるため，この妻は都心の職場で勤務を全うすることができるが，誰もがこうした状況に恵まれるわけではない（図3）。多くの主婦がパートタ

今日的社会問題を探し，その方向をさぐる観点を求めて

表2　生活の時間や活動の場所を知ることのできる資料

社会生活基本調査 （総務省統計局）	国民生活時間調査 （NHK 放送文化研究所）	パーソントリップ調査 （国土交通省ならびに自治体）
1日の生活時間の配分および1年間の主な余暇活動の状況について，国民の生活の実態を明らかにすることを目的として，1976年から5年ごとに調査が行われている。総務省統計局『社会生活基本調査報告』のほか，1996年度以降の結果は総務省統計局のHP（http://www.stat.go.jp/data/shakai/index.htm）からも見ることができる。	1日の過ごし方を時間の尺度からとらえ，生活実態にそった放送に役立てるとともに，国民の生活実態を明らかにする基本的データとしても利用されている。1941年に始まり，1960年からは5年ごとに実施し，10年に一度は都道府県別集計にも対応できる大規模調査を行っている。『国民生活時間調査』（日本放送出版協会）が刊行されている。	どのような人が，どこからどこへ，どのような目的・交通手段で，どの時間帯に動いたかについて，調査日1日の全ての動きを調べることで，交通の主体である「人（パーソン）の動き（トリップ）」を把握し，都市圏内の交通実態を明らかにすることを目的とする。東京都市圏では1968年，京阪神都市圏では1970年，中京都市圏では1971年より10年間隔で調査が実施され，全国都市でも1987年（131都市），1992年（78都市），1999年（98都市）で実施されてきた。

イム労働に就く背景には，このような育児の制約によって就業時間が限られてしまう側面もあり，必ずしも能力や意欲が劣るためではない。

　都心に勤める彼女にとって，どんなに急いでも帰宅するのは7時近くになってしまう。このとき，近所の店で買物をしようとしても，商店が少なくとも7時まで開いていなければ買物ができないし，たとえできたとしても落ちついて品物を選ぶことはできない。そうすると，職場の近くもしくは帰り道で買物をせざるを得ない。昨今，大手のスーパーや百貨店のなかには営業時間を8時，9時まで延長する動きがあるが，そうした理由の一端を知ることができる。

　一方，買物を毎日しないで済ます家庭も増えている。実際この世帯では，休日に家族そろって郊外のショッピングセンターに出かけ，半日をかけて食事や買物をしている。図からもわかるように，この家族の平日の接触時間はあまりにも短い。休日にショッピングセンターに出かけるのは，日常の買物を補うばかりでなく，家族のふれあいの代償行為としての意味も込められている。そうしたとき，移動の自由度が保障される自家用車と，さまざまな商品やサービスが提供される施設は必須のアイテムであるといえ，これらが結びついたロードサイド型店舗の成長は必然であった。

　以上みてきたようなことには，とりたてて新しい事実の発見や画期的なアイデアの提示

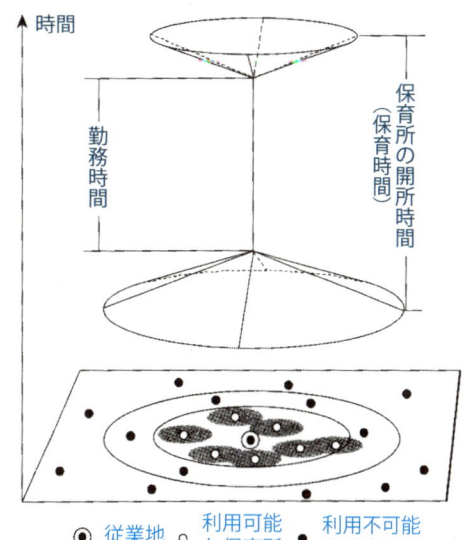

図3 保育所への送迎と仕事の両立可能性に関する時間地理学的表記
この図で下側の円錐は，朝，保育所に子どもを預けてから職場に行くという条件を満たす時空間プリズムである。これを平面に投影したものが外側の円であり，この内部に位置する保育所は，出勤途上で子どもを預けることが可能である。他方，上側の円錐は，夕方，仕事の帰りに子どもを引き取るという条件を満たす時空間プリズムである。それを投影したのが内側の円になり，その内部に位置する保育所は，帰宅途上で子どもを引き取ることが可能である。朝夕ともに同じ人が送迎を担当する場合には，両方の円が重なる内側の円内に位置する保育所のみが利用可能となる。
このように実際の生活行動にあわせて利用できる保育所の数は，送迎者の勤務時間および従業地までの通勤時間と，保育所の開所時間およびその立地場所に関する時間的・空間的な関係によって変化する。さらに自宅と保育所との間は，子どもを連れた移動が困難をともなうため，距離が短いことが望ましい。つまり，図中の灰色部分の地域に住む人のみが，保育所の利用による仕事と育児の両立が可能となると判断される。

があるわけではない。しかしながら，一人の子供を抱えた女性が都心に通勤するといった背後には，このようなさまざまな問題が控えているということに，われわれは無頓着ではいられない。生活活動の分析は，通勤や買物，余暇といった行動を断片的にではなく，物事の全体像を個人の生活が「目に見える」かたちで表現しようとするものである。そして，一面的な指標ではわからないような，あるいは切り捨てられがちな事象に注目し，そのなかから今日の社会の問題や解決の方向性を探ろうとするものである。　　　　　（川口太郎）

7 頭のなかの地図

われわれは，毎日通いなれた場所には，地図を見なくても行くことができる。また，まだ行ったことのない場所へも，経験や知識にたよって行ける場合がある。こうしたことができるのは，われわれの頭のなかに，何か地図のようなものがあるからだと考えられる。専門用語では，この「頭のなかの地図」のことを「認知地図」とよぶ。認知地図はどのような要素から成り立っているのか，われわれがふだん手にする地図とはどう違うのか，人はいかにして頭のなかに認知地図を形成するのか。ここでは，こうした問題について考えてみる。

認知地図の要素と構造

まず，認知地図はどのような要素から成り立っているのだろうか。われわれは他人に道順を教えたり，場所について話したりするとき，対象となる空間内の無数の事物の中から少数のものを取り上げて説明する。それは，交差点であったり，目立つ看板であったり，川だったりする。これは，説明をわかりやすくするためでもあるし，記憶容量に限りのある頭のなかに，複雑な現実世界をイメージするための一種の簡便法でもある。

アメリカの都市計画家リンチは，認知地図の要素を次の五つに分けた。①パス（街路・運河・鉄道など，人が移動に利用する道筋），②エッジ（河川，海岸線，城壁，鉄道線路など二つの地域の境界となるもの），③ディストリクト（公園，オフィス街，高級住宅地など，まとまった性質をもって広がる区域），④ノード（駅，交差点など交通上の結節点），⑤ランドマーク（建物，塔，山，看板などの目印）である。

図1は，この分類に従って，名古屋の都心部を描いた図である。この図は，20人の大学生が描いたスケッチ・マップ（絵地図）を合成したもので，多くの学生が，名古屋駅を，

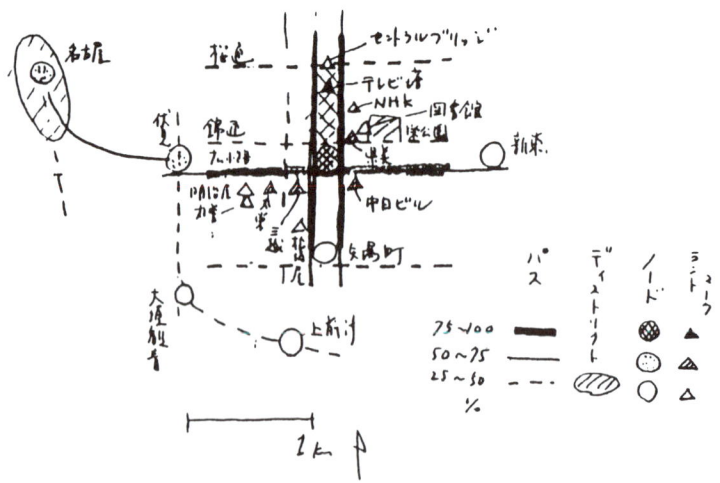

図1　名古屋市都心部のイメージ・マップ
1986年に名古屋市昭和区内の大学で調査

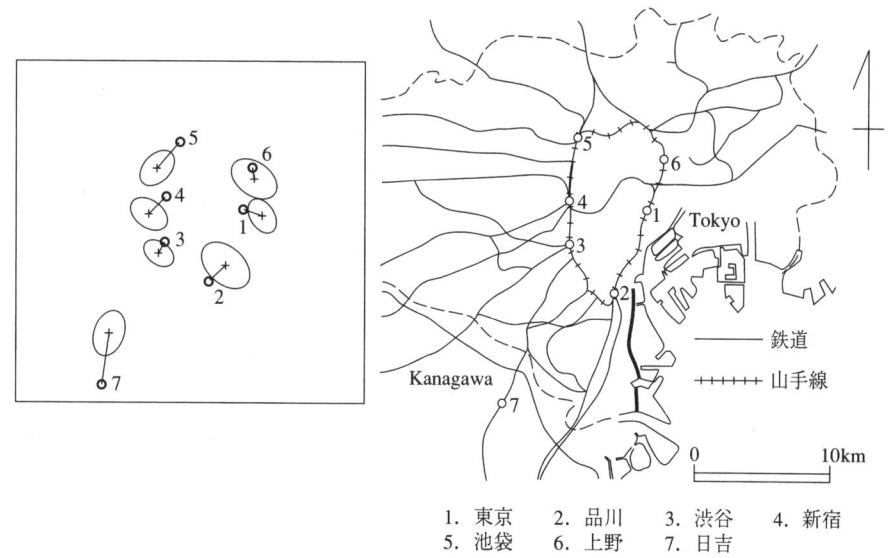

図2　東京の認知地図
○実際の位置，＋学生たちが認知した平均的な位置，楕円の大きさは学生間のばらつきを表す

実際は桜通の延長上にあるにもかかわらず，広小路通の真西に描いていた。これは，地下鉄東山線の駅が栄→伏見→名古屋と続くため，これらの駅がすべて同じ街路にあると錯覚するためと考えられる。

こうした認知地図の「歪み」は，人々の距離に関する認識を調べるとはっきりする。たとえば，名古屋市での1980年の調査で，名鉄瀬戸線沿線のある地区の住民は，地下鉄東山線の藤ヶ丘までの距離を，実際の3倍ほどに感じていた。これは，調査当時の名古屋市内の鉄道網は都心中心の放射状パターンであり，瀬戸線沿線から藤ヶ丘に行くには，都心経由で大回りせねばならなかったためである。

このほかさまざまな要因が認知地図の「歪み」を生む。図2は，東急東横線の日吉にある高校に通う学生約90人に，日吉駅と山手線の主要駅との位置関係を紙に描いてもらい，それらを数学的に処理してまとめたものである。これを見ると，学生たちは日吉と渋

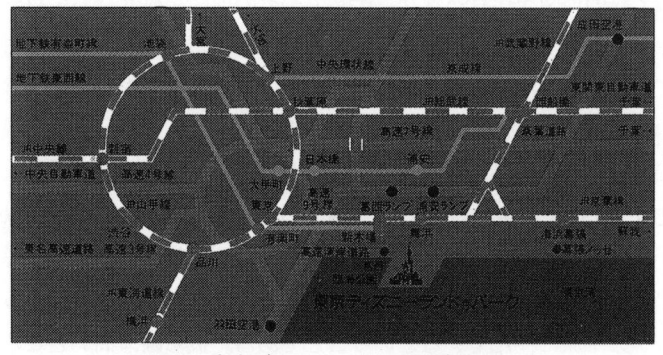

図3　東京ディズニーランドの案内図

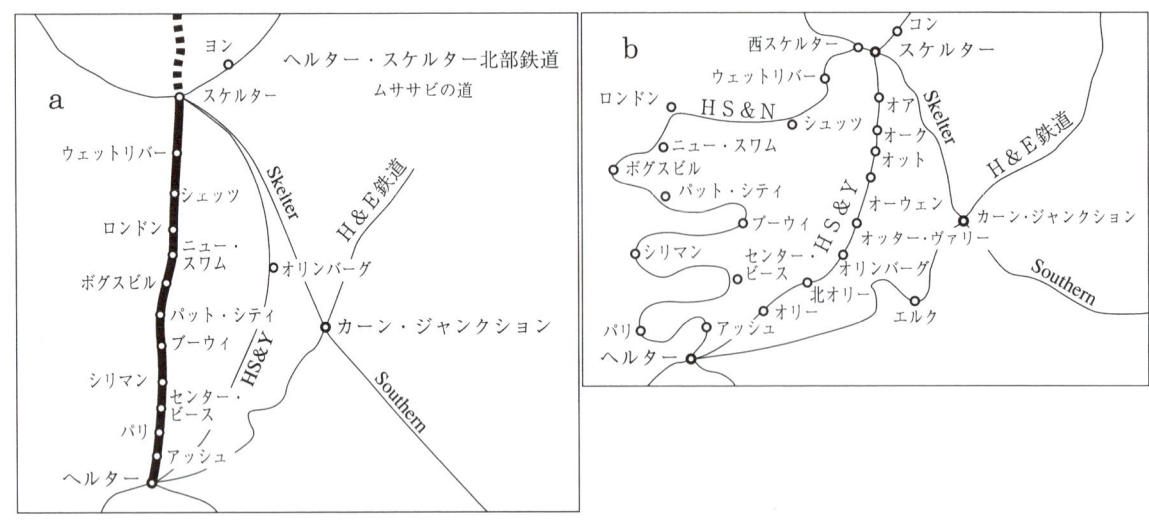

図4 ヘルター・スケルター北部鉄道が広告に掲載した路線図
HS＆Nの路線は広告では直線的に描かれて，スケルター・ヘルター間をHS＆Y鉄道よりも短時間で結ぶように感じさせるが（a図），実際には曲がりくねった路線である（b図）。

谷との距離を実際よりかなり近くに感じている。この原因としては，両駅間が急行で結ばれていることや，学生たちの渋谷への親近性を考えることができる。また，学生たちは，山手線を実際より円形にイメージしている。これは，楕円より円形のほうがイメージしやすいからとも考えられるが，さまざまなメディアの影響も考えられる。図3のように，山手線を円くデフォルメした地図は，広告や雑誌など至る所で目にすることができる。

こうした「デフォルメ地図」が，人々の認知地図を歪めるのを目的として故意に作られる場合もある。図4がその例である。1875年，ヘルター・スケルター＆北部鉄道（HS＆N）の社長は，競合するヘルター・スケルター・ヨン鉄道（HS＆Y）に勝つために，a図を広告に用いた。b図が現実の路線図である。

認知地図は「地図」なのか？

ところで，頭のなかの地図は，いわゆる「地図」なのであろうか。この点で，文化人類学者である中村雄祐氏の体験は大変興味深い。アフリカのマリ共和国の農村で，中村氏は数日歩き回って村の地図を作りあげた。そして，その地図を村人たちに見せたところ，村人が地図というものをほとんど理解できないと知って愕然とする。彼らは村のすみずみまでよく知っているにもかかわらず，地図は読めない。村人たちの認知地図は「地図」ではないらしいのである。

村人たちがなぜ地図を読めないかを考える手がかりは二つある。一つは，彼らが文字を読めないことである。「文字を読む」と共通の「地図を読む」という表現があるように，概念の変換手段あるいは伝達手段として，文字と地図には何か共通性があるのかもしれない。文字を必要としない文化は，地図も必要としないのかもしれない。もう一つは，村人たちがサバンナの平原に住んでいるということである。彼らは，高いところから村を見下ろした経験をもたない。

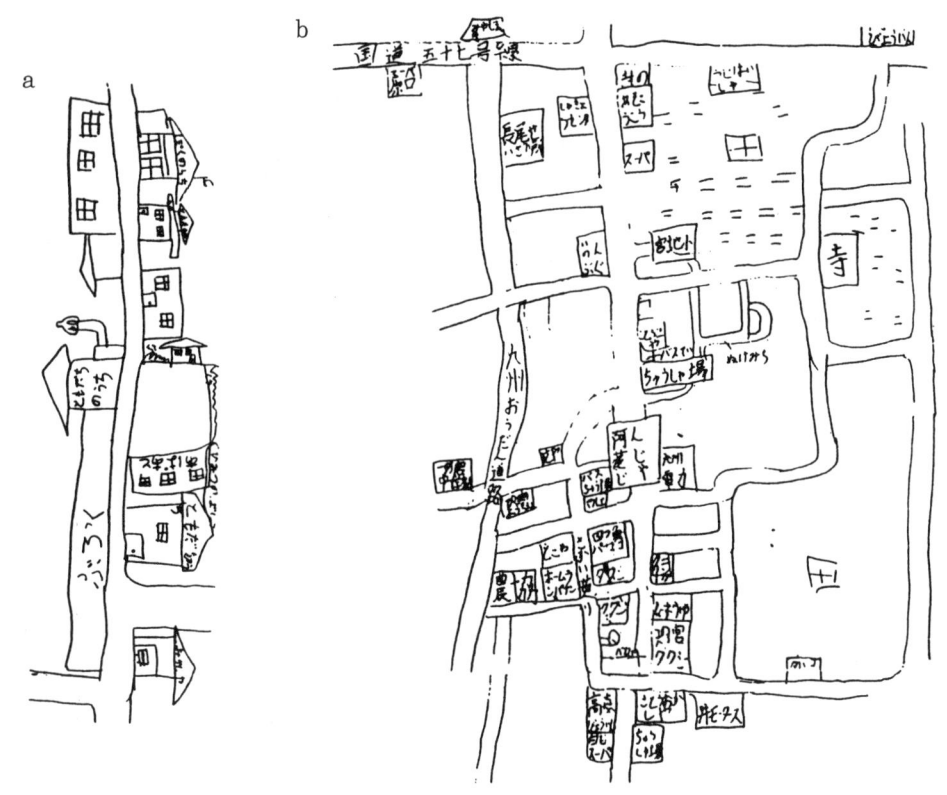

図5　小学生が描いた近隣の手書き地図
a） 道路に面して家々が並んでいる描き方，小学校2年生男子の例
b） 「国道57号線」（東西軸）と「九州おうだん道路」（南北軸）をおもな方向軸として面的広がりをもって描いている。「阿そじんじゃ」や「宮地小」「みやじえき」などがおもなランドマークとして機能している。宮地小学校5年生男子の例。

「地図」とは世界を上空から見た図である。その視線は，日頃われわれが経験することのない，いわば架空の視線である。われわれは，自分の目の高さからの眺めによって得た情報を総合して，概念的に上から見た地図を頭のなかにつくりあげる。この概念化の能力は，これまで，人が大人になるにつれて獲得する能力の一つだとされてきた。たとえば図5で，aは小さな子どもが描いた絵地図で，いかにも1本の道を移動しながら見た左右の様子が描かれている。しかし，子どもの年齢が上がると，bのように絵地図は面的で「地図」らしくなる。専門用語では，前者の地図の形式を「ルート・マップ」，後者を「サーベイ・マップ」と呼んでいる。

いったい認知地図は「サーベイ・マップ」なのであろうか。サバンナの村人やわれわれ自身の経験を考えると，ただちには頷けない。認知地図が「サーベイ・マップ」かどうかは，現在，行動地理学や認知科学でホットな議論がなされている大問題である。読者の皆さんも考えてほしい。そして，その応用問題として，たとえばカー・ナビゲーション・システムにどのような地図が用いられるのが望ましいか，提案してみてほしい。

（岡本耕平）

8 地図は語る

地図の見方の基本

　地図とは地球表面の一部または全部を一定の縮尺で平面上に表した図であると定義される。縮尺（スケール）とは，地図上の距離が実際と比べてどのくらい縮まっているかを示す数字である。これについて上空に人間の目を置いたと仮定して，地表面との間に地図を置いてみる（図1）。その地図の位置を人間の目から離しながら地表面に近づければ大縮尺の地図となり，地表の諸事象がより具体的にとらえられて記載される。

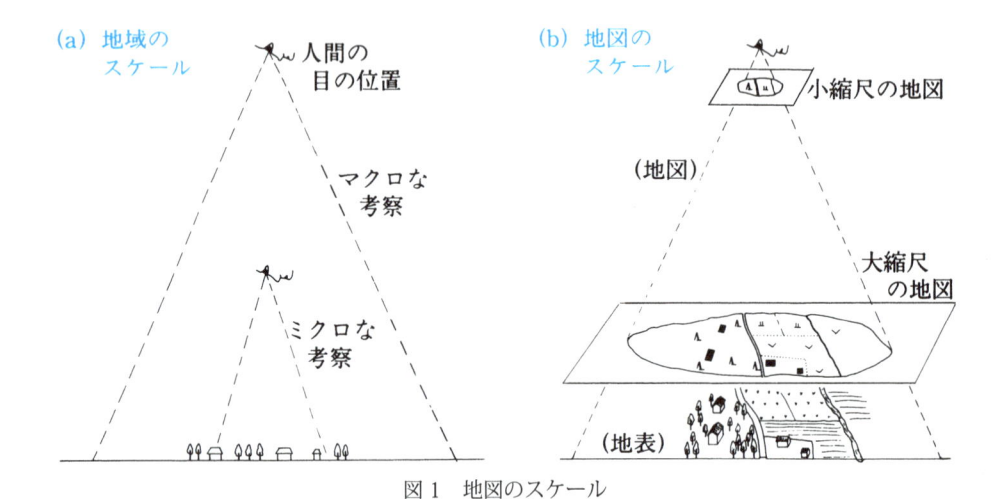

図1　地図のスケール

　一方，目のほうに近づければ小縮尺の地図となり，事象が抽象化して記載される。この結果，それぞれの地図の縮尺に対する表現方法が異なってくるのは当然であり，縮尺に応じて地図上に記載される事象の内容も異なってくる。
　縮尺のほか，主題・目的などによって多様な地図が作成される。都道府県を対象とする場合には5万分の1，市町村の場合には2.5万分の1，大都市の場合には1万分の1などを基準にして選定すると便利である。
　また，地図は地表の諸事象を記号化（虚構化）して表現したものであり，写真とは異なる。現在では，地形図に代表される精密な地図を作成するときは，空中写真を撮り，それを基に地図化する。写真に写った大小の建物や道路・鉄道などを正しい縮尺に表現しようとすれば，必ず無理が生じる。つまり，人間が見やすいように，誇張・省略・取捨選択・移動などの操作を行って，イメージ化している。
　さらに，地図記号など地図に使用される約束ごとを凡例として示しているので，この約束ごとを理解することが読図には不可欠となる（表1）。地図記号は万国共通でなく，日本独自のものがほとんどであるが，地類記号はとくに重要である。地類ごとに着色すると，土地利用の特徴が理解しやすくなる。

表1 地図記号から判読が可能になる事柄

地図記号（昭和40年式）		判読の及ぶ範囲
地形	等高線	海抜高，比高，急斜面・緩斜面の区別，山頂・山腹・山麓などの位置，山地・丘陵地・台地・低地などの区分とその形態
	凹地	火口，石灰岩地帯のドリーネ・ウヴァーレ・陥没地
	がけ（土，岩）	崩壊地，ガリー，崖の分布やパターン
	岩	新期溶岩流の分布，露岩地帯など
	穏顕岩	岩礁，磯浜
	砂，礫	河原，砂浜，砂丘地，山頂付近の裸地など
河川海	干潟	干潮時の海岸線，潮汐平地
	滝	侵食の復活，硬岩の露出部，溶岩の末端など
	地下の水路	農業用水路，上水道など
	涸れ川	砂礫質の河原，扇状地性，天井川など
	万年雪	残雪・積雪量の多い場所，越年雪
	湿地	後背湿地，泥炭地など
植生	植生界	農業的土地利用の種別やパターン
	田	灌漑水との関連
	畑	低地に細長くあるときは自然堤防など
	はい松地	高山植物の分布地，強風の場所
	荒地	野草地，放牧地など
境界	都市の区界 町村の区界	市長村の面積，場合によっては河道の変化など

　上空に人間の目を置いて地表を眺めると，視界は360度となる。しかし，ある一定範囲の地表のようすを地図化しようとする場合，基準となる方位を定めなくてはならない。かつて，中世ヨーロッパの世界図では，常に中心が聖地エルサレムで，地上の楽園といわれるパラダイスのある東が上と決まっていた。

　現在では，地図の上方を真北とするのが一般的基準であるが，この約束に反する場合には，特別に北を方位記号で示したり，経線を記入したりして南北方向を表示している。なお，磁石の北は地図の北と一致するとは限らず，東京付近では6.5度西に偏っていることに注意すべきである。

　地形図は，登山やハイキングなどのレクリエーション，各種の調査研究，土地の開発計画などに広く活用されている。地理学における地形図の利用とは，さまざまな地理的要素を組み合わせて，その関係や相関の程度を読み取ることである。

　読み取った結果を材料にして，問題点を抽出したり，仮説を立てたりすることができる。さらに，読み取った事柄を空中写真で確認したり，野外調査で検証したり，統計・文献などの資料と比較するなどして問題点を明らかにする。

　なお，発行年の異なる地形図を利用すれば，地域の変化のようすを理解できるので，便利である。

地形図で読む浦安市の変貌

　千葉県北西部に位置する浦安市を例にして，新旧地形図から地域の変容の姿をみてみよう。大局的にみると，浦安市の著しい都市化，埋め立てによる市域の拡大，日本最大のレジャーランドとしての東京ディズニーランドの立地などを読み取ることができる。

　1961年測量の地形図（図2）からは，沖合には遠浅の干潟が続き，浅草海苔・あさり・蛤などの浅海養殖が盛んであったことや土地利用では湿田（沼田）の広がりから，半農半漁の町であることが理解できる。

　集落は塊村型で，旧江戸川と東京湾を結ぶ水路となる境川が横切り，そこが山本周五郎の『青べか物語』の小説の舞台となり，べか船と呼ばれる小舟の船溜りに利用されていたことを物語っている。さらに，都心から10km足らずの距離しかないのに，鉄道交通に恵まれず，陸の孤島として位置していたこともうかがえる。

　1970年測量の地形図（図3）からは，北部には地下鉄東西線（1969年開通）が通って，浦安駅が設置され，その周辺の水田は都市化に備えた区画整理事業となっているほか，海側への埋立地の造成が読み取れる。

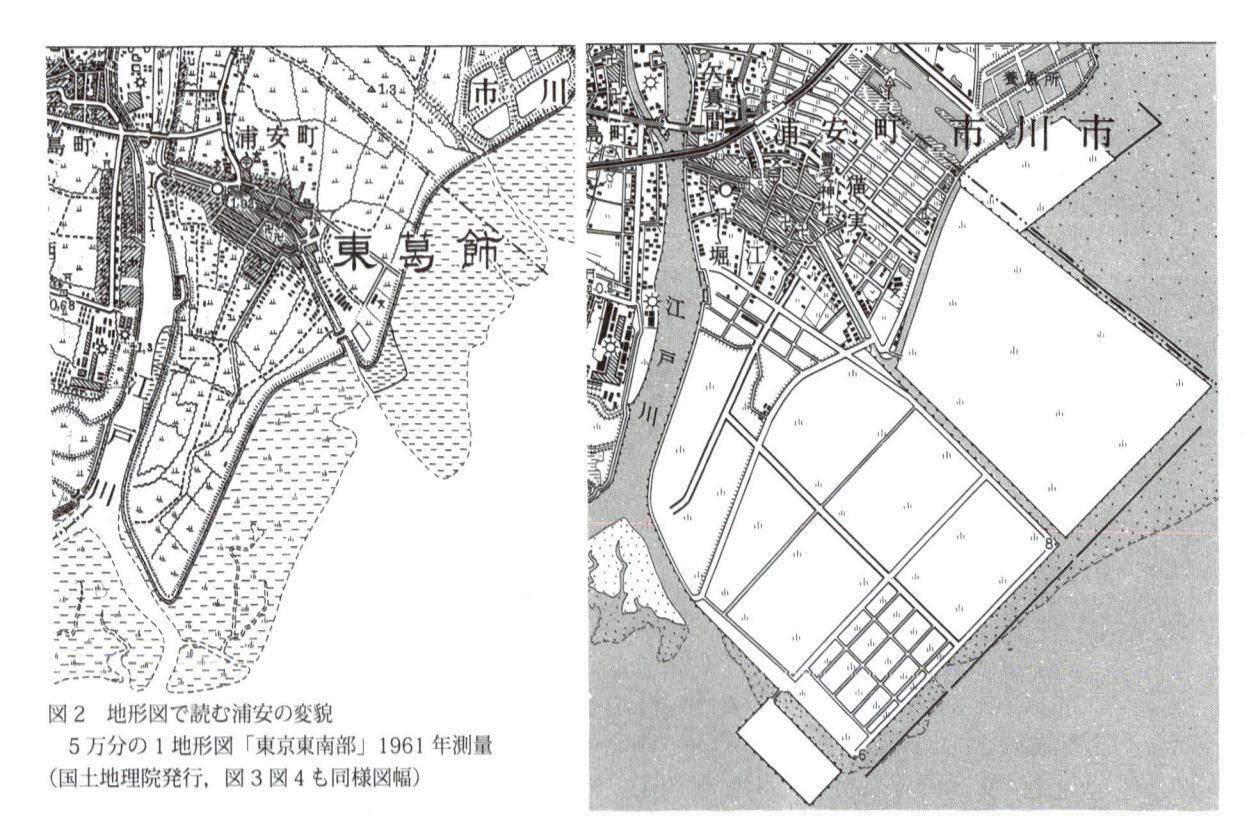

図2　地形図で読む浦安の変貌
5万分の1地形図「東京東南部」1961年測量
（国土地理院発行，図3図4も同様図幅）

図3　1970年測量

最新の地形図（図4）からは，南部にJR京葉線（1988年開通）が走り，かつての堤防跡であった海岸線は，東京湾岸道路（1978年開通）となっている。
　したがって，その道路よりも東側一帯と見明川以南が埋立地であり，その面積が約4倍にも膨らんでいることがわかる。また，市域の東方への拡張に伴い，市役所はかつての堤防沿いに移転されている。さらに，埋立地は計画的な土地利用が可能となり，手前の舞浜駅前に東京ディズニーランドと臨海部のホテル群，その東側に接して工場地区としての鉄鋼倉庫団地，新浦安駅付近には中高層建物がみられる。これを空中写真で対比してみると一層明瞭となる。
　この結果，浦安は漁師町から住宅・文教・レジャー施設をもつ海浜ニュータウン地域へと大きく変容することになり，東京湾ウォーターフロント開発の一画として注目されていることが，地形図から明瞭に読み取ることができた。
　　　　　　　　　　　　　　　　　　　　　　　　　　　　　　　　　　（長坂政信）

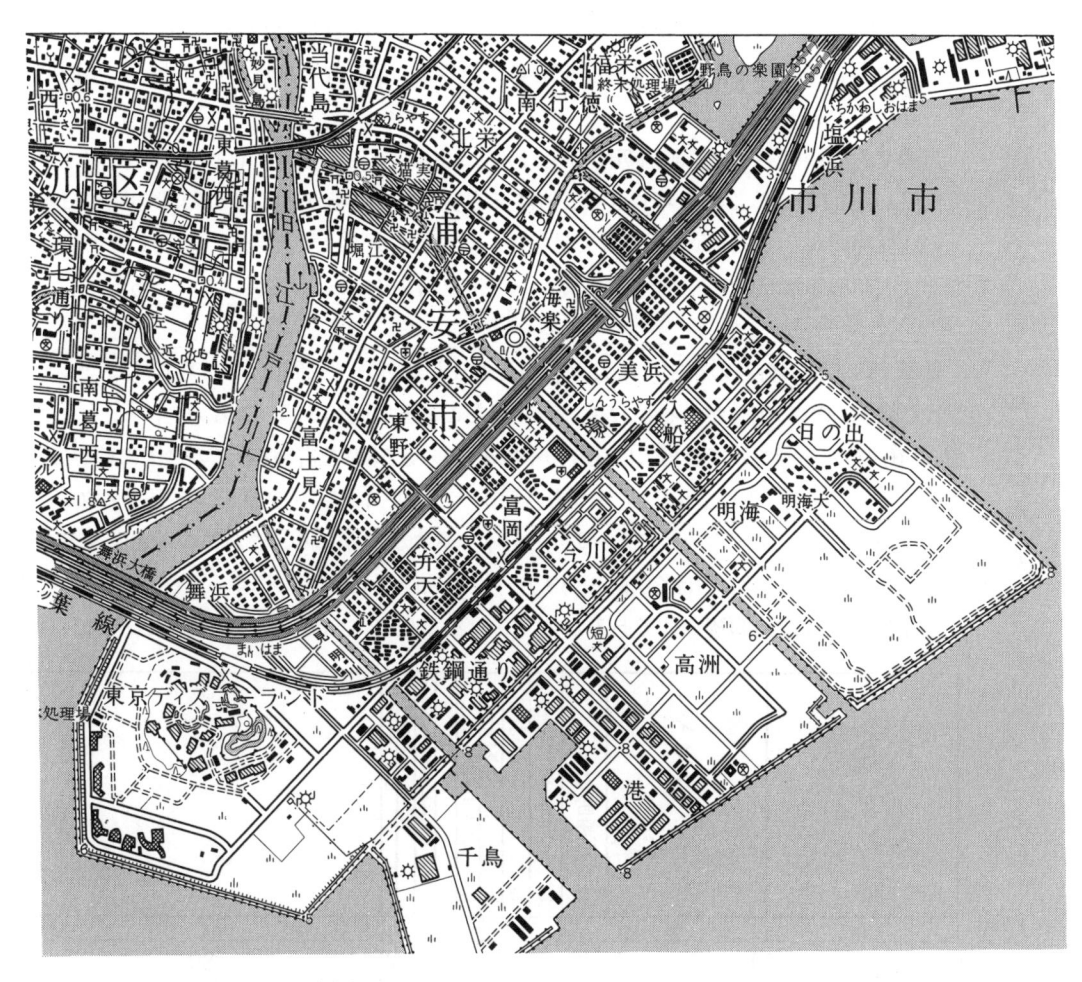

図4　1994年測量

9 人はいかに分布するか

人類は地球上の広い範囲にわたって生活している。日本人からみると，こんな所にもと思うくらいの極北・極寒の地にも，また4000mをこえる高山地域にも人が住んでいる。もちろん高温・多湿の熱帯雨林気候の所にも人は住んでいる。粗密の違いはあっても人がこのように広く分布するのは，人類が恒温で雑食性の動物である上に，衣食住にわたって環境への適応力をもっているからである。

人は増えても土地は増えず

人類が居住する範囲をエクメーネというが，近代以前と現代のエクメーネとの間には大きな差はない。17世紀中頃の世界人口は，約5億と考えられており，それが現在では65億をこえるまでに増加したが，この間に人が住んでいる範囲は目立って拡大したわけではない。13倍を上回る増加は密度を増すかたちで，ほとんどが既存のエクメーネ内で進行したのであった。

日本でも同様であって，明治初期の人口（約3500万，1875年）に比べると，現在の人口（1億2777万，2005年）は3.7倍にまで増加しているが，この130年の間に日本人の居住範囲がとくに広がったわけではない。居住範囲が拡大して人口が増加したのではなく，人口増加は既存の居住範囲内における密度の増加によって実現したのである。

かたよる分布を知る方法

地球上の人類の分布の粗密には大きなかたよりがあり，国家間の人口の違いは大きい。世界には約200の国家があるが，人口が10億をこえる中国（13億1298万）やインド（11億3440万）の2国だけで世界人口（65億1475万）の37.6％を占める。この2国に続いて，人口1億をこえる人口大国にはアメリカ合衆国・インドネシア・ブラジル・パキスタン・バングラデシュ・ロシア・ナイジェリア・日本・メキシコがあり，これに中国とインドを加えた11カ国の合計人口は39億8883万，世界人口の61.2％に達する（図1）。

国家は強固な政治的統一体であるから，これを単位に人口の大小をみるのはそれなり

中国	インド	アメリカ合衆国	インドネシア	ブラジル	パキスタン	バングラデシュ	ロシア	ナイジェリア	日本	メキシコ
20.2	17.4	4.6	3.5	2.9	2.4	2.4	2.2	2.2	2.0	1.6

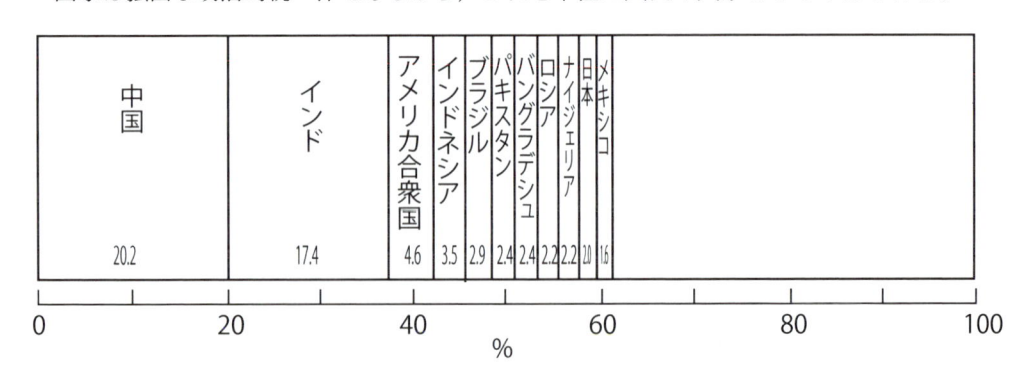

図1 人口大国（人口1億以上）の人口が世界人口に占める割合（％, 2005）

の意味があるが，人口分布の粗密は，一般には人口密度（1 平方キロメートルあたり人口，人 /km^2）で表し，これは人口を陸地面積（地積）で割って得る。2005 年の世界人口 6,514,751 千を陸地面積 135,641 千 km^2 で割って得た 48 人 /km^2 が，同年の世界の人口密度である。

人口密度の国家間の差も大きい。ヴァチカン・モナコ・シンガポールのような都市的国家を除くと，1km^2 あたり密度の第 1 位はバングラデシュ（1,064）で，これに続くのが韓国（481），オランダ（393），インド（345），日本（343），ベルギー（341）といった諸国である。他方，オーストラリアやカナダは 3 人にすぎない。人口規模が世界第 2 位のインドの人口密度は日本のそれを上まわるが，第 1 位の中国と第 3 位のアメリカ合衆国のそれは 137 と 31 といった程度である。

人口密度にこだわると

国家の人口は多ければよい，国土は広ければよいというものではないが，上のように日本は世界ではかなりの人口大国（第 10 位），かつ高人口密度国（第 5 位）には違いない。近年，日本では少子化による人口減少が話題になってきたが，人口が将来 1 億を下まわるようになるのは 2050 年頃から，その時点での人口密度は 252 人程度と推計されている（国立社会保障・人口問題研究所推計，平成 18 年）。これは現在のドイツやイギリス（それぞれ 232 人 /km^2 と 248 人 /km^2，2005 年）に近い密度である。長年続いた「狭い国土に多くの人口」という日本的状況は，ほぼ 40 年後には解消されることになる。

上の日本の人口密度 343 人 /km^2 は，127,768 千人の人口を 372,879km^2 の面積で割った数字である。この人口には日本にいる外国人（外国の外交官・軍人・軍属とその家族を除く）約 156 万人も含まれている。また面積は総国土面積（377,915km^2）から，北方領土と竹島の面積（5036km^2）を除いた数字であるのは，ここでは人口調査が行われていないからである。

上の面積には琵琶湖や十和田湖などの内水面も含まれている。また，現在はもちろん将来も日本ではおそらく人が住みそうもない高山地域も含まれているので，この人口密度というのは人口分布のきわめておおまかな指標にすぎない。したがって，そのわずかな差や変化を議論したり，問題にする意義は小さい。それでもこの種の人口密度がひんぱんに用いられるのは，これに代わる指標が簡単には得られないからである。生産活動や居住の場としての観点から耕地や平野に対しての人口密度が考えられるが，人間活動が耕地や平野から受ける影響はさまざまであるうえに，耕地や平野の定義自体も簡単ではない。そうならばいっそのこと，ごく単純に国土面積で人口を割る普通の人口密度を用いたほうが，ということになる。

しかし，一口に 1km^2 に 343 人の密度といっても，これから分布の様子を実感することは困難である。1 辺 1km の正方形の平地を頭のなかに描き，そこに 340 人をこえる人々がいる様を想像するのは難しい。東京ドーム（1 万 3000m^2）に 4.5 人ならわかりやすいかもしれないが，これだとアメリカ合衆国の人口密度（31 人 /km^2）は 0.4 人となって，かえってわからなくなろう。

人口密度では実感できないという人のために

以下に密度に代わる人口分布の指標を二つ紹介しよう。

(1) 1人あたり面積

人口を面積で割るのではなく，逆に面積を人口で割って1人あたりの面積を考えたほうがよいことがある。日本では，上の人口と面積から2918m^{2}となる（人口密度からその逆数として計算してもよい）。これには山地も湖沼も含まれてはいるが，日本の国土を総人口で均等に分けた場合の1人あたりのとり分である。日本の場合，平地は国土の約30％にすぎないから，これに相当する875m^{2}ほど（約265坪）が利用価値の大きい平地の分け前となる。日常的に土地を意識することの少ないアパートやマンションに住んでいようとも，少なくとも計算上は各人がこのくらいの土地のオーナーなのだと想像してみるのはいかがであろうか。

図2に1人あたり面積が940m^{2}のバングラデシュから，33万m^{2}をこえるカナダやオーストラリアにいたる若干の国々の1人あたり面積を示した。図中の各正方形が1人あたり面積であるから，逆に1辺がこの長さの正方形の中にそれぞれ1人が住んでいると考えてもよい。

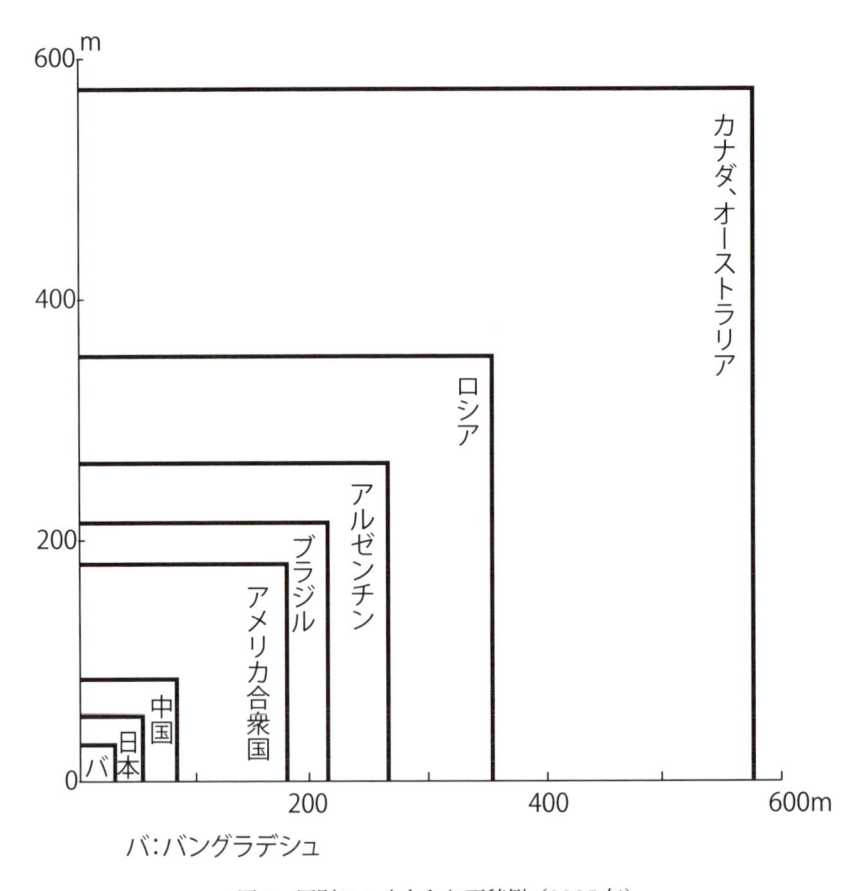

図2 国別の1人あたり面積例（2005年）

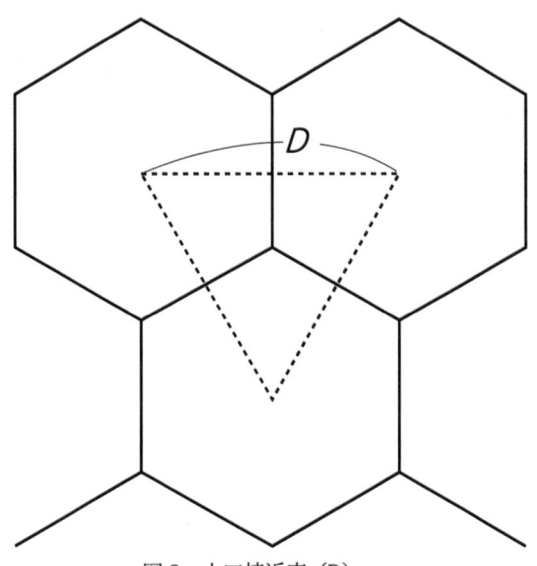

図3 人口接近度（D）

正六角形の面積（1人あたり面積）をS平方メートル，正六角形中心間の距離をDメートルとすると，
$$D = 1.075\sqrt{S}$$

（2）人と人との距離（人口接近度）

　人口分布の粗密は距離（長さ）でも表すことができる。人間を均等に分布させた場合の相互の距離が「人口接近度」で，この大小が分布の粗密を示す。人口を地域内に均等に分布させるには人口数だけの正六角形を考え，その中心に1人を置けばよい。この場合の正六角形の面積は上で説明した1人あたり面積である。

　この面積をS（m^2）とすると，相互に隣接する正六角形の中心間の距離（長さ，m）Dは次式で求められ，これが人口接近度である（図3）。

$$D = 1.075\sqrt{S}$$

　日本の場合1人あたりの面積は上のように2918m^{2}であるから，接近度は上式から58.1mとなる。これが日本の総人口を国土に均等にばらまいたときの相互の距離である。人口が密集する都市では，当然この距離は短くなる。たとえば東京都特別区部では人口8490千，面積621.4km^{2}であるから，1人あたり面積は73.2m^2，したがって人口接近度9.2mにすぎない（2005年）。とは言っても，ラッシュ時のバスや電車の混雑からは想像を絶する距離ではあるが。

　なお，1人あたり面積は人口密度の逆数であるから，Dは1km^{2}あたり人口密度（d）から次式を使っても計算できる。

$$D = 1075/\sqrt{d}$$

（小笠原節夫）

10 人は移動する
―引っ越しの地域性―

私たちは普段，空間の上を移動して生活を営んでいる。その大部分は通勤や通学，買い物などの日常的な移動であるが，時には生活の基盤である居住地そのものを変更し，新たな土地へ移動することも少なくない。居住地の移動（引っ越し）は，人口の分布を直接的に変化させる現象であり，どのような人が，どこからどこへ，なぜ移動するのか，を考えると非常に興味深い。この章では，日本の居住地移動について概観してみよう。

移動の多い日本

まず居住地移動という行動はどの程度行われているのだろうか。国勢調査では調査時点の居住地における居住年数を調べている。出生時から調査時点まで居住し続けている人，つまり引っ越しを経験したことのない人は，出生して間もない0～4歳こそ67％を占めるが，それ以上の年齢層になるとこの割合は低下する（表1）。とくに30～60歳代では10％に満たない。また，20歳代までは男女ともほぼ同じ割合であるが，それ以上の年齢層になると男性よりも女性のほうが小さな値を示しているのは，結婚する場合に女性が配偶者の居住地へ移動する場合が多いことを反映していると考えられる。現在の日本は，出生時点の居住地に住み続ける人は少なく，ほとんどの人が居住地の変更を経験する移動性の高い社会であると言えよう。

日本における居住地移動は経済状況や人口構造に応じて変化してきた。図1は，市区町村の境界を越える移動数の推移（1955～2006年）を示しているが，1960年代から移動数は大きく増加し，1973（昭和48）年に最大（853万人）となった。この時期は，人口に占める移動者の割合（移動率）も高く，7～8％を推移していた。高度経済成長によっ

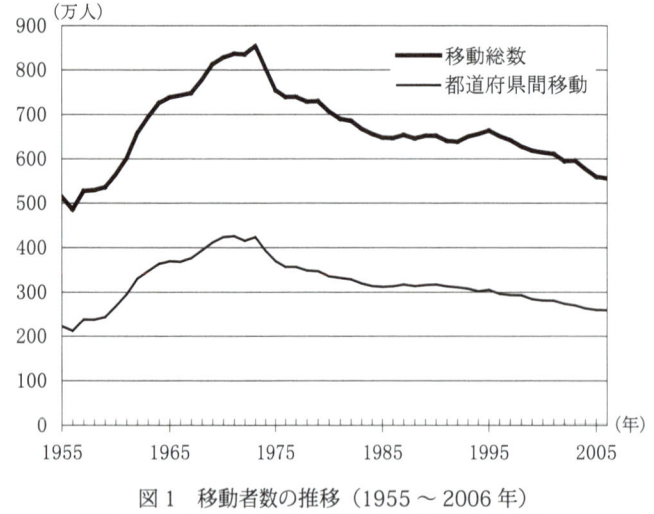

図1 移動者数の推移（1955～2006年）
注）1972年以前の数値は沖縄県の移動者を含まない。

表1 出生時から現住地に居住している者の割合（2000年）

	計(%)	男性(%)	女性(%)
総　　数	16.0	19.8	12.4
0 ～ 4 歳	67.0	67.0	66.9
5 ～ 9	36.5	36.6	36.4
10 ～ 14	33.1	33.3	33.0
15 ～ 19	28.6	28.5	28.8
20 ～ 24	18.8	18.6	19.1
25 ～ 29	12.4	13.6	11.1
30 ～ 34	8.1	10.4	5.7
35 ～ 39	7.3	10.6	4.0
40 ～ 44	8.2	12.7	3.7
45 ～ 49	8.4	13.5	3.3
50 ～ 54	8.0	13.1	3.0
55 ～ 59	6.8	11.4	2.5
60 ～ 64	8.0	13.6	2.7
65 ～ 69	9.7	16.9	3.3
70 ～ 74	11.2	19.9	4.1
75 ～ 79	10.8	20.8	4.4
80 ～ 84	9.9	20.5	4.2
85 歳以上	8.6	20.0	3.9

て大都市地域への移動が活発化したことや，第二次世界大戦後の第一次ベビーブームで出生した大量の人口が就職や進学などによって移動したためである。この時期は，都道府県の境界を越える移動が県内移動を上回り，日本国内での人口分布を大きく変化させた。オイルショックを経験した1970年代後半以降，移動数は緩やかに減少を始めた。2006年1年間の移動数は556万4千であり，移動率は約4％であった。現在の日本は一時期に比べると移動量としては停滞傾向にある。

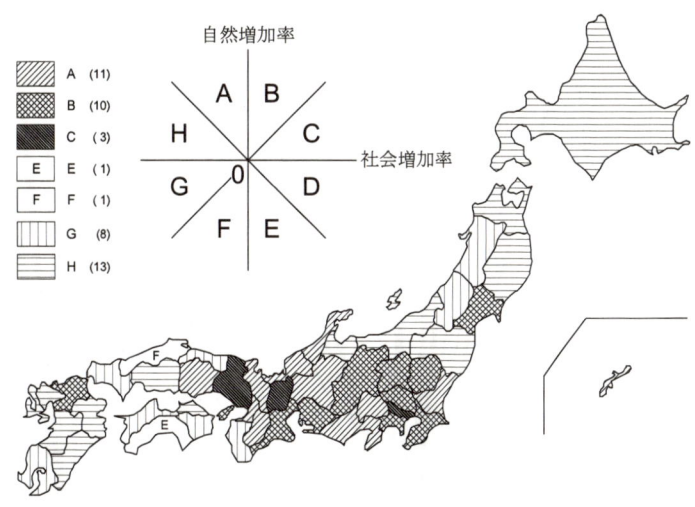

図2　人口変動のタイプ（1995～2000年）
凡例中の記号は図中の座標軸による分類に対応し，数値は該当する都道府県数を示す。

しかし，このことは居住地移動の影響が弱まったことを意味するわけではない。日本の都道府県の人口変動を，自然増加（出生から死亡を差し引いたもの）と社会増加（転入から転出を差し引いたもの）に分類して示したのが図2である。図中に示した直線で区分されるように，地域の人口変化は自然増加と社会増加の状況によってAからHの8タイプに区分できる。人口が増加するのはAからD，減少するのはEからHの場合であるが，なかでもC, D, G, Hの4タイプは社会増加による影響が自然増加よりも大きい。図2は，都道府県がそれぞれどのタイプに分類されるかを示している。現在人口の減少に悩む東北や北陸，中四国，九州地方の諸県はG, Hタイプに該当するものが多い。つまり死亡の増加による自然減に加え，居住地移動によって人口が流出するために，人口減少が一層加速している。

それでは，移動者はどこからどこへ移動しているのであろうか。図3は，各都道府県から最も移動者の多い転出先を示している。宮城県，東京都，愛知県，大阪府，福岡県が，複数の県から人口を受け入れていることがわかる。このうち東京都は，北海道，東北地方から甲信越地方に至る一帯からの移動の到着地となっている。また宮城県，愛知県，大阪府，福岡県はそれぞれ東北地方，東海地方，関西地方，九州地方の中心として周辺の県から人口が流入している。日本の人口移動は，地方圏から都市圏への移動が主要なパターンであると言えよう。そしてそのことが，地方圏での人口減少を加速させているのである。また東京都は，宮城県，愛知県，福岡県の最多転出先であるが，このことは，東京を中心とした国家的な都市システムの存在を示している。

ここまでに検討した数値は日本国内で発生した移動の総数であり，そこにはさまざまな属性を有する人たちが含まれている。しかし居住地移動は，移動者の属性と密接に関わる

年齢と移動

転出前の住所地

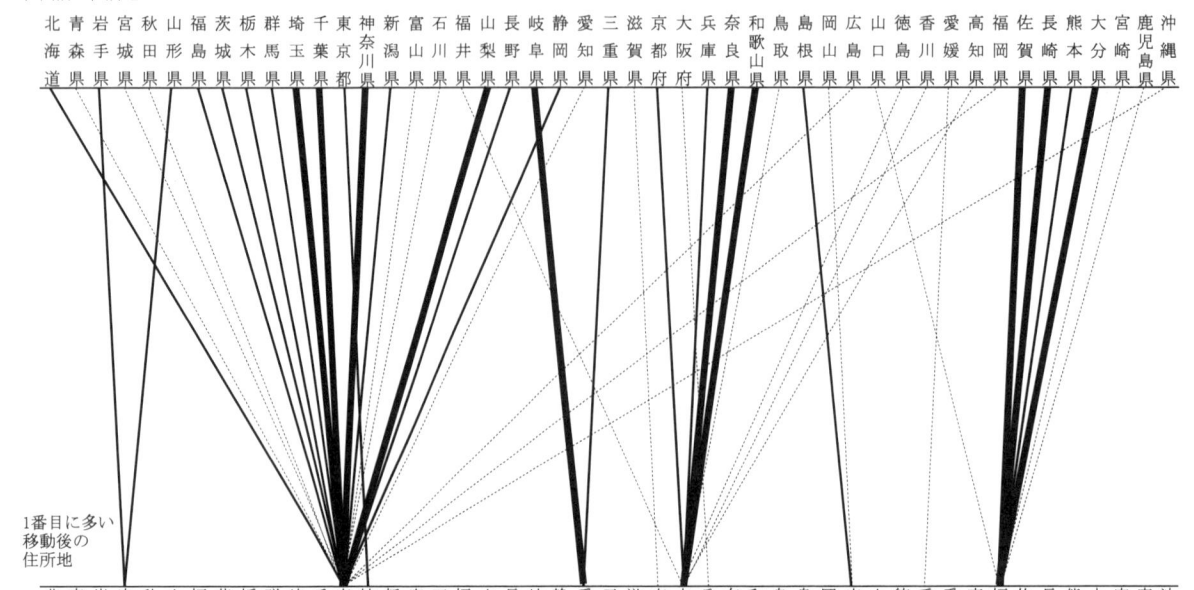

北海道 青森県 岩手県 宮城県 秋田県 山形県 福島県 茨城県 栃木県 群馬県 埼玉県 千葉県 東京都 神奈川県 新潟県 富山県 石川県 福井県 山梨県 長野県 岐阜県 静岡県 愛知県 三重県 滋賀県 京都府 大阪府 兵庫県 奈良県 和歌山県 鳥取県 島根県 岡山県 広島県 山口県 徳島県 香川県 愛媛県 高知県 福岡県 佐賀県 長崎県 熊本県 大分県 宮崎県 鹿児島県 沖縄県

1番目に多い移動後の住所地

北海道 青森県 岩手県 宮城県 秋田県 山形県 福島県 茨城県 栃木県 群馬県 埼玉県 千葉県 東京都 神奈川県 新潟県 富山県 石川県 福井県 山梨県 長野県 岐阜県 静岡県 愛知県 三重県 滋賀県 京都府 大阪府 兵庫県 奈良県 和歌山県 鳥取県 島根県 岡山県 広島県 山口県 徳島県 香川県 愛媛県 高知県 福岡県 佐賀県 長崎県 熊本県 大分県 宮崎県 鹿児島県 沖縄県

転出者総数に占める最多移動先の割合　──30%以上　──20%以上30%未満　……20%未満

図3　都道府県間移動（転出）の最多移動先（2006年）

現象であり，とくに年齢による差異が大きい。

たとえば人口に占める移動者の割合（移動率）について考えてみよう。図4は年齢階層別に移動率を示したグラフである。移動率は20から30歳代にかけて高く半数を越える人々が居住地を変更している。この年齢層は他の年齢層に比較して都道府県間移動の割合が高く，日本国内の人口分布により大きな影響を与えている。その後，年齢の上昇とともに移動率は低下し，50から60歳代にかけて，移動率は20%を下回り，とくに都道府県間移動の割合は低い水準にとどまる。

このような年齢による移動率の違いは移動の理由と関連している。国立社会保障・人口問題研究所の調査（第5回人口移動調査）によると，10代後半の主要な移動理由は入学・進学であり，20代前半では職業上の理由，20歳代後半から30代前半にかけて結婚・離婚が多数を占めた。そしてその後は，住宅購入など住宅に関する要因が主要な移動理由となる。つまり，進学・就職・結婚という人生のなかで節目となることが居住地移動の重要な要因となり，それが次々に発生する10代後半から30歳頃までの移動率が高まるのである。

先に1960年代後半から70年代にかけて移動数が非常に大きくなったことを指摘した。これは第二次世界大戦の後の第一次ベビーブームで生まれた多くの人々が，10代後半から20代という，移動の活発な年齢に差し掛かったことによるものであった。

さらに移動の方向性にも年齢による違いがみられる。その傾向は次の通りである。10歳代後半から20歳代前半は，東京都や大阪府など，大都市圏の中心部の都府県での純移

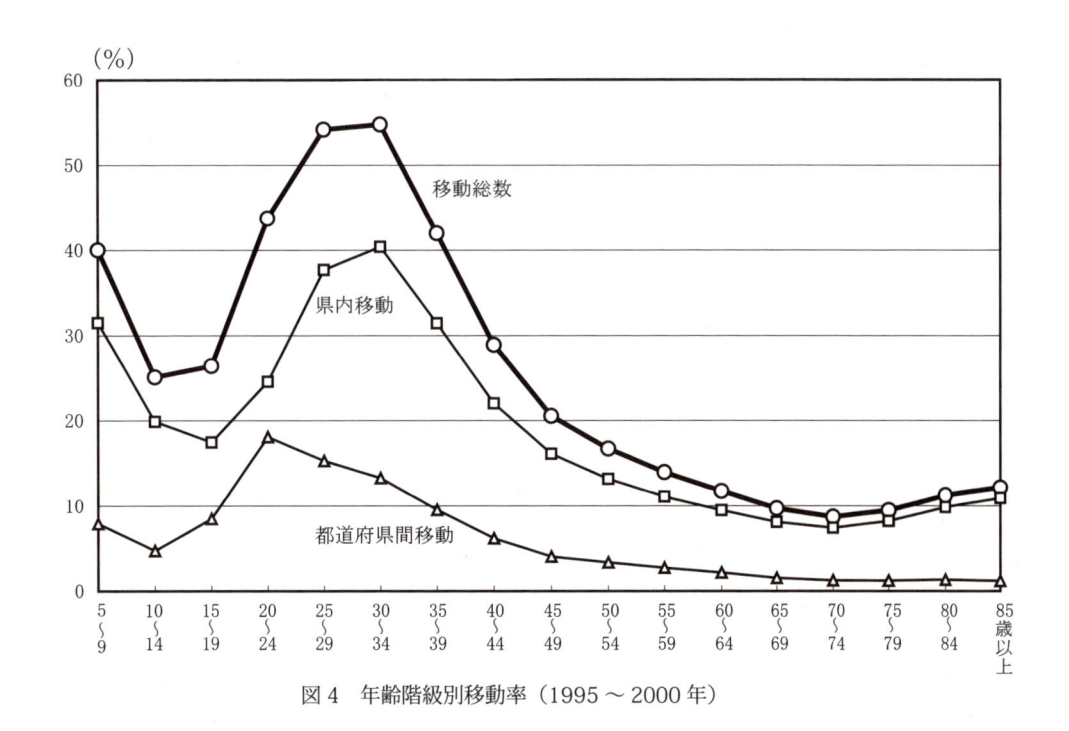

図4 年齢階級別移動率（1995～2000年）

動率が高く，その一方で東北や中四国・九州地方などは人口が流出している。しかしその他の年齢層では，大都市圏中心部の純移動率はマイナスに転じ，その他の地域で純移動率がプラスとなる。大都市圏の中心である東京都や大阪府は，政治・経済の中心地としてさまざまな産業の事業所が立地するのみでなく，大学をはじめとする高等教育機関も集積している。そのことが，大量の若年層を地方圏から大都市圏へ吸引する。その後，卒業や就職，転勤，結婚，住宅取得などの要因によって，30歳代以上の人口が大都市圏から移動していることが明らかである。大都市圏中心部は若年層を吸引し，その後大都市圏の郊外や非大都市圏地域に人口を送り出す地域となっているのである。

高齢者の居住地移動

移動と年齢に関して近年注目を集めている現象が，高齢者の居住地移動である。図4からも高齢となってから移動率が上昇する，移動率の反騰現象が確認できる。かつて，日本ではこのような移動率の上昇はみられなかったが，1970年代以降，顕著になった。高齢化の進展とともに，高齢者の居住地移動が増加しつつあるのである。

最近の人口移動統計の分析からは，高齢者の移動の方向性として，東京から北海道・東北地方へ向かう移動や，大阪から四国・九州地方へ向かう移動が増加したことが明らかとなっている。これは，高度経済成長期に地方圏から大都市圏へ向かった大量の人口移動を反転させた移動パターンと考えることができる。かつて大都市圏に移動し高度経済成長を支えた団塊の世代が，自分たちの出身地へ戻りつつあるのだとすると，彼らは人口減少に悩む地方圏にとって貴重な存在となりうる。人口移動の動向を丹念に観察することで，地域の今後を占うことも可能であろう。

（平井　誠）

課題を考えてみよう (1) 数値を地図化する

下には、アジア大陸東部の地図と、各地の一月の気温平年値を示した。
課題1　等温線図を描きなさい。
課題2　冬のアジア大陸東部の気候の特色は何か。
課題3　上記の特色が、日本の冬、夏の気候に与える影響について書きなさい。

各地域	気温（℃）
オイミャコン	−45.9
ウランバートル	−22.3
ハルビン	−18.6
イルクーツク	−18.2
ウラジオストク	−12.6
シェンヤン	−10.9
ピョンヤン	−6.1
ランチョウ	−5.1
札幌	−4.1
ペキン	−3.6
ソウル	−2.5
シーアン	0.0
プサン	3.1
ウーハン	3.8
シャンハイ	4.3
広島	5.3
チョントゥー	5.7
東京	5.8
クンミン	8.1
鹿児島	8.3
タイペイ	15.2
ハノイ	16.0
マカオ	16.3
那覇	16.6
ヴィエンチャン	22.7
ヤンゴン	24.9
グアム	25.5
マニラ	25.8
シンガポール	26.4
クアラルンプール	26.5
バンコク	26.7
コロール（パラオ）	27.4

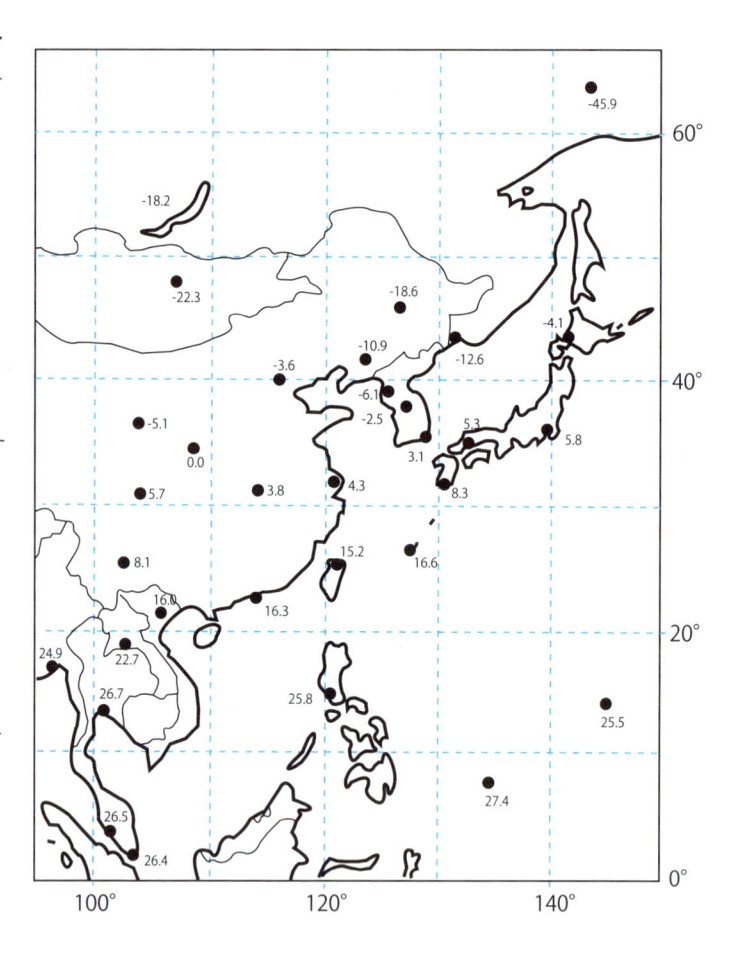

第 2 章
都市の問題を考える

11 都市の内部に構造をみる

都市地域は，オフィスや専門店などが集まる地域，工業活動が集中する地域，典型的な住宅地域など，性格を異にする多様な空間から成立している。都市（圏）は，図1の例のように，土地利用・機能を異にする多数の地域から構成されており，それは全体として都市の内部構造（地域構造）とよばれている。

古典的内部構造モデル

近代以降，都市へ人口・経済活動が集中し，都市地域が拡大するにつれて，都市の内部の地域構造が形成されてきた。都市の内部構造に関する古典的モデルとよばれる三つのものは，いずれも第二次世界大戦前のアメリカ都市の実態をもとにつくられたものである。

1920年代のシカゴ市の住宅地（居住）を中心とした都市の内部構造を描いたバージェスE. W. Burgessは，都市の中心から同心円状（点線内はミシガン湖）に五つの地帯から成立する同心円地帯モデルを示した（図2）。中心のループは，百貨店，オフィス，市役所，劇場などの都市の経済・社会・政治的中心機能が集中するCBD（中心業務地区）である。ループの回りの第2地帯は漸移地帯とよばれ，移民1世の少数民族集団の集住地区や黒人街などの社会的弱者の居住地，スラムとなるほか，ループからの商業や軽工業の進出がみられる。第3地帯は，第2地帯から移動してきた移民2世を中心とする工業労働者達が2階建

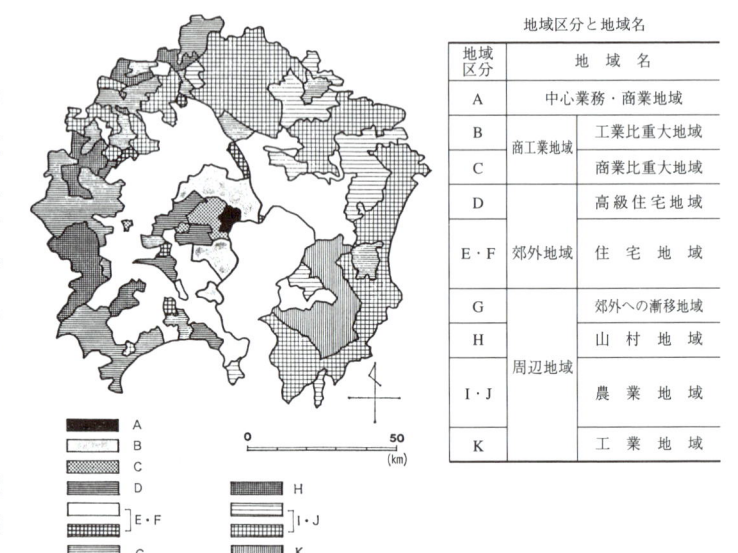

図1　東京大都市圏の地域構造

地域区分	地域名	
A		中心業務・商業地域
B	商工業地域	工業比重大地域
C		商業比重大地域
D		高級住宅地域
E・F	郊外地域	住宅地域
G		郊外への漸移地域
H	周辺地域	山村地域
I・J		農業地域
K		工業地域

図2　Burgessの同心円地帯モデル

アパートに居住する勤労者住宅地帯となっている。第4地帯は高級アパートや一戸建て住宅が並ぶ住宅地帯となる。第5地帯は都市の境界の外側に位置し，都市とは鉄道で結ばれる郊外ないし衛星都市に相当するところで，中・上級クラスの住宅地が広がる通勤者地帯となる。以上のバージェスモデルでは，第2地帯から，同心円状に距離が増大するにつれて，住宅の質と居住者の社会経済的地位は上昇するものとされた。

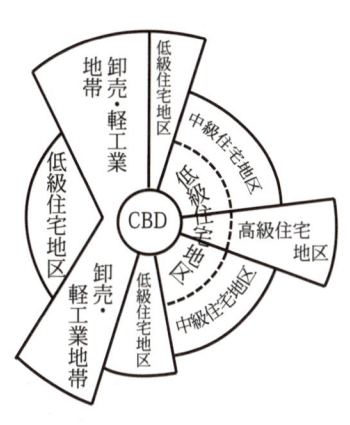

図3 Hoytのセクターモデル 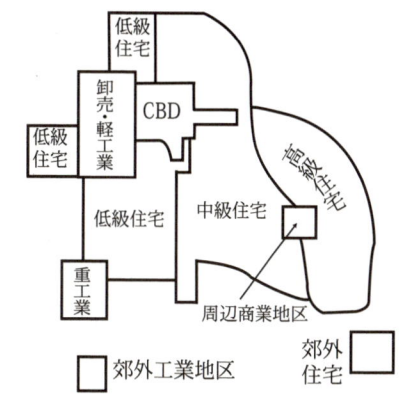　　図4 Haris and Ullman の多核心モデル

次に，ホイト H. Hoyt が1939年に提唱した扇形（セクター）モデルがある（図3）。ホイトは，全米の142都市の住宅地の地価分布を分析し，同心円的差異のほか，中心から周辺に向かって放射状に特定の方向性をもつ鉄道や道路の沿線地区（セクター）によっても，住宅地の地代が異なることを明らかにした。すなわち，高地代地区（高級住宅地区）は，洪水の危険がない高台など土地条件が良好である方面であり，かつ高速交通路線沿線で商業・オフィスの進出が顕著であるセクターに発展し，一方，低地代地区は高地代地区とは逆の方向のセクターに展開する。以上のセクター的相違は長期的に存続する傾向が大であるものとされた。

さらに，ハリスとウルマン C. D. Harris & E. L. Ulman は，産業間で分離要因が働くことや単一の中心核に産業が集中することが物理的に不可能であること，また産業によっては広い用地など特定の便益を必要とすることなどから，産業間で都心への集中や郊外への分散が進み，専門化した複数の核が発達するようになるものとした多核心モデルを提起した（図4）。

同心円的産業立地モデル

一般に都市内部の都市活動（土地利用）の地域的な立地の分化については，各活動の地価負担力の差異（面積当りの超過利潤の大小）による地代付け値曲線によって，理論的に説明される（図5）。都心はすべての活動にとって，最も有利な地点であり，そのためすべての地代付け値曲線は都心から距離が離れるにつれ低下する。また，その勾配は活動によって異なり，顧客への接近が重要となる百貨店や専門店などの商業活動は，都心から離れると超過利潤は急速に低下する。工業活動は，原料・製品の輸送の便，用地の確保などを考えると，都心に近接するよりも主要な交通

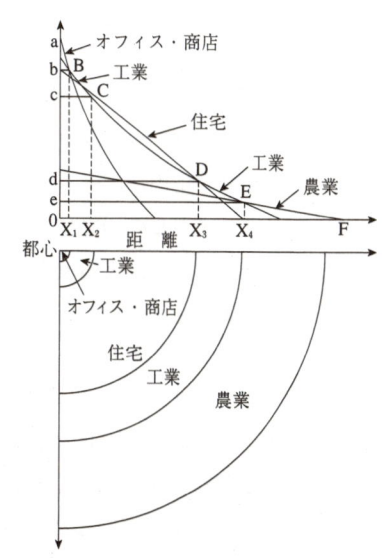

図5 同心円的産業立地モデル

路に沿って立地することのほうが望ましい。住宅は，都心に近ければ通勤・買物などで交通費・時間費用が節約できるが住宅費は高く，一方郊外では自然環境に恵まれた広いスペースの家に居住できる。こうして，地価負担力の高い活動ほど都心近くに立地し，その結果，都市（圏）内部の土地利用は，商業・オフィス，工業（都市型），住宅，工業（用地指向型），農業といった都心を中心とする同心円的な土地利用パターンを呈することとなる。

現代の都市の内部構造

上述してきた都市の内部構造（モデル）は，北アメリカを筆頭に，モータリゼーションの進展に伴う郊外化による都市圏の構造変化（次項参照）によって，大きな変化をみてきた。また，都市の発達の経緯（段階）や地域などによっても，都市の内部構造は異なる。そこで，現代の都市の具体的な研究事例をみよう。

郊外化が進展した今日の北米大都市圏の内部構造は，自動車交通の発達によって形成された中間・外縁郊外にインダストリアルパークや大規模なショッピングセンターなどの核が発達し，同心円構造とセクター構造とが重なり合った地域構造を特徴としている（図6）。また，アメリカ大都市圏居住の地域構造は，都心周辺部にマイノリティや黒人などの社会的弱者の集中地区がみられ，さらに家族のライフサイクルの段階による同心円的構造と社会経済的地位によるセクター構造とが一体化した構造を呈している（図7）。

城下町を起源とする日本の地方都市などの内部構造は，たとえば旧城郭地区に行政機関などが立地し，旧商人地区が中心商業地区として存続するなど，城下町の内部構造の影響を濃厚に受けている（図8）。また，日本の

IP：インダストリアルパーク
RSC：地域型ショッピングセンター
MRSC：大規模な地域型ショッピングセンター

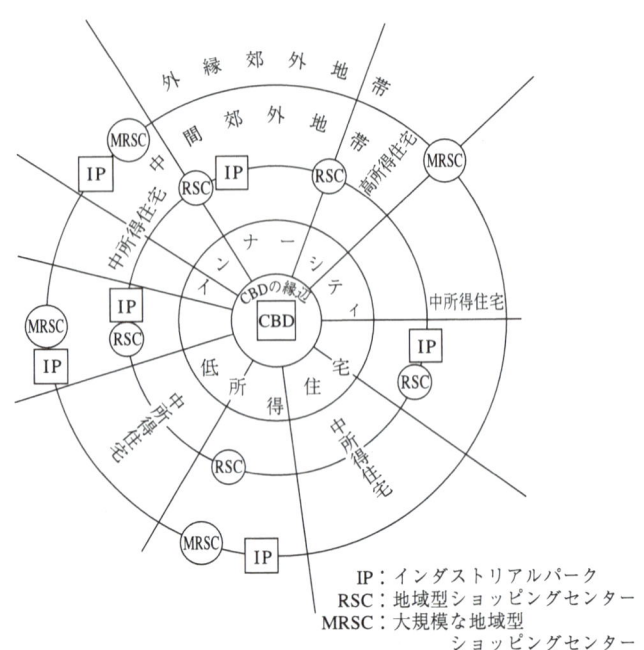

図6　北米大都市圏の内部構造モデル

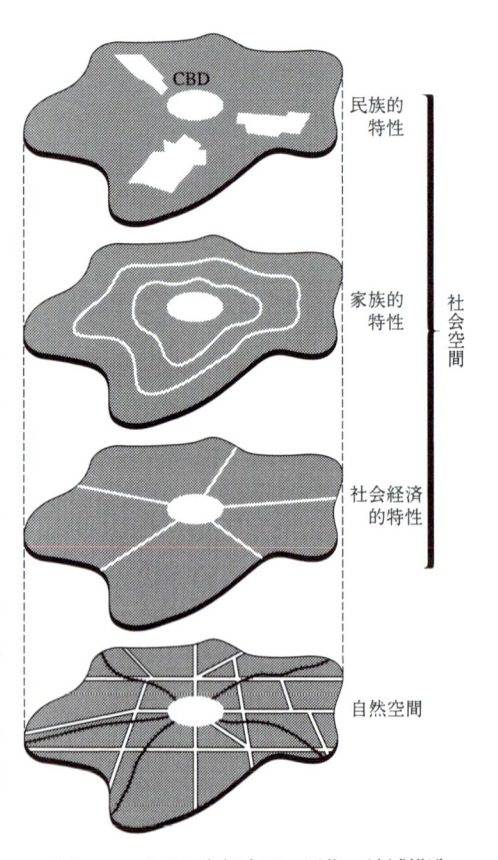

図7　アメリカ大都市圏の居住の地域構造

〔城下町〕　　　　　〔近・現代都市〕

(Ⅰ)　城 郭 地 区 …………　Ⅰ　行政・軍事地区
(Ⅱ)　武家屋敷地区 (a) 上級 …… Ⅱa　高級住宅地区
　　　　　　　　 (b) 中級 …… b　中級住宅地区
　　　　　　　　 (c) 下級 …… c　下級住宅地区
(Ⅲ)　商 人 地 区 (a) 特権 …… Ⅲa　中心商店街・業務地区・卸売地区
　　　　　　　　 (b) 非特権 ……b　周辺商店街（住宅地商店街）
　　　　　　　　 (c) 職人町 …… c　軽工業・労働者住宅地区
(Ⅳ)　寺 院 地 区 …………　Ⅳ　緑地・公園地区

図8　城下町の内部構造と現代都市の内部構造

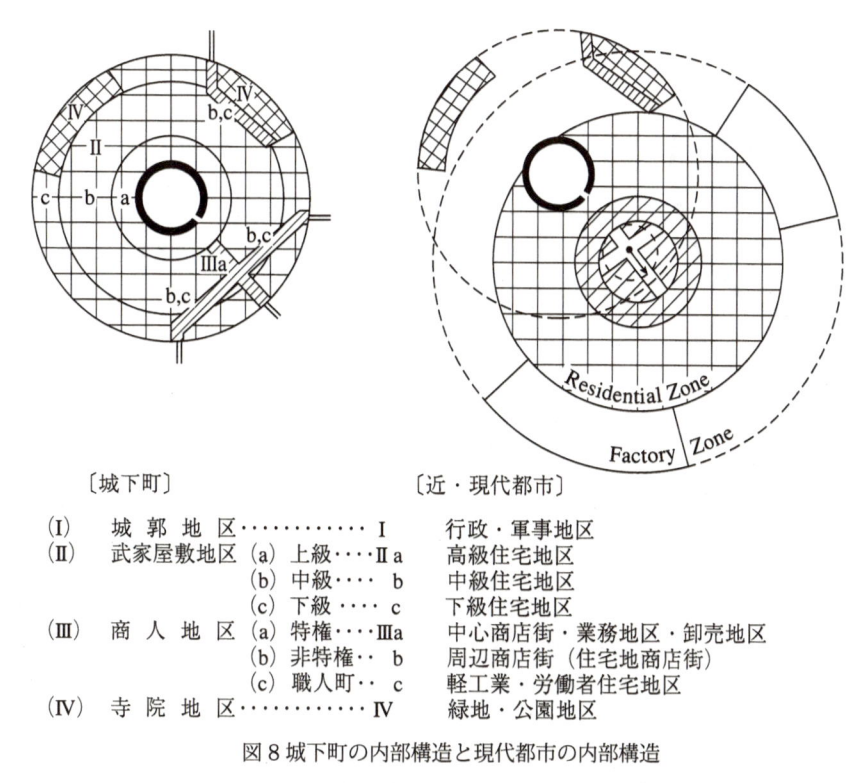

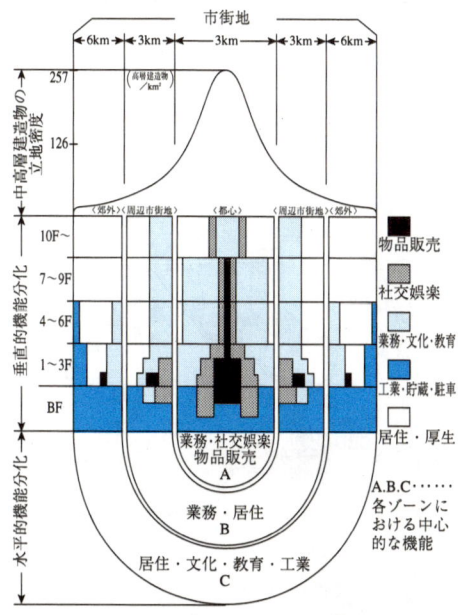

図9　名古屋市における垂直的機能分化と水平的機能分化の関連模式図

　大都市などでは，都心に近いほど，旺盛な土地需要への対応と高地価の負担軽減のため，ビルの高層化や地下街の発達が顕著であるが，それらの空間利用は，都心の低層階には商業・業務機能が卓越し，都心から離れるにつれて工業や住宅への利用が増加するなど，都市機能分布の垂直的・水平的機能分化がみられる（図9）。
　　　　　　　　　　　　　　　　　　　　　　　　　　　　　　　　　（伊東　理）

12 郊外は成長しうるか？

エッジ・シティ（Edge City）

アメリカでは，Edge City が話題となっている。これはワシントンポスト紙のジャーナリストであるギャローの著書のタイトルで，この本は，アメリカ都市の郊外における新しいライフスタイルをテーマとする。Edge とは大都市圏の周辺，すなわち郊外を指し，それが大都市依存の「半都市（sub-urb）」から，住み，働き，遊ぶ，独立した「都市（City）」に変化してきたことがモチーフとなっている。

たとえば，アメリカ合衆国南部のジョージア州アトランタは，郊外の成長した都市地域として知られる。図1には，アトランタ大都市圏における統計区（Census Tract）別の就業者数（1990年），すなわち各地区で働く人の数を示した。星印で示した3万人以上の就業者を持つ地区が，就業者数4万3000人の都心（図中の Atlanta CBD）の統計区のほかにも二つみいだせる。北西のカンバーランド（Cumberland）の統計区（就業者数3万2000人）は，オフィスや小売業が集まり，郊外都心とよばれる3地域（図1にグレーで表示）の一つを構成する。南の就業者3万人以上の統計区はハーツフィールド空港地区（3万8000人）である。このようにアトランタでは，都心に匹敵する郊外の就業中

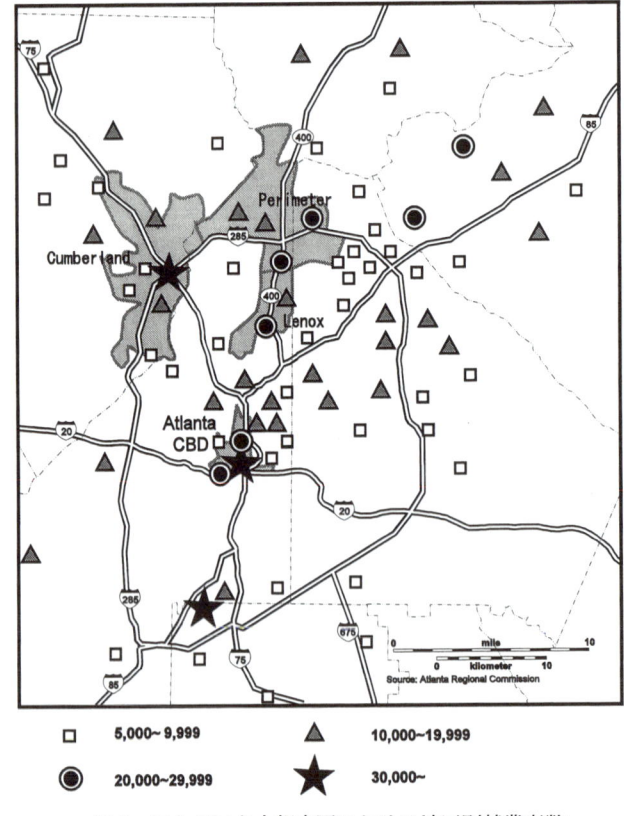

図1 アトランタ大都市圏における地区別就業者数

心がみられる。もちろん都心地区は，いまだ行政・金融・サービス業の中心として，全体で約9万8000人（アトランタ大都市圏の6.9％）の就業者をもつ。アトランタやジョージア州の精神的・文化的中心も都心であり，大リーグのブレーブス，バスケットのホークスは都心に多くの人々を集める。会議・展示施設やホテルも都心に集中し，オリンピックスタジアムなどの整備も都心周辺で行われた。しかし，北の郊外都心であるペリメター（Perimeter）地区も，8万5000人が働く。小売りの中心は都心ではなく，レノックス（Lenox）地区である。つまり，郊外都心は，それぞれ商業やサービス業などにおいて，中枢的オフィス機能も含め都心と競合・相互依存しているのである。

郊外の自立化

郊外とは，近代都市において爆発的に都市化が進行している都市周辺地域にあたる。多くの新住民が郊外にやってきて住居を構えるが，多くの住民は職場もショッピング先も都市に残す。したがって，彼らの生活の重心は都市にあり，それゆえ都市は郊外に対し中心都市と呼ばれる。中心都市と郊外を含めた範囲が大都市圏としてくくられ，中心都市通勤圏に代表されるように，共通に中心都市を利用するという点で生活空間のまとまる地域を構成する。図2の第Ⅱ段階が，大都市圏形成に伴い，大都市依存の顕著となった段階の周辺地域における結合関係を示す。

しかし今や，先進国の大都市圏は転換期を迎えつつある。それは，従来中心都市に依存した生活を営んできた郊外が，相互の連結性を増し，自立性を高めつつあることに起因する（図2第Ⅲ・Ⅳ段階）。また，この郊外の自立化が，各国の社会・経済条件と関連し

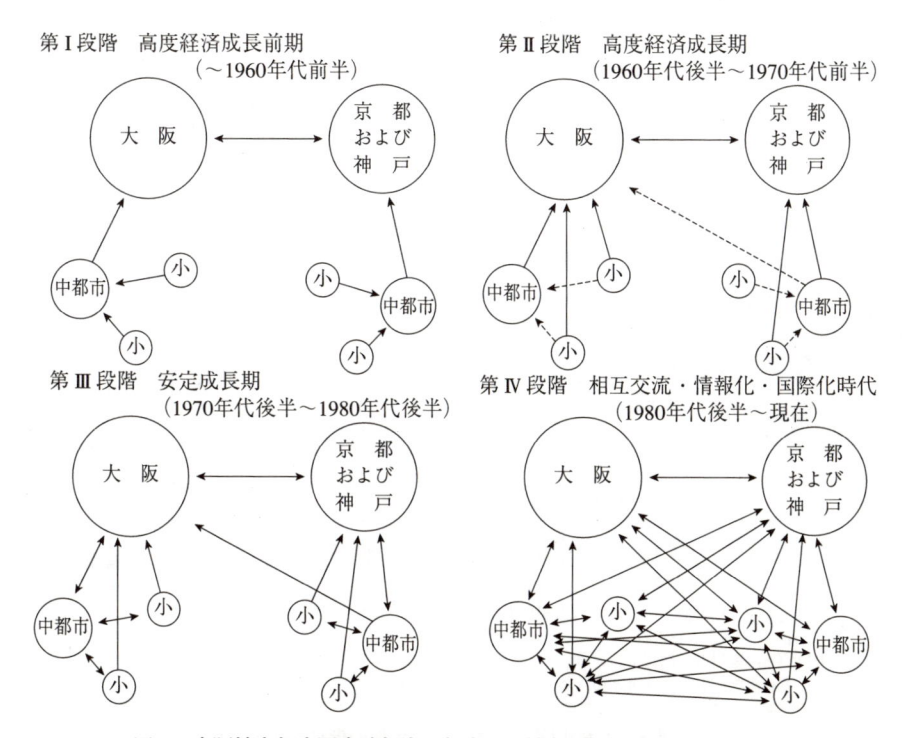

図2　京阪神大都市圏内諸都市の都市間の結合（結節構造）とその変化

てどのように展開し，都市整備上どのように扱われているかという点で，各大都市圏は，地域構造の相違を生み出しつつある。アメリカ合衆国では上記のように，社会的要因による中心都市の衰退と相まって，都心と競合し，都心を越える中枢機能も有する郊外の中心地区形成をみるのである。このような郊外の自立化が，郊外が中心都市から独立し，エッジ・シティの形成へと進展するというのが上述の考え方である。しかし，アトランタの分析からは，むしろ個性的な都心群のネットワークする，相互依存的な地域構造がみいだせる。

大都市圏の将来像

　大都市圏は，都市活動の拡大した郊外を含めて，社会・経済的単位となる都市空間を把握するための概念である。そしてこの都市空間は，20世紀の地理学が発展させた地域概念である結節地域，すなわち，ある中心への結合を指標とする地域（空間的まとまり）の代表である。大都市圏の形成と近年の変化は，中心都市と郊外，他の地域の人口増減から，図3のように整理されている。中心都市に集中する都市化の段階から，分散による郊外化の段階，大都市圏全体の人口が減少に転じる逆都市化の諸段階である。

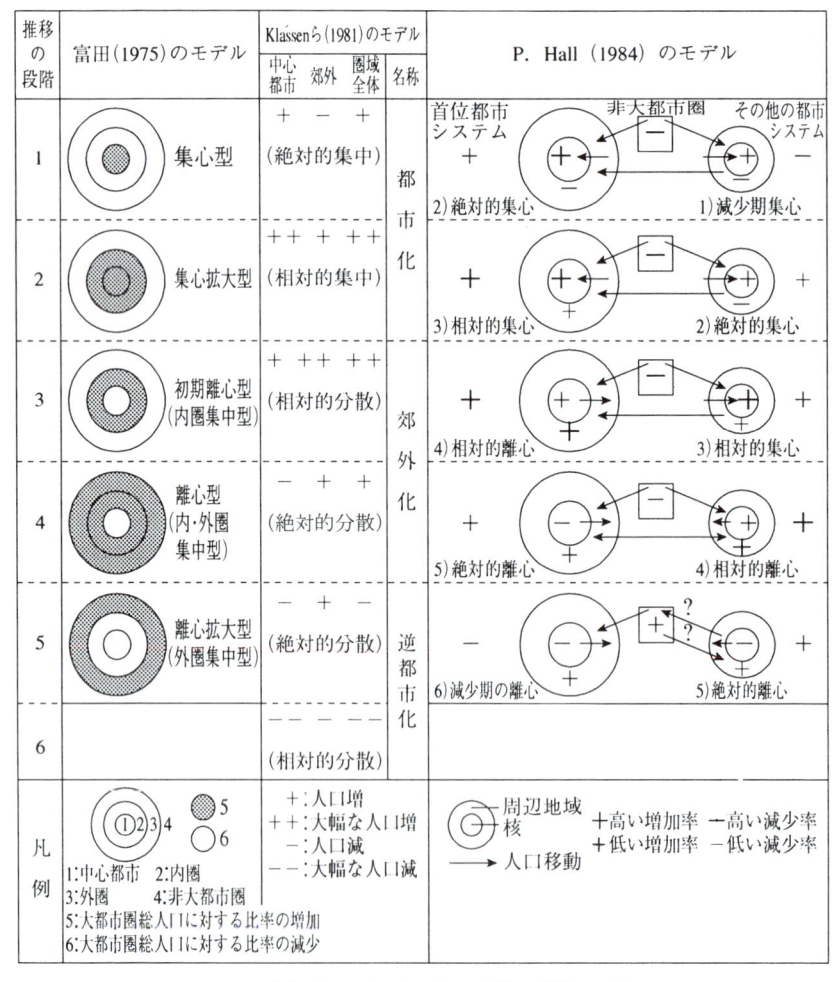

図3　大都市圏における人口変動の推移モデル

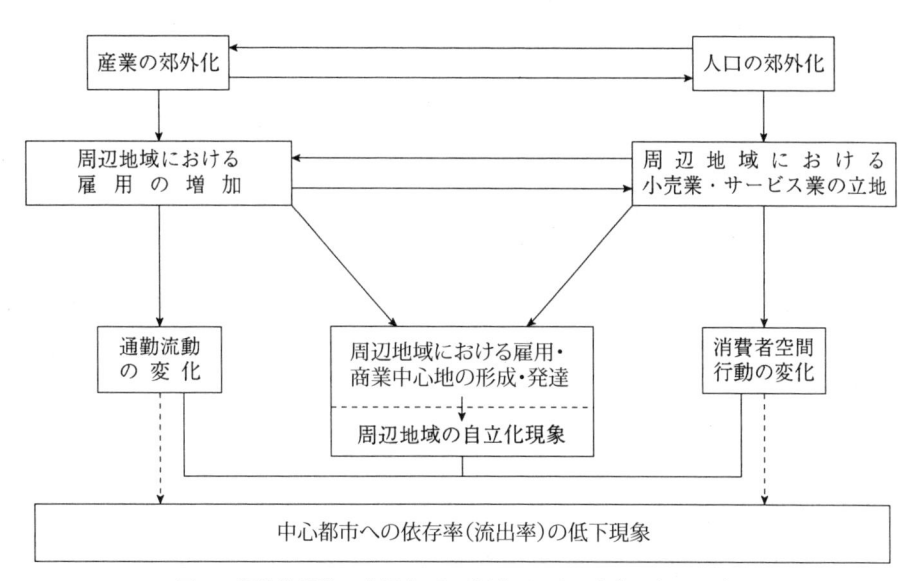

図4　郊外化段階の大都市周辺地域における変容現象の関連

　このうち郊外化段階における変化は，図4のように考えられる。すなわち，人口のみならず産業や大学などの都市機能の郊外化は，周辺地域（郊外）の自立性を増し，郊外間の通勤や郊外における買い物行動を生み出す。さらに逆都市化段階では，大都市圏外からの郊外への通勤などにより超郊外（Exurb）も出現する。人口の急激な郊外化の時期に高まった中心都市の吸引力（図2の第Ⅱ段階）は，このような郊外の成長にともない低下し，大都市圏という枠組みで都市の範囲をとらえられなくなる。日本では，都心衰退は郊外鉄道網の発達した大都市ではみられない。
　しかし一方で，こうして維持されている都心中心の空間構造とオーバーラップする形で，主として自動車による郊外間が結合した自立的・相互依存的な空間構造も，消費行動などでいまや重要なものとなっていて，人々は両者の空間構造をうまく使い分けている。
　今後の大都市地域は，このような郊外の新しい拡散的な空間構造をいかにとらえ，それに対応して，経済中心で機能的な大都市圏にかわる，アメニティを重視した人間的な地域をどのようにつくっていくかが問題となる。しかし実際には，都市整備や交通政策の将来計画においてもなお，基本的な枠組みは大都市圏によっているのが現実である。(藤井　正)

13 モータリゼーションは地域を変える

広大な北アメリカ大陸では距離の克服に多くの努力が払われてきた。距離の克服に大きな役割を果たしてきた交通機関は，植民地時代と西部開拓時代の初期には馬車と船であったが，1830年代からは鉄道となった。20世紀になると自動車の普及率が高まり，とくに，第二次世界大戦後はモータリゼーション（自動車が主要な交通手段となること）が進展した。

自動車の普及と郊外の発展

1920年代から都市住民の間で自動車の普及率が高まると，路面電車の路線と路線との間にある空間が住宅地として開発されるようになり，市街地の形態は路面電車の路線に沿って住宅地が伸びる星型（図1，B）から円形（図1，C）に変化した。自動車所有者が増加すると，道路網が整備され，郊外住宅地が拡大していった。郊外化の進展と自動車によるモビリティ（移動性）の増大は，郊外住宅地の所得階層別分化ももたらした。一般に新しく開発された郊外住宅地区は大規模で，1区画あたりの面積も広く，住宅価格も高かっ

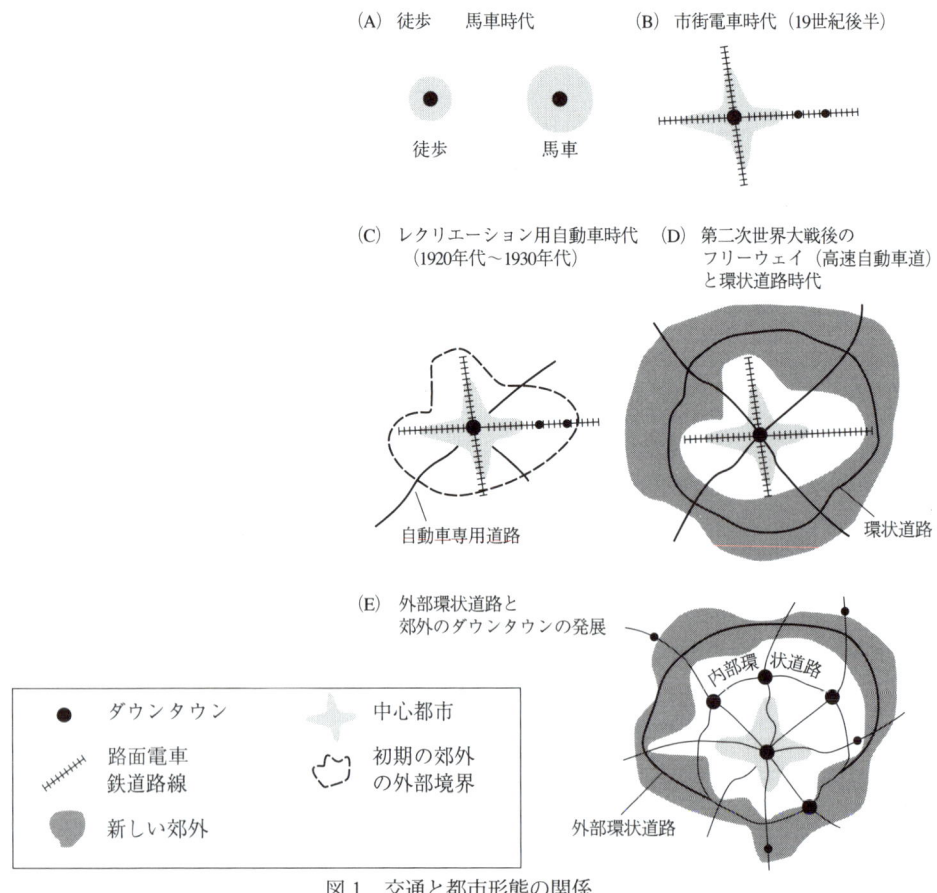

(A) 徒歩　馬車時代
徒歩　馬車

(B) 市街電車時代（19世紀後半）

(C) レクリエーション用自動車時代（1920年代〜1930年代）
自動車専用道路

(D) 第二次世界大戦後のフリーウェイ（高速自動車道）と環状道路時代
環状道路

(E) 外部環状道路と郊外のダウンタウンの発展
内部環状道路
外部環状道路

凡例：
● ダウンタウン
路面電車鉄道路線
新しい郊外
中心都市
初期の郊外の外部境界

図1　交通と都市形態の関係

た。しかし，敷地面積を狭くして住宅価格を下げた住宅も供給されるようになり，世帯は所得と自動車の所有の有無により住宅を選択できるようになった。所得階層や社会的地位の同じような世帯は同じ住宅地区に住み，他の所得階層や社会的地位の世帯が住む住宅地区とは距離を置くようになり，郊外住宅地の社会空間の分化が進行した。

モータリゼーションの進展と高速道路網の整備

第二次世界大戦後，合衆国の自動車普及率は急速に進展した。1940年には自動車1台あたりの人口は約4人であったが，1950年には約3.3人となり，ほぼ1世帯に1台となった。その後も，自動車の普及が進み，1970年にはほぼ2人に1台，1990年には1.2人に1台となり，合衆国のモータリゼーションはほぼピークに達した。

1940年代後半には都市内部のハイウェイ網の建設が進み，1950年代と1960年代には高速道路建設が着実に増加した。なかでも，合衆国の主要都市間を結ぶインターステート・ハイウェイ（州際道路，写真1），都市の中心部から外側に向かう放射状のハイウェイと，それらのハイウェイを結びつける環状道路の建設が盛んであった（図1—D）。インターステート・ハイウェイは平面交差のない（このためフリーウェイとも呼ばれる）高速自動車道路であり，総延長7万5000km（2006）にも達する。

写真1　ジョージア州アトランタのダウンタウンを走るインターステート・ハイウェイ

郊外を走るインターステート・ハイウェイ沿いの地域には工場や倉庫そして小売店などが建設され，土地利用は大きく変化した（図2）。ミネアポリスの南を東西に走るインターステート494は，かつてハイウェイがあったところで，1960年に開通した。1960年代になると，このインターステート494を通過する自動車とトラックが増加し，比較的安い土地に平屋の工場や倉庫が建設され，さらに，交通条件がよいために流通業者の拠点も置かれるようになった。60年代後半になると，電子部品，コンピューター用部品，その他の宇宙産業関連の工場がインターステート494の西端に進出した。また，この時期には主要なインターチェンジの近くに自動車販売業，ディスカウントショップ，そして大規模なショッピングセンターが進出した。1970年代には，アパート，オフィス・ビル，モーテルが建設されるようになった。このようにしてインターステート494沿いの土地利用は変化した。

1950年代中頃からモータリゼーションの進展とともに，都市縁辺部にはショッピング・センター，工業団地そしてオフィスも建設されるようになった。1970年代からは大都市をとりまく郊外の環状自動車道沿いは，工業や商業の新しい核となり（図1—E），郊外に

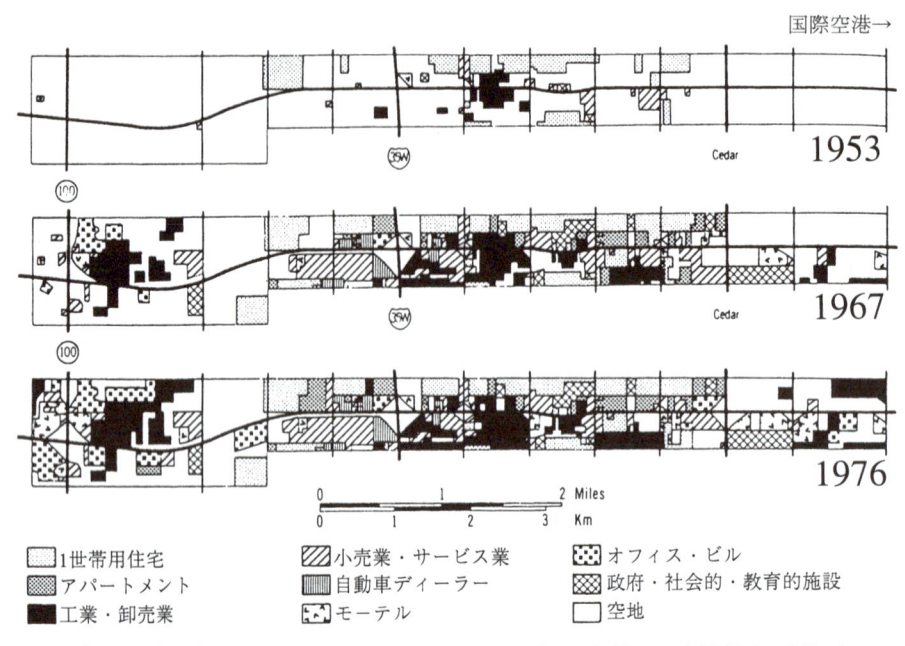

図2　ミネアポリスの南を走るインターステート・ハイウェイ（I-494）沿いの土地利用の変化（1953-1976年）

凡例：
- □ 1世帯用住宅
- ▨ アパートメント
- ■ 工業・卸売業
- ▨ 小売業・サービス業
- ▦ 自動車ディーラー
- ⌂ モーテル
- ▨ オフィス・ビル
- ▨ 政府・社会的・教育的施設
- □ 空地

写真2　ジョージア州アセンズ郊外のショッピングモール，周囲には大きな駐車場が広がっている。

モータリゼーションと商業・工業の郊外化

はショッピング・モールが建設されていった（写真2）。ショッピング・モールはデパートやスーパーマーケットを主要店としてその他の専門店や小売店あるいは映画館なども含むショッピングセンターであり，これらの店を取り囲む広大な駐車場が特徴である。中心都市の中心部から放射状に走る主要ハイウェイ（あるいはインターステート・ハイウェイ）と都市をとりまく環状のインターステート・ハイウェイのインターチェンジの周辺には，デパートを含む高次のショッピング・モールがあり，都市圏では大規模な商業中心地となっている。アトランタ都市圏のショッピング・モールは環状自動車道路とインターステー

ト・ハイウェイあるいは主要なハイウェイが交わるところ，そしてインターチェンジのところにショッピング・モールがあり，郊外に商業中心地が分布している（図3）。

環状のインターステート・ハイウェイ沿いと並んで依然として小売販売額で大きな割合を占めるのが，都市の中心部から放射状に延びる主要幹線道路沿いである。ここには自動車関連の店，たとえば自動車販売店，自動車修理店，自動車アクセサリー店，そして自動車を利用してくる顧客を対象とし，しかも広い土地を使用する，家具店，住宅設備店，庭木・植木の店，木材店，レクリエーション用自動車・ボート販売店，工務店などが分布している。さらに多くの交通量があるため，ファースト・フード店，レストラン，銀行の支店なども立地している。放射状の道路沿いに商店が立地展開する現象は，リボン状発展と言われる。合衆国における都市縁辺部の都市化の形態には既成市街地の外側に宅地が付加される形態と主要道路（フリーウェイ）沿いに開発が行われる線状発展，そしてカエル飛び現象がある（図4）。これらの発展形態はいずれも交通手段として自動車を使用することによって形成されたものであり，自動車に依存した都市の一つの市街地形態である。

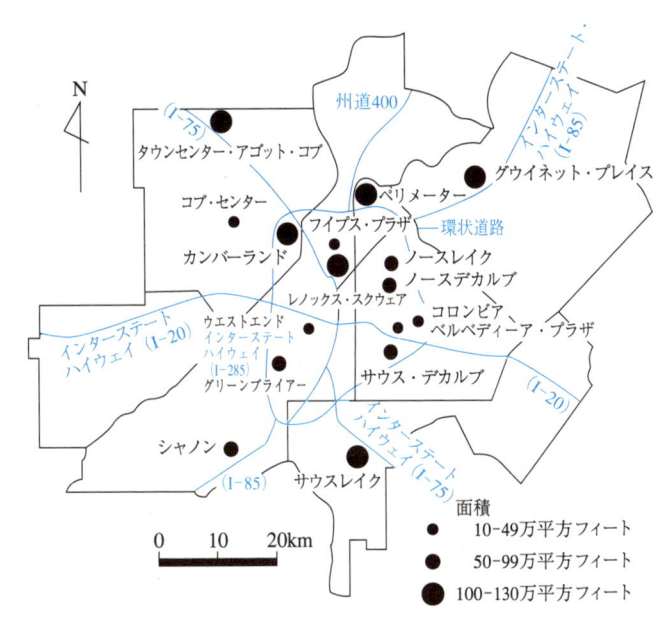

(菅野峰明)

図3　アトランタ都市圏のモールの分布（1985年）

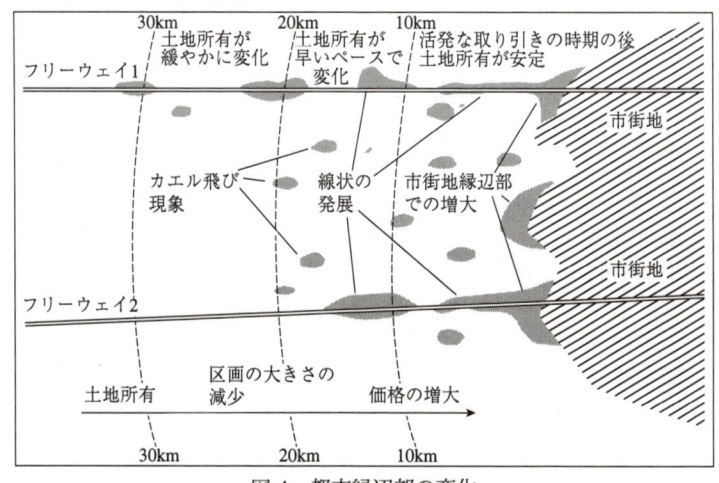

図4　都市縁辺部の変化

14 東京一極集中はすすむ

東京一極集中という言葉は文字通り，日本において重要なものの多くは東京にのみ存在している，あるいは普遍的なものであれば，他のどこよりも東京への集中度合が著しいことを指す。しかし，実は東京一極集中という事態には相当程度，大阪の低下ということが関係している。経済的中枢管理機能（民間大企業の本社，支所）の，とくに本社を指標に，東京一極集中の問題をみてみよう。

経済的中枢管理機能という言葉は聞きなれない用語なので，ここで簡単に説明しておこう。たとえば，一般に製造業企業は生産現場としての工場と意思決定や営業の中心としての事務所を所有している。しかし，この両者は業務の内容も異なれば，立地場所も異なる（工場は臨海部にあるが，事務所は都心にあるといったように）場合が多い。技術の進歩などにより工場で働く人は減少する一方，管理や営業部門で働く人は増加しているということが認識されていたが，従来の（今でも）産業分類では，この区別をすることはできない。経済的中枢管理機能というのは，企業の生産機能と事務所機能を切り離して後者のみをとりだすという考え方である。経済的中枢管理機能として取り上げられるものは何らかの基準により決められた大企業の本社と支所（支社，支店，営業所など）のことである。

表1は1950～2000年の日本の主要都市における経済的中枢管理機能（本社）の状況を示したものである。次のことが指摘できる。

東京と大阪の本社数は戦後一貫して多いこと，東京の本社数比率が低下しているのに対して，大阪のそれは変化しておらず，大企業本社からみると東京の地位が相対的に低下し

表1　主要都市の大企業本社数の推移（1950～2000）

都市＼年次	1950	1960	1970	1975	1980	1985	1990	1995	2000
東　京	413 53%	595 49%	765 49%	783 46%	786 46%	823 45%	894 44%	919 41%	1001 40%
大　阪	113 14%	185 15%	237 15%	249 15%	249 14%	256 14%	291 14%	314 14%	361 14%
名 古 屋	24	45	65	63	63	71	81	88	98
福　岡	11	11	19	19	20	19	21	33	39
仙　台	2	7	4	7	6	6	8	9	10
広　島	4	6	10	13	14	18	19	21	23
札　幌	5	7	12	15	18	17	20	24	28
横　浜	19	24	33	32	35	35	40	50	58
高　松	2	2	4	7	6	6	7	10	12
神　戸	28	43	33	40	39	44	46	57	59
静　岡	2	2	1	1	2	6	3	4	6
そ の 他	130	253	329	480	420	516	545	712	805
計	780	1216	1576	1709	1721	1817	2037	2241	2500

対象企業数は各年次の日本経済新聞社刊『会社年鑑』掲載の株式会社とダイヤモンド社刊『会社職員録』（1995年と2000年）掲載の株式会社．
東京と大阪のみ全体に対する比率を掲載．

表2　主要企業の複数本社制の状況

登記上の本社所在都市	第2本社の所在都市	1960	1970	1980	1985	1990	1995	2000
大阪	東京	0	22	31	32	67	83	96
大阪以外	東京	9	36	63	65	112	103	124
東京	大阪	0	1	0	0	6	8	9
東京以外	大阪	6	14	19	22	18	18	11
その他		2	13	11	12	60	54	52
計（a）		17	86	124	131	263	266	292
対象企業数（b）		1216	1576	1721	1817	2037	2241	2500
（a）／（b）×100		1.4%	5.5%	7.2%	7.2%	12.9%	11.9%	11.7%

大企業の本社数からみた東京の地位

ているようにみえる。しかし，これは正確ではない。その理由の一つは，大企業の数そのものは増えているので，東京の本社数は増加の一途であったこと，もう一つの理由は，表1の各都市の本社数は登記上のものであるが，複数本社制を採用する企業の数が増加しているからである。表2はその実態を整理したものである。データを把握できる1960年以降その数は次第に増加してきたことがわかる。1960年の17社（大企業の1.4％）から2000年では292社（同11.7％）となった。

複数本社制の問題においては，とくに登記上の本社所在地は大阪，第2本社の所在地が東京という企業の多いことが注目される。そのような企業は，1960年にはみられなかったが，1970年に22社出現し，以後次第に増加して2000年では96社である。

確かに登記上本社は東京で第2本社が大阪というケースもみられるが，それは2000年でも9社にすぎない。登記上の本社所在地というのは大体において，その企業の発生の地である。日本第2の大都市である大阪ですら，このような状況である。その他の都市の企業も同じか，それ以上に東京に本社設置を行ってきた。大阪以外の都市に登記上の本社をおいているが，東京に第2本社をもつ企業は1960年では9社であったが，2000年では124社にもなる。

仮りに第2本社のほうを実質的な本社であるとみなすと，1990年において東京の本社数は，894＋67＋112－6＝1067（全体の52.4％），1995年では，919＋83＋103－8＝1097（同49.0％），2000年では，1001＋96＋124－9＝1212（同48.5％）となる。一方，このように考えると，大阪の本社数は，1990年では，291－67＋6＋18＝248（全体の12.2％），1995年では，314－83＋8＋18＝257（同11.5％），2000年では，361－96＋9＋11＝285（同11.4％）となる。絶対数が減少しているわけではないが，東京との差はきわめて大きいものである。

大企業の本社がこのように東京を志向する理由は何なのだろうか。それは一言でいえば，東京の情報の多さである。より具体的に言えば，首都である東京には政府（行政的中枢管理機能）という最大の意思決定機能であると同時に情報発信機能が集中しているからである。それが多くの企業本社を集積させ，またそのことが多くの企業本社を集積させるという循環を生んでいるのである。

（阿部和俊）

15 都市は気候を変える

都市上空の雲―環八雲―

夏から秋にかけて,環状八号線沿いの上空に列状の雲が出現することが最近多くなってきている。この雲は環八雲とよばれる(写真1)。環状八号線とは東京の西郊を羽田から赤羽まで結ぶ幹線道路であり,主要な高速道路と接続している。

環八雲は,関東地方南部が高気圧圏内にあり,風が弱く静穏な日に多く出現している。環八雲が発生した日には,相模湾からの南西よりの海風と東京湾からの南東よりの海風が吹いていた。この二つの海風が環状八号線沿いで合流して異なる方向からの気流のぶつかりあう地帯が形成され,上昇気流が生じ,雲が形成されやすい状態にあった(図1)。

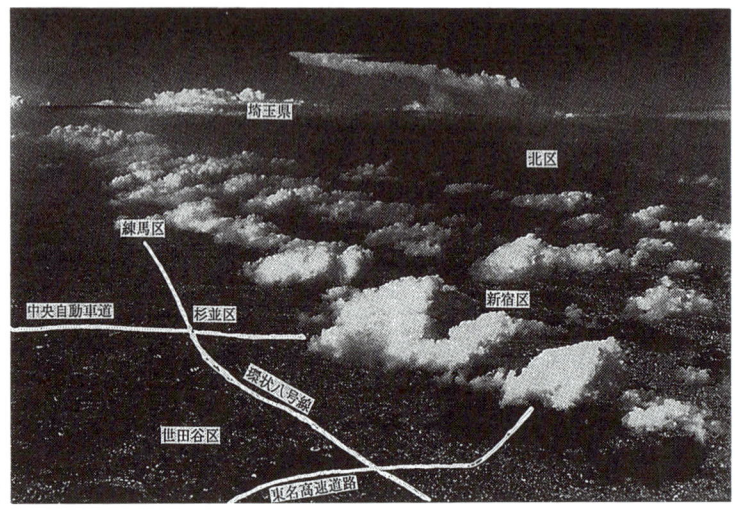

写真1　1989年8月21日15時ごろの環八雲

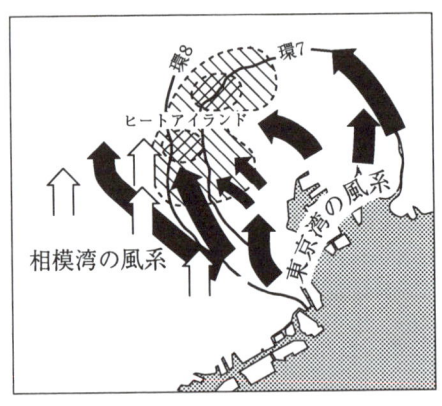

図1　環八雲発生の模式図

ヒートアイランド

夜間には都心に同心円状の高温域(ヒートアイランド)が形成される。海風が吹き込むと,都心部は冷やされ,その高温域はスプロール状に郊外へ移動しているのである。このベルト状の高温域では熱による対流が発生し,積雲が形成されやすい状態になるのである。

都市とその周辺部の温度分布にみられる都市高温域のことをヒートアイランドとよぶ。都市の気候のなかでは最も顕著なものである。

都市域の高温現象は19世紀半ば頃からヨーロッパの都市で検出されている。1950年代以降アメリカで研究が盛んになり，海に浮かぶ島の等高線図との類推からヒートアイランドということばが一般的になった。ヒートアイランドの特徴は都市の縁辺部で等温線が密で，都市部での温度変化が緩やかなことである。

図2は千葉市の中心市街地における気温分布（1988年）を示している。千葉市は臨海部に位置する大都市で，1990年現在の市域人口は82.9万，人口集中地区（DID）の人口は72.8万，DID面積は111km^{2}である。

図2　千葉市の気温分布（1988年2月15日14時）

千葉市の中心市街地は京成千葉駅・JR千葉駅と国道126号線に挟まれた地域で，高温域はほぼこの地域と一致している。最高温域は南北に走る道路幅の広い国道126号線にある。周辺の沿岸部や非住宅域は全体的に低温である。この図では，明瞭なヒートアイランドが出現しているといえる。

また，都心と郊外の観測点の温度差をヒートアイランド強度という。図3は日本の中規模の都市13カ所について，都市内の観測点と郊外の観測点との気温差の平均とDID人口との関係を求めたものである。実線は全都市の回帰直線，破線は，大きくはずれる2都市を除いて求めた回帰直線である。

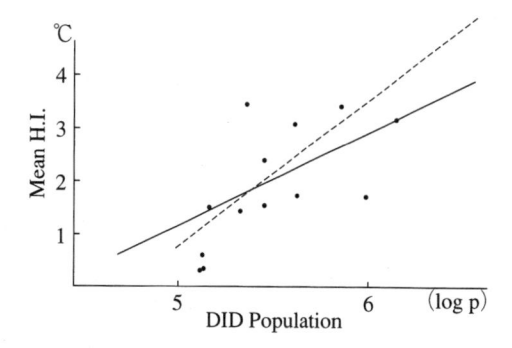

図3　ヒートアイランド強度とDID人口との関係

東京都心の雷雨

　1985年7月14日，東京の市街地は最大60分間雨量が96mmに達する局地的な大雨に見舞われた。豪雨は市街地の西部を中心とする狭い範囲にほぼ18～19時の1時間に降った。時間雨量（実際に降ったのは30分間）の最大値は77mmである。

　集中豪雨が発生した場所では，発生の1時間ほど前からヒートアイランドが形成され，同時に地上風の収束が生じていた。さらに，豪雨の中心域は気温差が最大を示すヒートアイランドの中心域と一致していた（図4）。

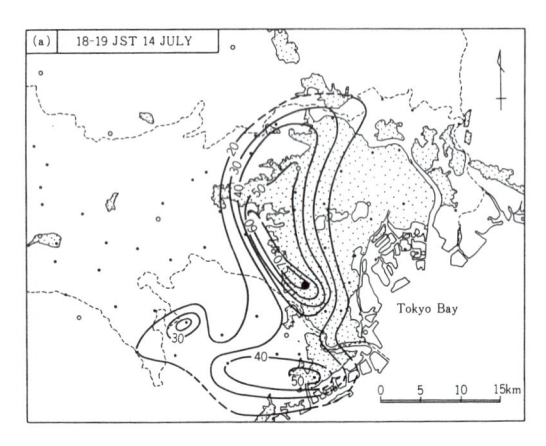

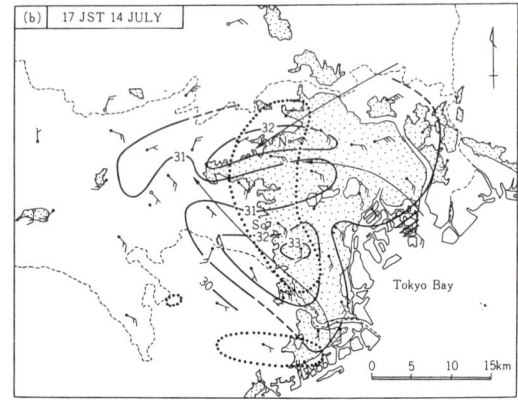

図4　1985年7月14日の集中豪雨時の雨量分布（a）と気温・風の分布（b）

都市の生態系に見られる変化

　ヒートアイランド現象に伴い，蚊やハエなど小昆虫の活動が活発になり，発生率が高くなっている。また，街角には明るい光源が立ち並び，夜間活動する動物たちは，そこへ集まる虫を効率よく食べることもできる。また，昆虫食の小型のコウモリを東京都心部などでよく目にする。コウモリはどちらかというと南方系の動物で，基本的に南になればなるほど，種類も個体数も豊富になる。

　「夜鳴きゼミ」の出現もヒートアイランド現象と関係しているといわれる。夜間も気温が下がらないため，セミにとっては活動がしやすくなったのである。このほか，熱帯性の毒キノコが都市の高温化に伴い，関西地方で分布を広げているという報告もある（図5）。

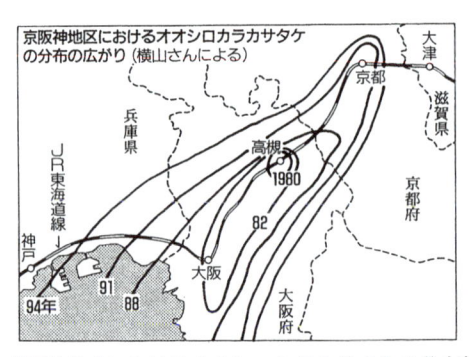

図5　京阪神地方におけるオオシロカラカサタケの分布拡大

表1　大工業都市内外の気候差

要素		郊外との比較	東京の例（河村）
汚染物質	凝結核	15倍以上増加	
	巨大塵埃粒子	10倍以上増加	10倍以上増加
	SO2	5倍以上増加	10倍以上増加
	CO2	10倍以上増加	
	CO	25倍以上増加	50倍以上
日射量	総量	15〜20％減少	20〜30％減少
	紫外線量	冬季は30％減少	
		夏季は5％減少	
照度		10〜40％減少	
霧日数		冬季は100％増加	
		夏季は30％増加	
煙		倍数増加	
空中電気	小イオン	50〜75％減少	
	大イオン	10倍以上増加	
	電位傾度	100％増加	
降水量	総量	10％増加	
	日降水量0.5mm以下の降水日数	10％増加	15〜20％増加
気温	年平均	1〜1.5°F高い	2.5℃高い
	冬季最低気温	2〜3°F高い	3〜4℃高い
相対湿度	年平均	6％減少	10％以上減少
	冬季平均	2％減少	
	夏季平均	8％減少	
雲量		5〜10％増加	
風速	平均風速	25％減少	
	極値	20％減少	
	静穏度数	5〜20％増加	

人間がつくりだした都市の気候

　都市がつくりだす周辺の地域の気候とは異なる気候を，都市気候という。

　都市が発達するにしたがって，空地は少なくなり，緑が消えて各種の建造物で覆われる。このように地表面の幾何的形状と物理特性が変わることによって，自然状態の場合の気候とは大きく異なってくる（表1）。

　さらに，都市には多くの人間が集中していて，しかも農村とは違った人間活動が行われ，エネルギーの消費量と人間の排出する代謝熱は増大する。その結果，熱やエアロゾルが発生し，粗度やアルベド，透水性・保水性が変化し，放射収支，熱収支，水収支が周辺地域とは異なってくる。

　都市がその経済活動を発達させるのにともない，都市規模や都市の構造が変化している。周辺地域とは異なった気候である都市気候もその程度ともに内容も変化していくと考えられている。

　都市気候は，人間の意志によらずに気づかないうちにつくりだしてしまった気候改変の典型的なものの一つである。

　　　　　　　　　　　　　　　　　　　　　　　　　　　　　　　（黒坂裕之）

16 阪神・淡路大震災が教えたこと

1995年1月17日早朝に発生した大都市直下型の「兵庫県南部地震」は阪神・淡路地域に未曾有の被害をもたらした。この阪神・淡路大震災は都市防災について多くのことをわれわれに教えた。災害は現代都市の弱点を容赦なく突いてくる。大きな被害は低所得者や高齢者，中小零細業者の密集する都心周辺地域，構造不況業種，既存不適格の古い建築物に集中的に発生した。また，危機管理意識の低い地域や組織の被害が甚大であった。

現代都市の弱点を突く自然災害

自然災害を完全に制覇することはできないが，地理学は減災を目指して研究してきた。その研究目的には二つ柱がある。第一は基礎研究で，被害を正確に把握し，その発生メカニズムや災害の因果関係を明らかにする。この研究の推進には，発災後可能な限り迅速に現地調査を行い，データの記録保存に努めればならない。被災者を前にした調査研究の遂行には難局が多々生じるが，復旧・復興活動が始まれば，貴重な原因究明データが失われる。災害研究は時間との競争であり，時間の経過に伴い研究方法も対象も変える必要がある。

災害研究の第二の柱は，基礎研究の成果を防災計画の策定・災害に強い地域づくりに役立てるための応用研究である。以下，阪神・淡路大震災が教えたことを中心に，都市地理学の視点から都市防災について考えてみたい。

災害研究の二つの柱

私たちは，地殻変動や大気循環など地球の営為によって美しい自然景観や温泉，飲料水などの恵を得ている。しかし，自然は時として人間に牙をむく。それは地球の平衡状態を保つエネルギー発散現象で避けられない。そのため，行政には住民の生命と財産を守るため危機管理が問われ，平時から災害を前提にした都市づくりが求められる。それには防災の視点をもつ『総合計画』の策定とこれにリンクした『地域防災計画』を策定し，行政と市民が共有して都市づくりをしなければならない。

なお，災害にも地域的特性がある。災害記録を調べ，それに対応した防災対策が必要となる。同時に，記録にはない激甚災害にも備えねばならない。

危機管理の必要性／災害を前提にした都市づくり

雇用の場である事業所の被災は，地域社会の経済活動に大きな影響を与え，災害復興に決定的ダメージをもたらす。また，従業員の喪失や建物崩壊，機械・商品の欠損などの直接被害を免れても，交通路の寸断や関連企業の被災で長期間操業ができない間接被害が発生する。2007年の中越沖地震では，自動車部品工場の被災で国内自動車メーカー12社の生産ラインが停止に追い込まれた。こうした場合，全国組織の企業では他地域の本・支所などからの援助が直ぐに受けられるが，ネットワークを持たない事業者は廃業に追い込まれる。空間的に広い地域と連携でき，結合度の強い組織体・地域ほど災害からの復興は

直接被害・間接被害に対応可能な危機管理体制の構築

阪神淡路大震災の諸相（戸所隆撮影）

写真1・2　神戸市役所展望室より三宮方面を見る。震災前（写真1，1994年5月21日）と震災後（写真2，1995年9月3日）は変化ないようだが，よくみるとリクルートビル右のビルやTOYOTAの看板のある再開発ビル，その右の交通センターなど大型ビルがいくつも消滅している。

写真3　8階建て6階部分が崩壊し，あたかも7階建てビルのようになった神戸市役所（1995年2月9日）

写真4　道路の両側の建物が全壊したり，1階部分がこわれて道路をふさいだ芦屋市本通り商店街（1995年2月25日）

写真5　芦屋浜シーサイドタウンに建設中の仮設住宅。高層住宅もライフラインがとまって居住不可（1995年2月14日）

写真6　芦屋市津知町の公園につくられた被災者のテント村（1995年4月21日）

写真7　淡路島北淡町の断層（1995年5月1日）

写真8　北淡町江崎燈台下の断層　約1mの段差が生じ，センターラインも横ずれしている（1995年5月1日）

速い（図1）。それだけに，事業所は日常的に組織や生産財の点検と強化に努め，フェイル・セーフ・システムや関連組織間ネットワークの構築で，危機に備える必要がある。

阪神・淡路大震災は日本の国土軸を分断し，国内外に多大な直接的・間接的被害をもたらし，国土構造の脆弱性を明らかにした。そのため，多極・多軸連携型国土構造の形成で既存国土軸の代替性を確保し，東京一極集中の是正・首都機能移転・地方分権化などで

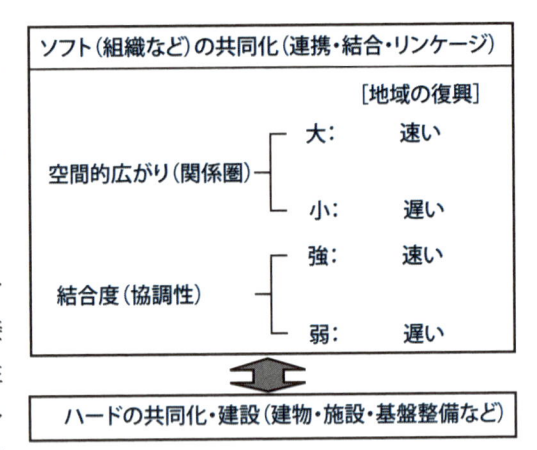

図1　ソフトとハードの共同化の相互関連
（戸所隆原図）

中央・地方を問わず水平的なネットワークを構築することの重要性が論議されてきた。しかし，東京を頂点とする閉鎖的な階層ネットワーク構造は依然健在であり，東京大震災への危機意識の低下で改革論議も停滞している。有事に対処できるフェイル・セーフやリダンダンシーに優れた国土構造形成には，首都機能移転は不可欠であり，高速道路やダムなどの新規建設も必要となる。変動する自然環境の中で生活する人間は，常に自然と対峙し，不断の努力で災害を前提とした柔軟な国土構造形成に努めねばならない。

阪神淡路大震災では中央政府の対応の遅れが問題化したが，今日でも中央政府と地方自治体の役割分担や平成の大合併で形成された広域都市の危機管理体制のあり方が問われている。都市中枢部の被災を考えると，一極集中型都市構造は危機管理上問題となる。広域都市は都市内分権を果たすべく，都市域の分節化と多核心化による大都市化・分都市化型都市構造が有効と考える（図2）。この都市構造は，都心を含め規模の大小や中心機能の強弱はあっても地域間に上下関係がなく，災害時にも対応しやすい水平ネットワークの分都市間結節構造となる。

個性豊かな小さな分都市は，メンタルマップ（頭のなかの地図）が描きやすく，被災時にも方向感覚を保ちやすい。自立性の高いコンパクトな歩いて暮らせる分都市が，相互に水平ネットワークすることで地域力と機動力に優れた都市構造が築ける。なお，分都市の市街地形態としては可能な限り高密度・コンパクト型であることが災害対応力の点から望ましい。低密度・スプロール型ではライフラインの復旧にも時間がかかり，協調型コミュニティの形成もむずかしくなる。

発災後の災害への対応は，救援・復旧・復興の順に進む。大規模災害でも全体的にライフラインの復旧までは比較的順調に推移する。しかし，復興のあり方にはさまざまな意見が噴出し，停滞する地域が多い。そうしたなかにあって，被災前からまちづくり論議を重ねてきた地域の復興は早い。官民の防災意識の高揚と日常的な市民協働まちづくりの模索

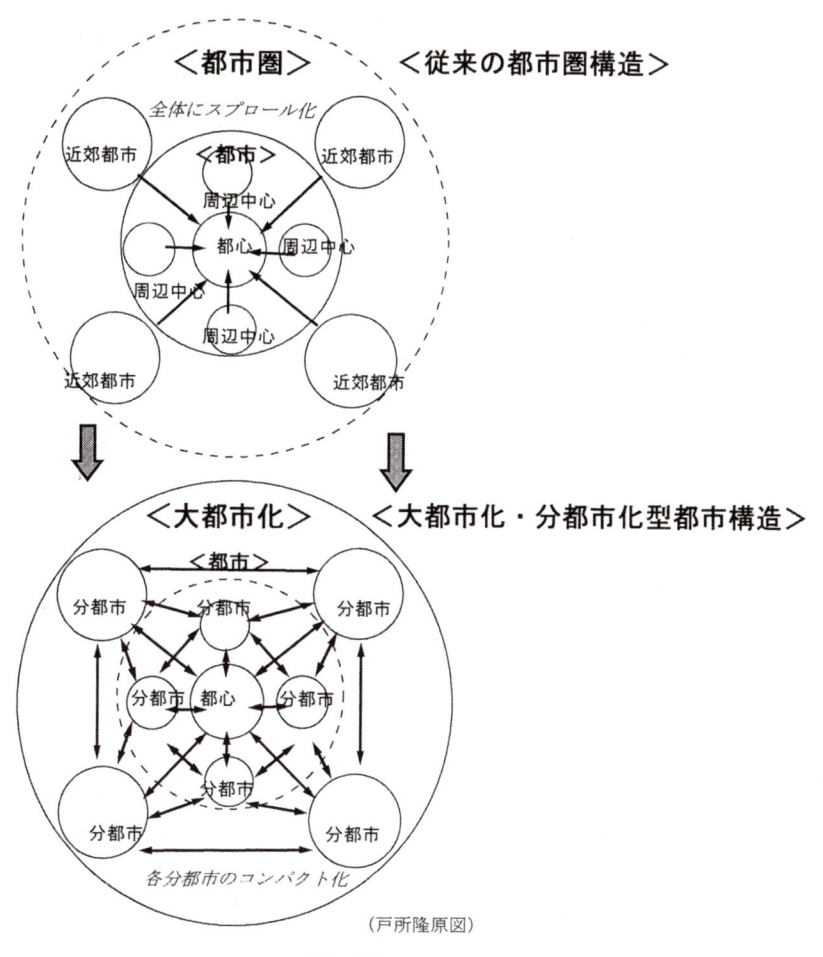

図2 大都市化・分都市化都市構造への転換

が重要である。また復興まちづくりには、避難所や防火帯になる公園や大量輸送できる公共交通の整備は欠かせない。高密度・コンパクトな分都市を公共交通が結ぶ都市構造は誰にも認知しやすい。また、車社会型都市構造から公共交通を主体とした都市構造への転換は、フェイルセーフやリダンダンシーを高め、防災を意図した交流空間の整備へと繋がる。

震災復興まちづくりの鍵は、阪神・淡路大震災を契機に芽生えた公私対立から公私協調の個性豊かなまちづくりの動きを伸ばすことにある。それには行政依存の従来型まちづくりから市民協働の水平的ネットワーク型まちづくりへの転換が必要となる。また、危機管理に優れた大都市化・分都市化都市構造に基づくコミュニティを創造するための制度改革が求められている。

(戸所　隆)

防災意識の高揚による市民協働のまちづくり

課題を考えてみよう（2）土地利用の観察

下の地形図は、25,000分の1地形図「波田」（国土地理院発行）の一部である。

課題1　水田を緑色、畑地を黄色、樹園地（果樹園・桑園）を紫色、集落を赤色に塗り、土地利用図を作成しなさい。

課題2　土地利用図を見て、水田と畑地・樹園地がどのような土地条件に基づいて分布しているのか説明しなさい（ヒント：地形図に示された部分は黒沢川扇状地）。

課題3　土地利用図を見て、集落の立地パターンは大きく3つに分類できる。それらはどのような条件に基づいて、どのように分類できるのか説明しなさい。

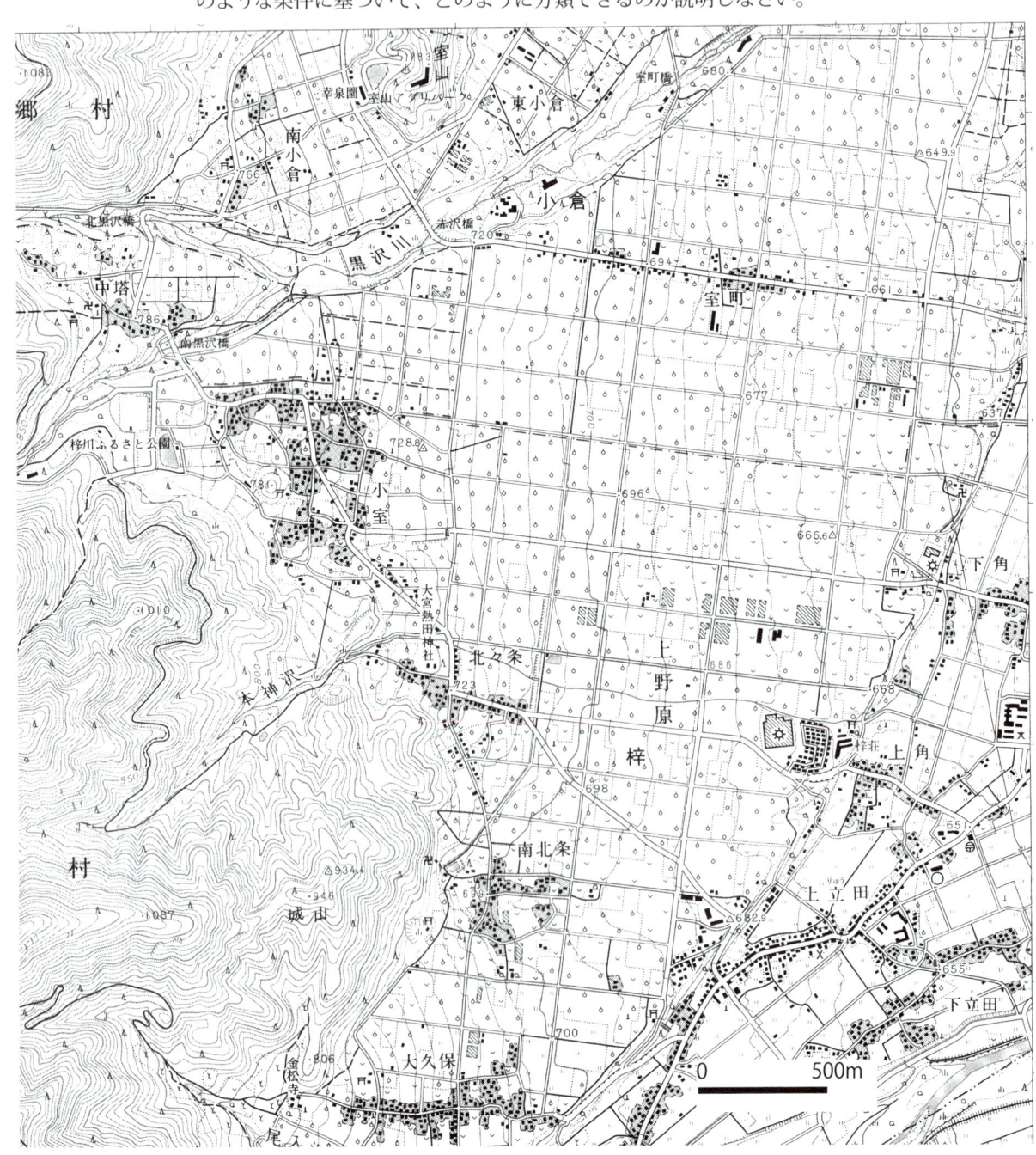

第3章
グローバリゼーション
globalization

17 サッカーにみる地理学

茨城県鹿嶋市（1995年9月1日，鹿島町と大野村が合併して成立）にあるアントラーズ・スタジアムは，松林のなかにこつ然と姿を現しているが，Ｊリーグの試合がある日には，満員となる。そして選手たちの一挙一動にわきかえる。Ｊリーグが発足してから，当市には他の市町村からの「地域おこし」のため見学・視察者がにわかに増え，鹿島臨海工業地帯にある企業群では，鹿島工場への転勤希望者が増加したという。さらに，サッカー熱が高じたおかげで，地元に「暴走族」がいなくなったともいわれ，「カシマ」の知名度も高まり，当地にとってＪリーグ発足は「一石数鳥」に価している。

サッカーの誕生

日本や中国そしてギリシア・ローマの古い時代，さらにアステカ文明の時代などには世界各地に，ボールや球状のものを蹴るゲームがあった。しかし，近代サッカーのルーツはイングランドに求められる。イングランド各地にも古くからサッカーの源流があり，敵国の兵士の首や豚の膀胱などをボール代わりにして使用していた競技の記録が残されている。

18世紀後半になると，イングランドでは富国強兵の国策のもとに強い肉体をつくる体育が学校に導入された。一方，各地域がさまざまに異なるルールによって競技を行っていた。しかし，ルールが異なれば，対抗戦ができないことから，ルール統一の機運が生まれ，1863年にフットボール協会が組織された。「サッカー」の語源は，その「協会」を意味する"association"から生じた。すなわち，"soc"に"c"を重ねて"er"をつけて学生間の俗称として，「サッカー（"soccer"）」とよんでいた。このサッカーという用語を使用するのはアメリカ，カナダ，日本など限られた国だけであり，多くの諸国ではフットボール，ブラジルではフッチボール，ドイツではフッスバルとよばれている。

サッカーの伝播

サッカーは，歴史的にみるとイギリスの植民地拡大のための道具として，世界に広まった。たとえば，アフリカでは，現地の族長の子弟らを集めた全寮制の学校教育にサッカーが導入された。アメリカにも，19世紀後半にイギリス海

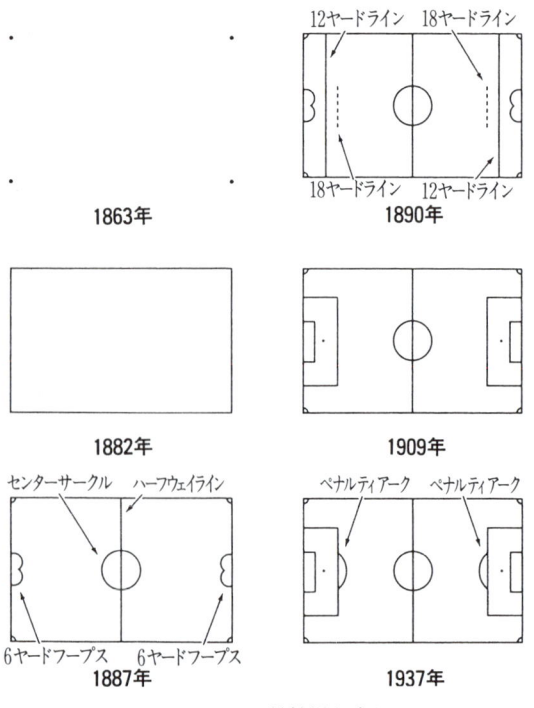

図1　サッカー競技場も変わる

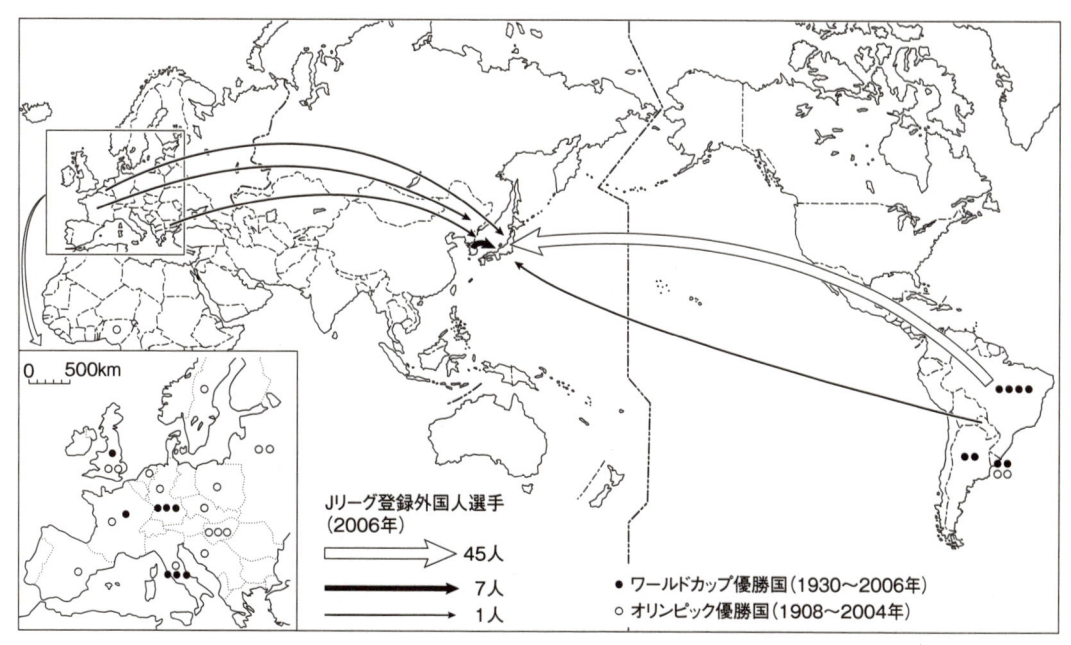

図2　ワールドカップ，オリンピック優勝国とJリーグ登録外国人選手の国籍（2006年現在）

　軍の寄港地で試合がなされたことにより伝播した。このようなある事象が地域的に広がることを**伝播**あるいは**普及**という。サッカーの世界各地への伝播は，植民地や自治領に，ついでその周辺に伝わるという「**イギリス化**」の過程を物語るものでもあった。サッカーが世界の人びとに好かれるのは，それが楽しくおもしろく，用語やルールがわかりやすく，民族色や宗教色がないためである。日本で最初の試合が行われたのは，1873年，日本の海軍を指導するために招かれたイギリスの海軍の人びとによってであった。そののち学校の体育にサッカーが導入され，日本各地に広まった。

　図で見てもわかるように，ワールドカップとオリンピックに優勝した諸国は，ヨーロッパと南アメリカに集中する。ヨーロッパ型のサッカーはパスを中心とした，組織を重視したものであり，それに対して，南アメリカ型のサッカーは，ドリブルを中心とした個人技重視のものである。1998年のワールドカップ優勝国フランスのチームが典型的であり，2006年の覇者イタリアチームはアフリカ系が多い。サッカーにもボーダレス化が着実に進んでいる。しかし，日本の経済不況期ゆえ，外国人の流入は減少の一途をたどっている。

（高橋伸夫）

ヨーロッパ型 vs 南アメリカ型、そしてそれを支えるアフリカ人

18 アジア新時代

最近のアジアは元気がいい。このアジア・ブームを盛り上げている力は，国境を越えて広がる経済や情報の流れである。アジア諸国は互いに結びつきを強めながら，全体として急速な経済成長を遂げている。例として最近アジアでの生産が急増しているパソコンをあげると，アメリカ＝ブランドのものでも，内部の部品のほとんどはアジア製であり，しかも部品ごとにおもな生産国が違っている（図1）。

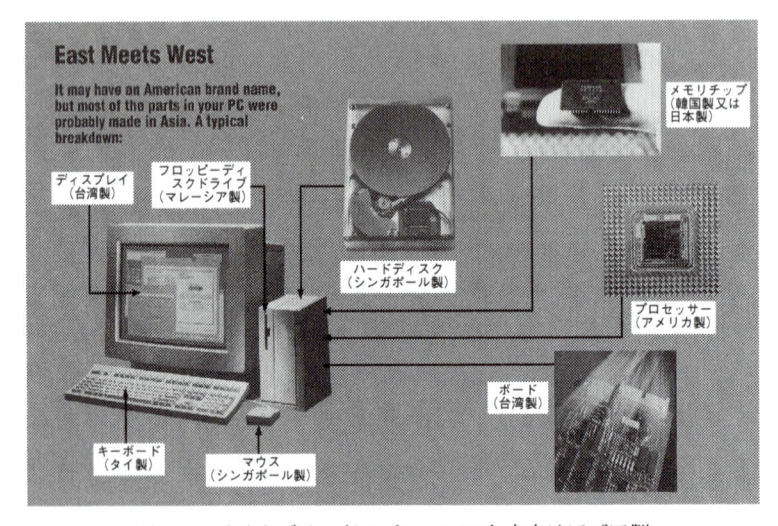

図1 アメリカブランドのパソコンでも中身はアジア製

工業製品の競争力

工業の場合，新製品の段階では標準化に対応できる十分な技術力が必要だが，普及が進むと，後から大規模な工場を建設した国での生産が有利となる。さらに生産技術が確立すると，労働者の賃金の低さが競争力の決め手になる。したがって，ある時点で工業生産の国際分業をみると，新製品は先進工業国で，成長期の製品はおもに新興工業国で，そして成熟期のものは発展途上国で生産されている。また，ある製品の生産国の変遷をみると，先進工業国から新興工業国へ，そして発展途上国へと移動がみられる。これがプロダクト＝ライフサイクル理論である。

アジア諸国間の分業

アジア諸国はこの原理を利用して，輸出指向型の工業化を進めてきた。たとえば，アジアNIEsと呼ばれる韓国，台湾，香港，シンガポールでは，1970年代から繊維工業などの労働集約的な工業が振興されてきたが，現在すでに労賃の上昇や工業用地の不足，公害問題などが生じており，生産の主力は家庭用電器や電子機器のような高度な技術を要する製品へと移っている。それにともなって，アジアNIEsからも工場の海外移転がみられるようになった。たとえばシンガポールの周辺は，マレーシアのジョホール州やインドネシアのバタム島に工場が分散したことで，「成長の三角地帯」の名で知られるようになった（図2）。このようにアジアの工業は，1980年代にアセアン4カ国（インドネシア，タイ，マ

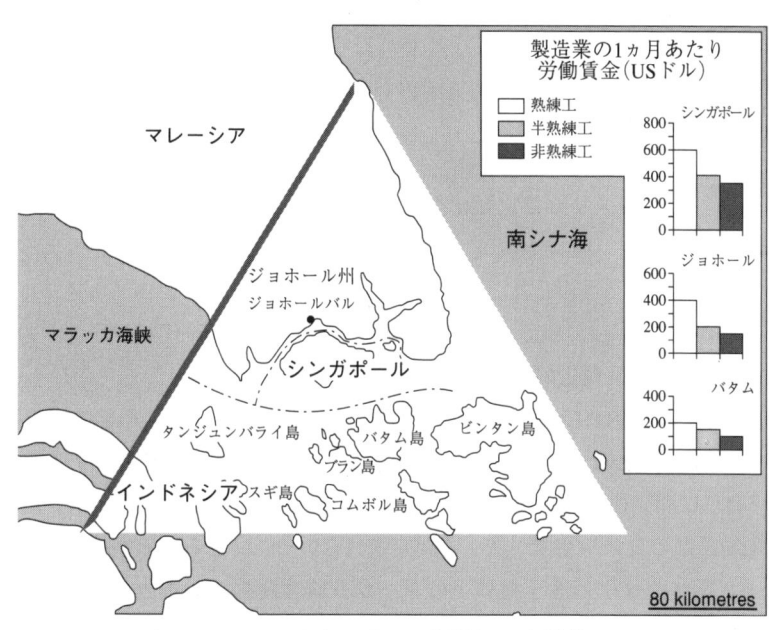

図2 東南アジアの「成長の三角地帯」

レーシア，フィリピン）へ，さらに1990年代には中国，ベトナムへと波及してきた。

　先進国からの工業投資を促すため，各国は輸出加工区という工業振興地域を設けてきた。輸出加工区では，工業に必要な輸送施設や水道，電気などの整備が行われるとともに，製品の輸出を条件として原材料の関税を免除する措置がとられている。またアセアン諸国の場合，自動車部品は相互に関税を低くしているが，この協定を利用すれば，自動車メーカーは国ごとに工場を建設する余分な投資を避けることができる（図4）。このような措置によって，現在ではアジア諸国間での部品レベルでの生産の分業がみられるようになったのである。
（佐藤哲夫）

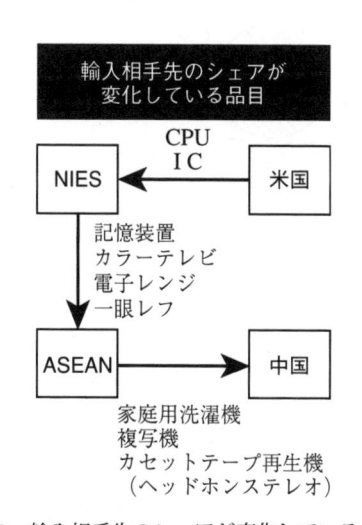

図3　輸入相手先のシェアが変化している品目

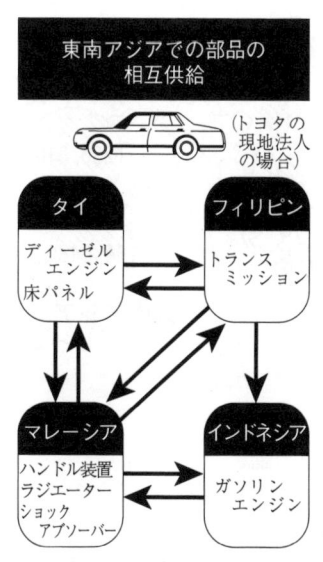

図4　東南アジアでの部品の相互供給

19 航空機は世界をめぐる

世界の航空旅客流動

　ライト兄弟が1903年に初飛行を成功させ、1914年にはアメリカで定期航空路が開設され、さらに1919年にはロンドンとパリとを結ぶ航空機による国際線が開設されるというように、航空機は著しく進歩した。そして1952年にはロンドンとヨハネスブルグとの間にジェット機が就航した。1960年代には本格的にジェット機時代をむかえ、巡航速度900km前後で高度1万m付近の世界の空を飛行するようになった。

　世界の航空旅客は、1919年の3,500人から、2001年には16億人をこえ、国際線だけでも5億3千万人となっている。音速をこえる時速2,000kmで飛行する旅客機も1960年代終わりに開発されたが普及せず、速度の向上よりも燃費が良く、静かで、安全性の高い、航続距離の長い航空機が次々と開発されていった。さらに航空機の大型化も進められている。現在では1万8千機以上のジェット旅客機をはじめとする航空機が世界各国を結び、旅客や貨物を輸送している。

　図1で地域別の国際線航空旅客輸送量をみてみると、ヨーロッパの航空会社および北アメリカの航空会社による航空輸送量が多い。このことから、世界の航空旅客輸送はヨーロッパおよび北アメリカを中心とした流動であることがわかり、航空旅客流動からみても、ヨーロッパおよび北アメリカが経済的、文化的に世界の中核となっていることが読み取れる。また、東アジアおよび東南アジアの航空会社の国際線航空旅客輸送量も多く、世界の航空旅客流動において、東アジアや東南アジアの重要性が高まっていることがわかる。すなわち、北アメリカとヨーロッパの結びつきが強く、それに続くようにして、北アメリカ

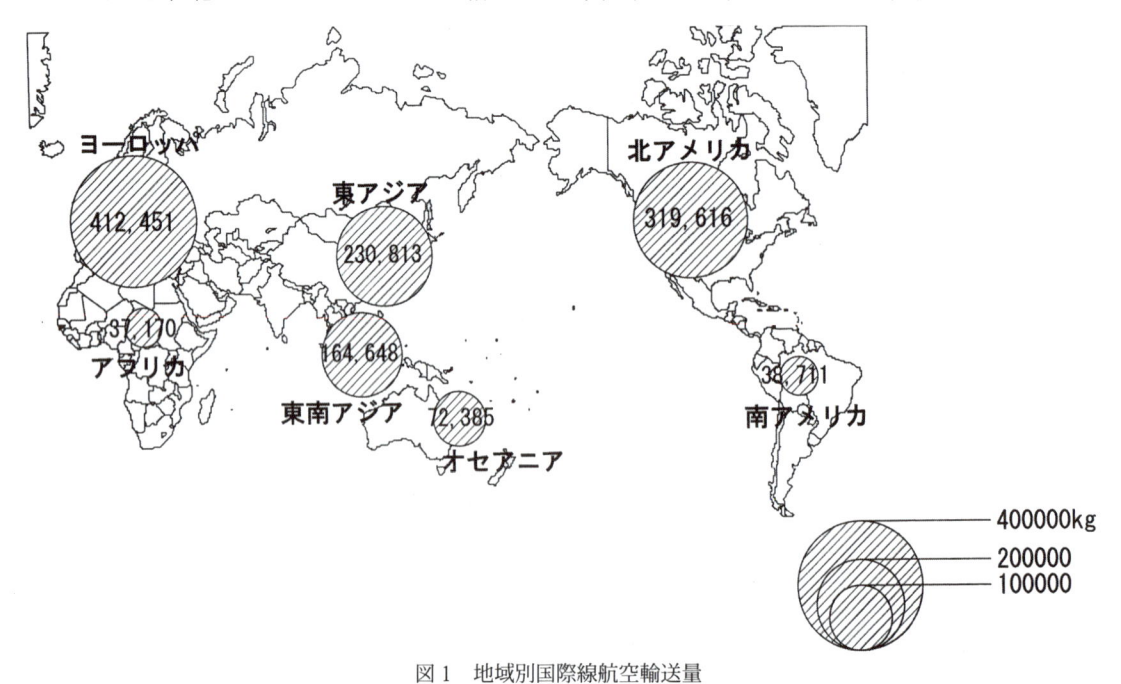

図1　地域別国際線航空輸送量

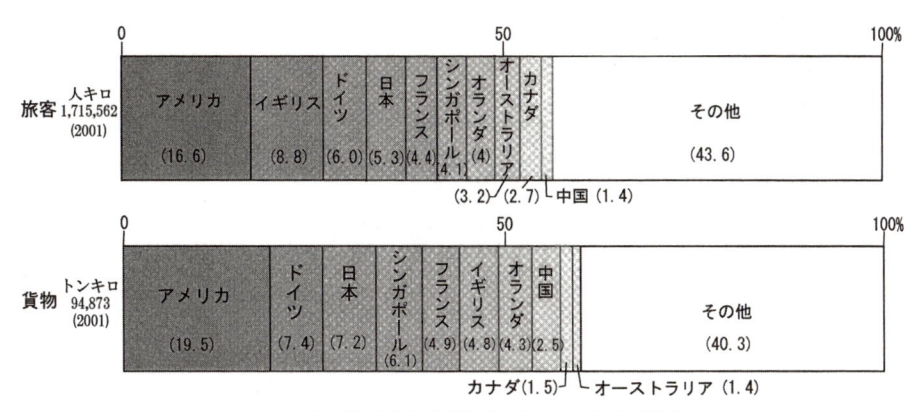

図2　国別国際定期輸送量（上位10カ国を明記）

およびヨーロッパと東アジア、東南アジアとの相互の地域間のつながりが強いことがわかる。また、図2の国別の国際定期輸送量をみると、旅客および貨物においてもアメリカの航空会社が占める割合が高い。また旅客についてはイギリス、ドイツといったヨーロッパの航空会社の輸送量が多く、貨物輸送では日本、シンガポールといったアジアの航空会社の輸送量が相対的に高くなることが特徴である。

効率的な航空交通による地域間結合

世界的規模の航空旅客を効率的に輸送するために、図3のようにハブ＝アンド＝スポーク方式を採用する航空会社が多くみられる。この方式は、各空港相互を直行便で結ぶものとは異なり、核となるハブ空港を設定して、ハブ空港間を大型の航空機を頻繁に就航させ、ハブ空港と周辺の空港をより小型の航空機や少ない頻度で運行させる（スポーク路線）。それにより、各便の座席利用率を高め、航空機の運用効率を高めることができる。乗客にとっては、乗り換え回数が多くなり所要時間がより一層多くかかることもあるが、運賃が安くなり、出発時刻などの選択肢が多くなることにもつながる。アジアではハブ空港として、シンガポールのチャンギー空港、韓国の仁川空港などがあげられる。

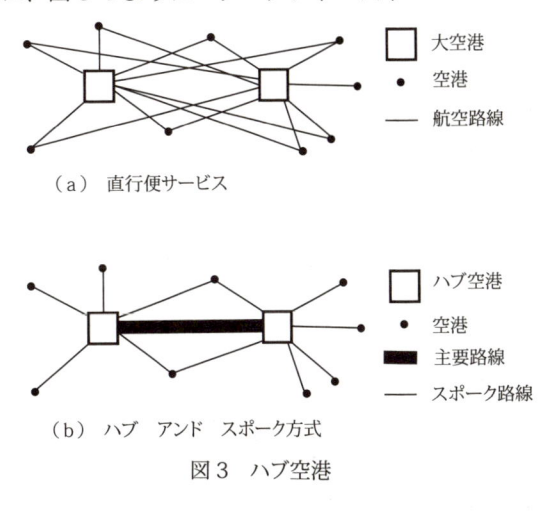

図3　ハブ空港

航空輸送産業は、国の威信をかけて国営として始められることが多かったが、収益があげられるようになると民間企業として運営され、各国の航空会社間の競争が激化してきた。そこで航空会社は他国の航空会社と連合組織を結成し、コードシェア（同一の航空機に複数の航空会社の便名をつけ、それらの航空会社で集客する）便、航空機の整備の共同化などを図るようになった。これを航空連合というが、1997年設立のスターアライアンス、1999年設立のワンワールド、2000年に設立されたスカイチームが3大航空連合である。それらの航空連合は図4のように世界各地域を網羅するように組まれてお

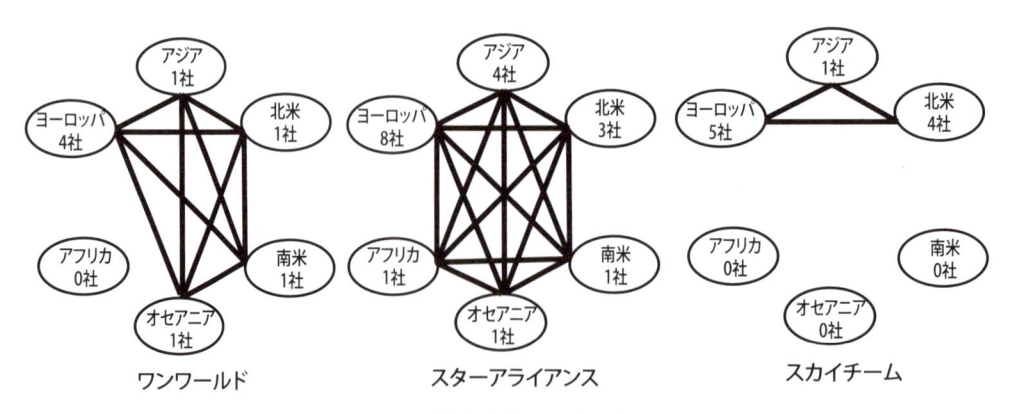

図4　航空連合と地域間結合

り、航空会社による地域間結合といえる。しかしながら、航空連合の加盟航空会社は、加盟や脱退が多く、地域間結合という観点からみると、航空連合の地域間結合は安定していない。

日本からみた国際航空流動

日本人海外旅行者数は、図5のように急増しており、訪日外国人旅行客を凌駕するようになった。日本では、1964年に観光渡航が自由にできるようになったが、1965年の日本人海外旅行者で観光を目的とする者は28％にすぎなかった。しかし、日本人海外旅行者数の増加とともに、観光を目的とする者の割合も増加し、1971年には66％、そして1970年代後半からは80％以上が観光を目的とするようになった。日本の海外旅行者に占める航空機利用者は、1956年にはすでに50％に達していたが、1969年には95％、1970年代後半からは99％となっている。2004年の統計では、日本人海外旅行客の56％が成田国際空港を、22％が関西国際空港を、そして10％が名古屋を利用し、この3空港で88％の日本人旅行客が出入国したことになる。

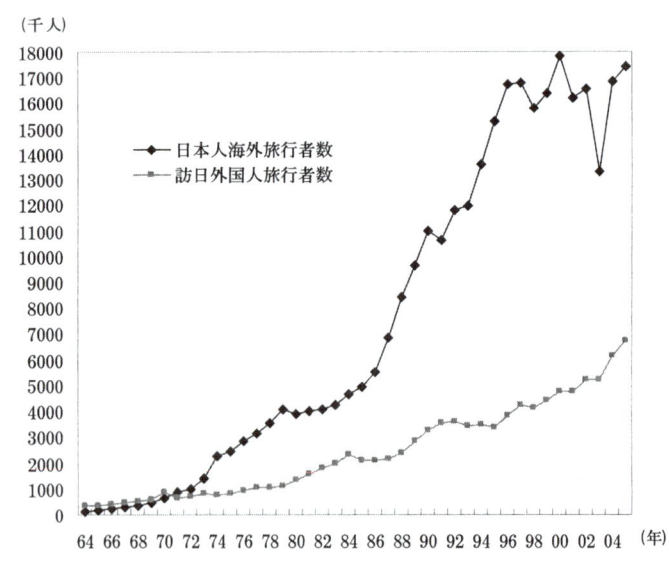

図5　日本人海外旅行者，訪日外国人旅行者数の推移

日本から各国への直行便は図6のようになる。直行便はなくても、航空連合のネットワークの乗り継ぎなどで、世界各地へ容易に行けるようになった。直行便は、北アメリカ、ヨーロッパ、アジア方面で多いが、国別でみると、アメリカおよび中国とはそれぞれ10都市（空港）以上と直行便で結ばれている。日本の航空会社による日本からの旅客および

貨物輸送の世界各地域別割合を示したのが図7である。旅客輸送では、中国、韓国をはじめアジア方面への旅客が多く、さらには、グアム、ハワイといった太平洋路線の旅客が多いことがわかる。他方、貨物輸送をみると、韓国が相対的に低くなるものの中国をはじめとするアジア、アメリカ大陸、ヨーロッパの路線で相対的に高くなることが読み取れる。日本からみた航空流動においては、旅客と貨物では異なったパターンを呈することがわかる。国際線は、国家の利害が絡む政治的な問題をも含んでいるが、空港の拡大化、航空機の航続距離の改善などにより、航空流動のパターンや航空による国家間結合は変化していく。

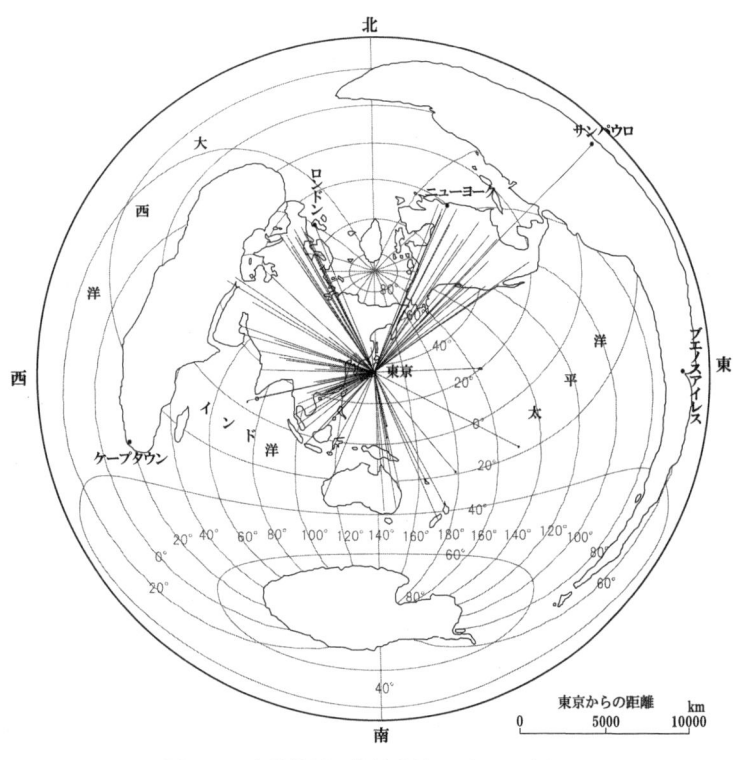

図6　日本発着便国際線路線図（2007年）

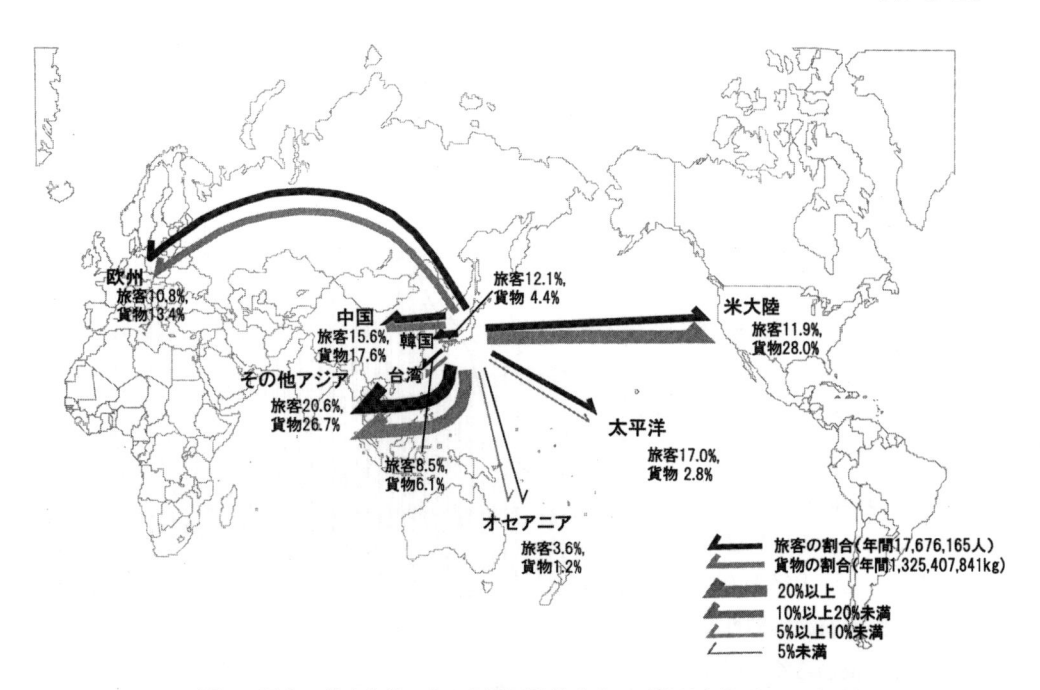

(井田仁康)

図7　日本の航空会社による年間国際航空方面別輸送実績（2005年度）

20 農林水産物を外国に依存する日本

agro-trade とは，農産物だけではなく農林水産物全体の貿易をさす用語である。日本のアグロトレードは 1990 年代前半には総輸入額の約 4 分の 1 を占めるまで拡大していたが，近年では 15％前後で推移している（表 1）。こうした動向にともない国内産業や国民生活への影響も増大している。また，輸出国にとってもアグロトレードの対日依存が高まっていることから，その動向は一層注目されるようになっている。日本のアグロトレードの増大は，日本国内の生産地と輸出国側にどのようなインパクトを与えているのかを探ってみよう。さらに，最近ではフードマイレージなど地球環境問題，とくに地球温暖化との関わりでアグロトレードが議論されている。フードマイレージとは，輸送量（トン）に，食べ物がとれたところから食べるところまで運ばれる距離（キロメートル）を掛けたもので表している。輸送に伴う CO_2 排出量を推計でき，地球環境への負荷を表す指標として利用されている。

アグロトレードの地域へのインパクト

表1 農林水産物輸出入額（2003年〜2005年）　　単位：100万ドル，％

	総輸出入額			農林水産物輸出入額		
	2003年	2004年	2005年	2003年	2004年	2005年
輸出額	469862	565039	598215	2943 (0.6)	3338 (0.6)	3642 (0.6)
輸入額	381528	454676	518638	59632 (15.6)	67271 (14.8)	68270 (13.2)
支出	88334	110363	79577	△56689	△63933	△64628

△＝入超　（　）内は総額に占める農林水産物の割合

木材の輸入増大による日本国内の変化

日本では第二次世界大戦中から大戦後にかけて，大量に復興材が伐採された。そのため，1950 年代中頃以降の高度経済成長期の「住宅建築ブーム」には，植林したばかりの若齢級の樹木からなる森林が多く，国内需要に対応できなかったので，いきおい海外からの木材輸入に依存しなければならなくなった。大径木の外材は，林野所有の零細性や生産性の低位からくる国産材の非弾力的な価格限界を

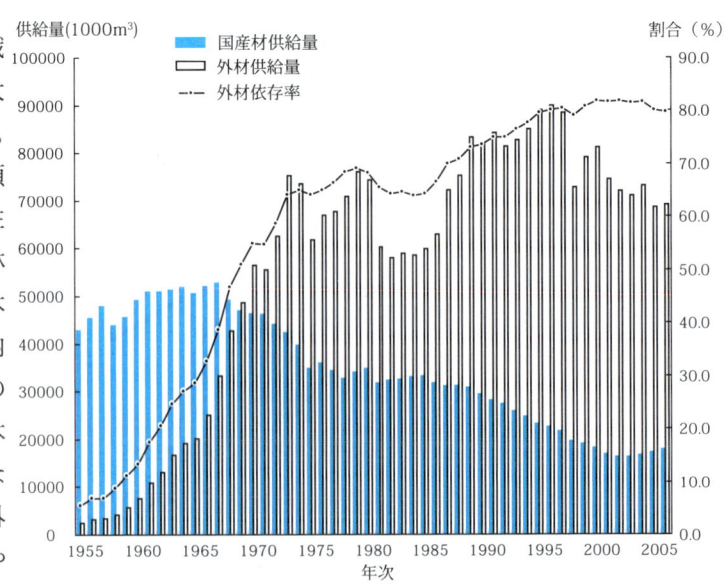

図1　日本の木材供給量の推移（1955年〜2006年）

打ち破り，外材への依存度を年々増してきた（図1）。その結果，しだいに従来の国産材市場を中心とした流通機構は絶たれ，代わりに外材を中心とした流通機構にとって代わられた。また，高度経済成長期以降，鉄材やプラスチック材などの代替材の進出により，日本林業は構造不況に陥ってきた。山村における若年労働力の流出にともなう林業労働力の高齢化や，除伐材・間伐材の商品価値の喪失などにより，育林や生産が著しく停滞している。しかし，再造林や拡大造林が進まない国内林業の不振は皮肉にも，戦後に植林した森林資源を逆に温存する結果になった。日本の木材需要のために，森林資源が荒廃し，縮小したのは，東南アジアの熱帯林やシベリア，カナダの亜寒帯林である。国内森林資源もそろそろ伐期をむかえているが，アグロトレードの増大によって，生産の停滞だけでなく，生産と流通・加工のネットワークも断ち切られ，国内林業再生への道をより険しくしている

牛肉の輸入増大による日本国内の変化

　日本では1991年から牛肉の輸入自由化が決定され，以後急激に輸入牛肉が増大し，一人あたりの年間消費量も増加した（図2）。輸入牛肉は国産の中・下級品の牛肉と競合する。そのため，日本の肥育農家はそれを超える品質の牛肉，とくに高級とされる「霜降り肉」が作れるように和牛の生産を増加させている（写真1）。乳用牛の雄牛や去勢牛では霜降りの肉はできないので，高品質化を進めようとしている農家が和牛肥育に転換し，高級な「ブランド牛」の産地確立を日本各地で模索している。牛肉輸入自由化による輸入量の増大は乳用牛の肉価を下落させ，国産品の高品質化・高級化をもたらし，生産経費を増大させるなど，肥育農家は厳しい状況に追い込まれている。ところが，1996年以降の「BSE（牛海綿状脳症）問題」，とりわけ2003年以降の輸入アメリカ産牛肉のBSE問題により，牛肉の輸入量や消費量が減少するとともに，BSEの全頭検査を実施している国産牛肉が，近年，安心・安全の観点から見直されている（図2）。

写真1　北上山地の和牛肥育
（岩手県山形村，1995年5月撮影）

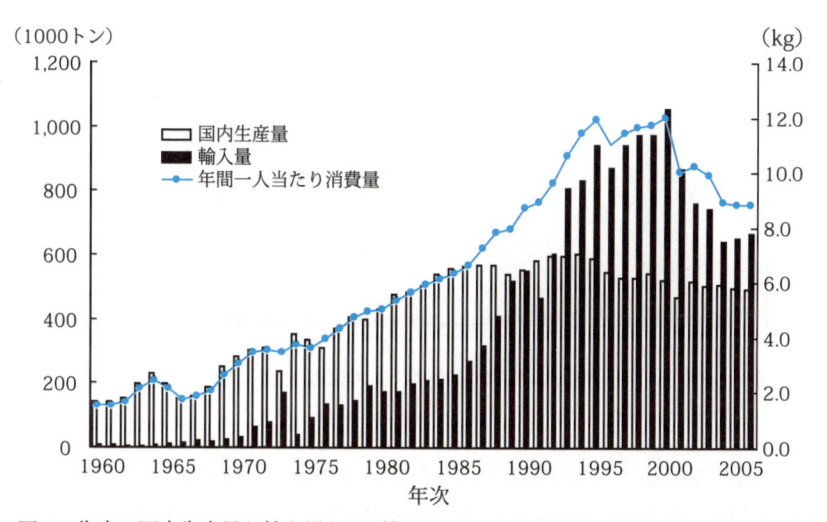

図2　牛肉の国内生産量と輸入量および年間一人あたり消費量の推移（1960-2006年）

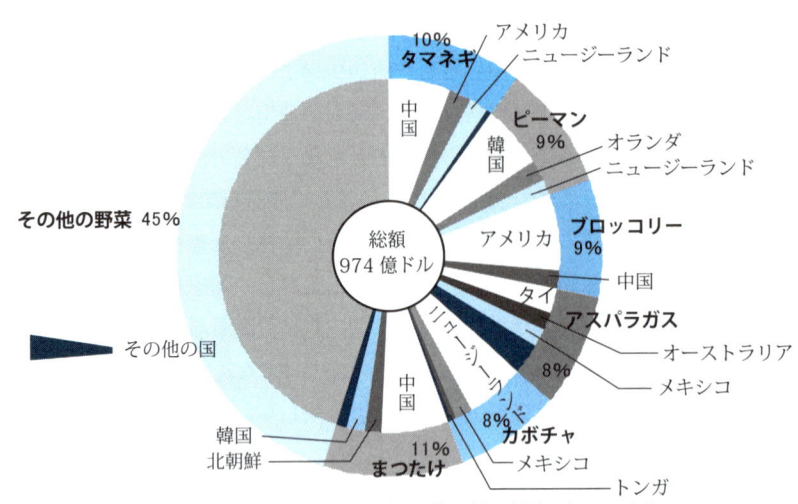

図3 日本のおもな生鮮野菜の輸入割合（2005年）

1963年にはすべての野菜の輸入が自由化され，加工品も1989年に全品目が自由化された。鮮度が重要視される生鮮野菜でもその輸入先は近隣諸国に限らず，オセアニア，南北アメリカ大陸からの輸入量も多く，フードマイレージの観点から問題が指摘されている。輸入されている生鮮野菜をみると，日本で栽培が困難な野菜というよりは，日本でも生産されているタマネギ，ピーマン，ブロッコリー，アスパラガス，カボチャなどの割合が高い（図3）。

冬至の日の日本人の食卓を賑わしてきたカボチャを例にしてみると，主として日本の端境期に輸入されている(図4)ので，ニュージーランドのように季節が反対の南半球の国や，メキシコ，トンガなど熱帯・亜熱帯の国が輸出国となっている（図3）。そのため，日本の消費者にとっては季節を問わず入手できるようになるとともに，供給量が年間を通じて安定するので価格も安定する。ところで，温室による促成栽培をして冬至の高値期に出荷してきた国内生産者にとっては，安価な輸入品が入ってくるとそうしたメリットがなくなって痛手を被ることになる。

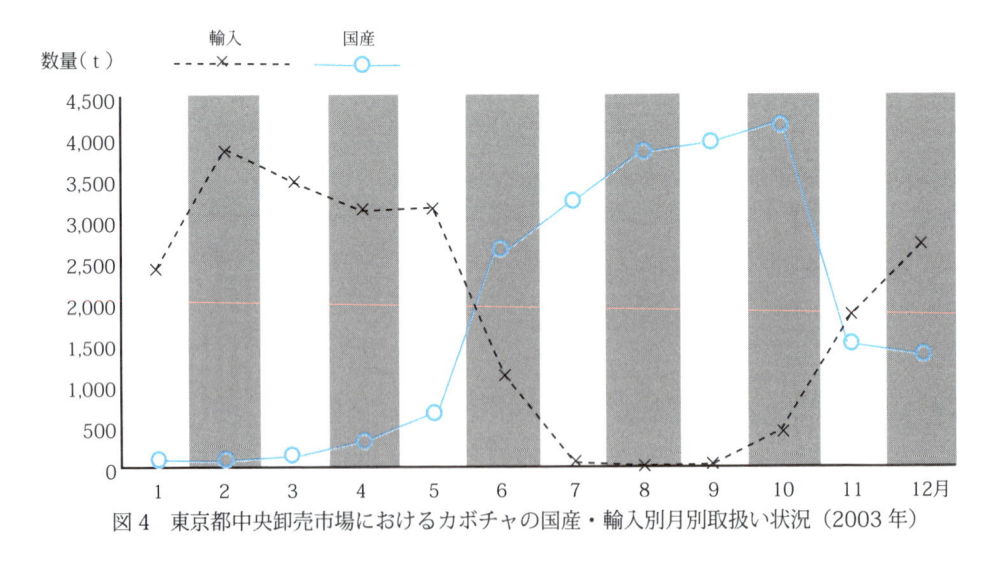

生鮮野菜の輸入動向

図4 東京都中央卸売市場におけるカボチャの国産・輸入別月別取扱い状況（2003年）

地図帳の中でみると，点の集まりにしか見えない南太平洋のトンガ王国では，1987年から亜熱帯気候を生かして日本向けのカボチャ栽培を始めた。それまではココナッツ，バ

第3章　グローバリゼーション

カボチャ輸出によるトンガ王国の変化

ナナ，根栽作物のタロ，ヤム，キャッサバなどのイモ類の生産が中心で，農地を4，5年間，休閑させた後，強烈な日射や降雨を避けるココヤシなどの庇蔭樹の下で，無肥料でイモ類を生産していた（図5）。しかし日本の商社が持ち込んだ日本品種のカボチャ生産がうまくいくと，瞬く間に首都のあるトンガタプー島に広まった。農家は休閑期間をまったくとらなくなり，化学肥料や農薬を使って日本向けカボチャを連作している。また，トンガ農林水産省が貸し出しているトラクターを使い海外出稼ぎ者の農地を借りて，大規模なカボチャ栽培を行なう農家も出現した。トラクターを走らせるためには農地内のココヤシは邪魔になるために，ほとんどが伐採されてしまった（写真2）。図5から離島の農家の伝統的な農地利用と，首都近郊の商品作物であるカボチャ栽培農家のそれとはまったく異なっていることがみてとれる。

写真2　ココヤシを切りとったトンガのカボチャ畑（1990年9月撮影）

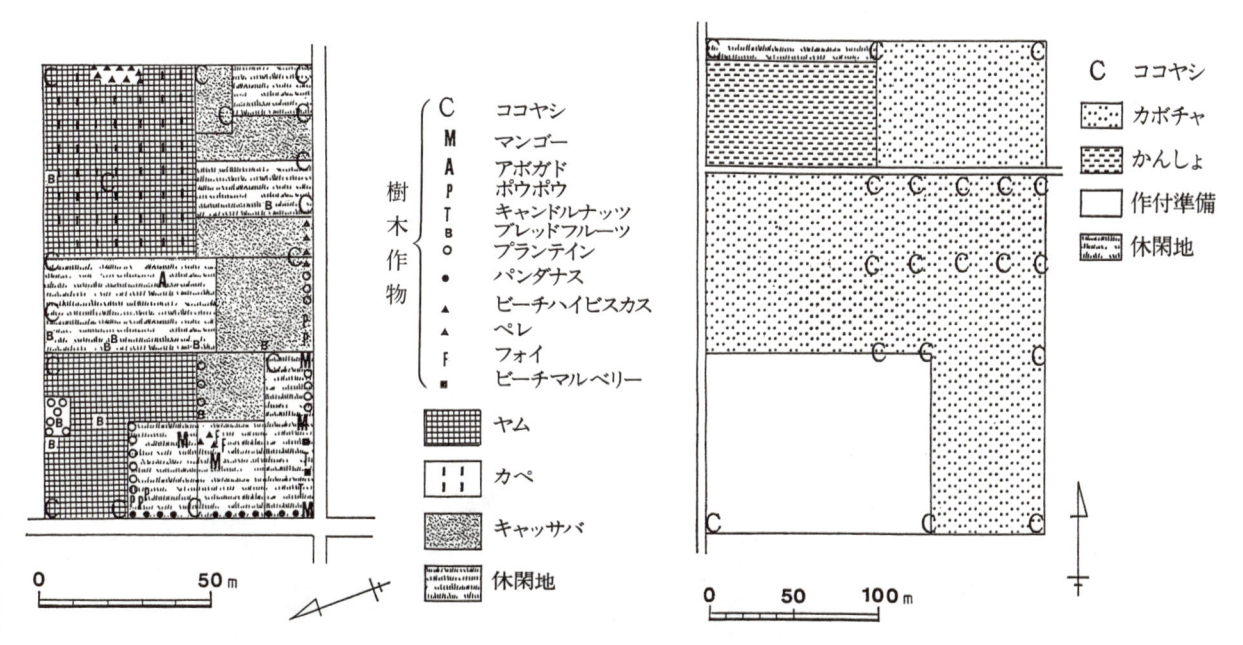

図5　トンガの伝統的農家（左図）とカボチャ栽培農家の農地利用（右図）の比較（1990年9月）

トンガだけでなく，輸出国で生産された日本型カボチャは現地の人々の口には合わず，原則として全量日本向け輸出である。このため，規格外品や生産過剰分の処理について，輸出国で大きな問題になっている。さらに連作障害や土壌侵食，農薬・化学肥料の多投入による土壌や水質汚染など，アグロトレードが引き金になってさまざまな問題が輸出国側でもみられる。

（犬井　正）

21 石油は世界をめぐる

石油資源の偏った分布と消費

　石油の本格的な採掘はアメリカ合衆国のペンシルベニア州で1859年にはじまり，その後20世紀初頭まではロシアのバクー油田が石油生産の世界的な中心であった。以降，石油需要の拡大は内燃機関の発明や石油化学工業の発達の基盤となった。1910年代から1950年代にかけては，アメリカ合衆国がテキサスやオクラホマやカリフォルニアの油田開発を進め，そして1960年代以降は中東が世界の石油生産の中心になった。このような石油の主産地の移動は，石油が現代の生活や産業に欠かせないものであることと，限りある資源であること，さらに資源としての石油の分布が偏っていることに原因がある。1990年代初頭における世界の主要な石油生産地は中東・北アフリカ・中央アフリカ・北アメリカ・ヨーロッパ東部などであり，それら以外にも北海・インドネシア・ベネズエラも有力な産油地になっている（図1）。このような石油生産地の偏在性は21世紀になった現在も変わっていない。

　同様に，石油の消費地も世界的にみれば偏っており，1990年代前半まではアメリカ合衆国，イギリス・フランス・ドイツなどの西ヨーロッパ，ロシア，日本が世界の四大石油市場であった。しかし，1990年代後半からは韓国や中国における石油消費量が飛躍的に拡大し，東アジアに向かう石油の流れが目立つようになった（図2）。そのため，日本に中国と韓国を含めた東アジアの石油市場の変動は，原油価格の高騰を招き，世界における石油の需給バランスを崩す原因にもなる。

　主要な石油消費国のなかで，アメリカ合衆国は世界の消費量の約25％を占め，2位の

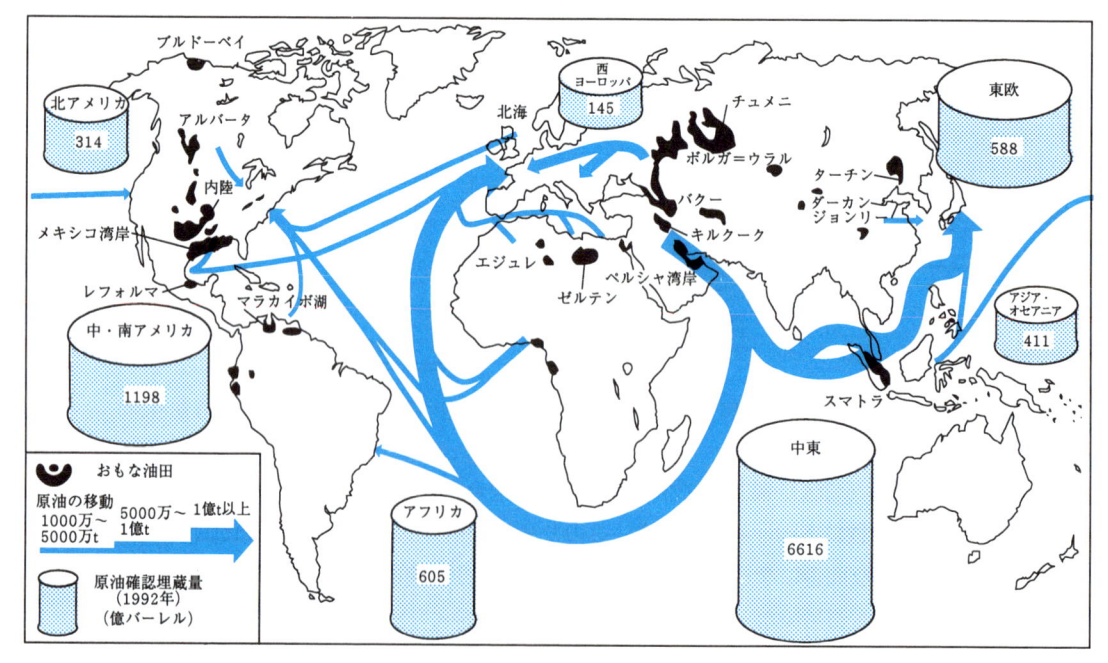

図1　世界における産油地と石油の主要な流動（1991年）

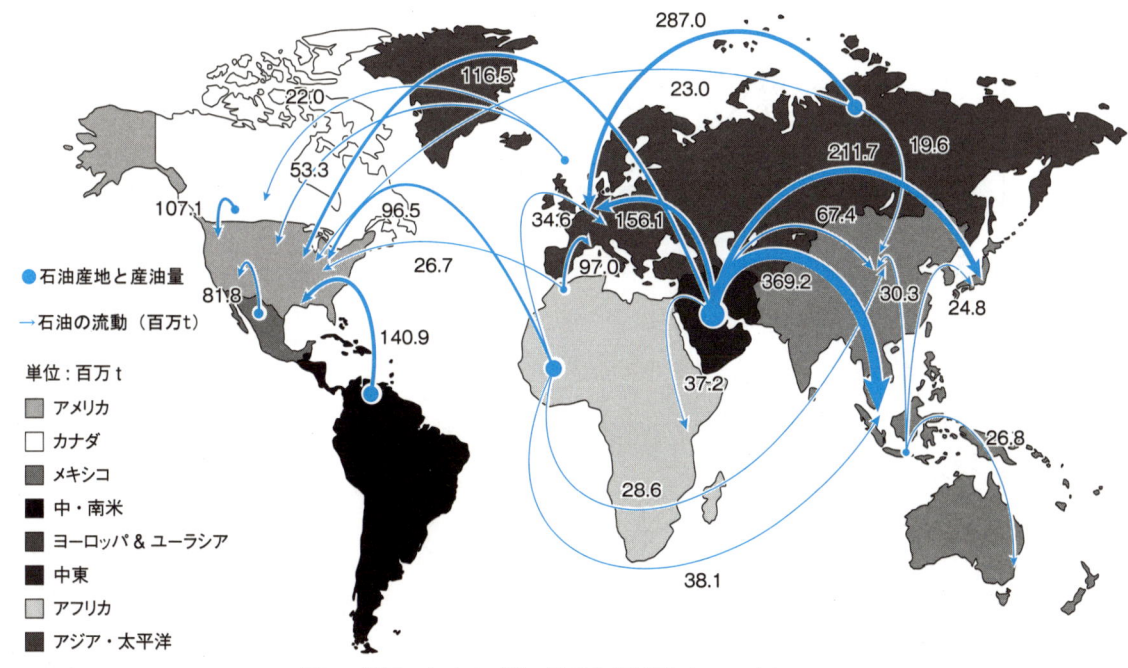

図2 世界における石油の流動と貿易量（2005年）

凡例：
- ●石油産地と産油量
- →石油の流動（百万t）
- 単位：百万t
- アメリカ
- カナダ
- メキシコ
- 中・南米
- ヨーロッパ＆ユーラシア
- 中東
- アフリカ
- アジア・太平洋

日本の約10％を大きく引き離している。合衆国は世界有数の産油地であるが，国内の石油需要の拡大や原油生産の停滞を反映して，石油消費量の半分以上を輸入に依存している。2005年の合衆国への石油の流動は，ベネズエラや中東諸国やナイジェリアからを中心にし，カナダやメキシコや北海油田からのものもあり，1991年よりもその輸入先が多様化している。産油国ロシアでは石油の生産量が消費量を上回るため，ヨーロッパや日本，および中国への石油の流動が多くみられる。また，西ヨーロッパへの石油の流動は中東諸国やアフリカからのものを中心に，北海油田からの域内移動も盛んに行われていた。しかし2002年以降，北海油田が減産傾向にあるため，ロシアからの石油の流動がより重要になった。一方，日本は石油消費のほとんどを中東諸国やインドネシアからの輸入に依存していたが，インドネシアに対する依存度は当地の石油の減産傾向により1990年代後半から低下している。さらに，中国は黒竜江省の大慶油田と山東省の勝利油田で需要を賄ってきた（図2）。しかし，それらの油田は過度の採掘で生産が低下し，2005年頃から石油輸入国に転じている。

ヨーロッパの救世主であった北海油田の危機

ヨーロッパの原油輸入量は世界最大で，その多くを中東や北アフリカの産油国に依存したため，ヨーロッパの産業や経済は国際石油資本や産油国の影響を強く受けていた。しかし，天然ガス田がオランダの海岸地域で1959年に発見されたことを契機に，北海の石油資源開発が盛んに行われるようになり，中東諸国や北アフリカの産油国への依存度やそれらの影響は低下するようになった。北海における最初の油田はスコットランド東方の海底で1969年に発見され，1971年には推定埋蔵量1.5億トンの大油田がシェトランド諸島北東の海底で発見された。それ以来，天然ガス田や油田が海底の掘削技術やプラットホー

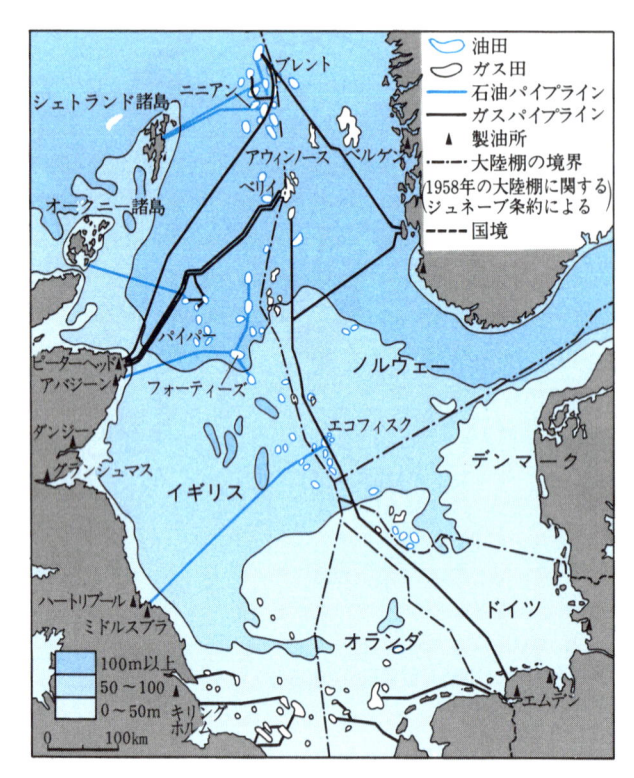

図3　北海における油田と天然ガス田の分布

写真1　海底油田

図4　海底油田とそのしくみ

　ムの建設技術の向上とともに多く開発された（図3）。
　北海の領域は大陸棚法によりイギリス・オランダ・デンマーク・ノルウェーなど7カ国で分割され，イギリスの領域には48の海底油田が立地している（写真1・図4）。そのうち，大規模な油田はブレント，フォーティーズ，マグナス，フルマー，ベリイ，スタットフォルド，アウインノース，ニニアンの八つであり，それらの最盛期の原油生産量はイギリス全体の60％近くを占めていた。しかし，これらの油田はいずれも老朽化し，減耗と減産に直面している。石油資源が有限であることは周知されており，その有限性が「石油ピーク」としてグラフに示されている（図5）。それによれば，北海油田は2000年の生産をピークに減産傾向を示しており，実際のピークは1999年の290万バーレル／日であり，イギリスの北海油田の減耗と減産は現実のものとなっている。ノルウェーはイギリスに次いで油田の数が多く，その領域に17の海底油田が建設されている。そのうち，エコフィスク，ガルファックス，オゼベルク，スタットフォルドの各油

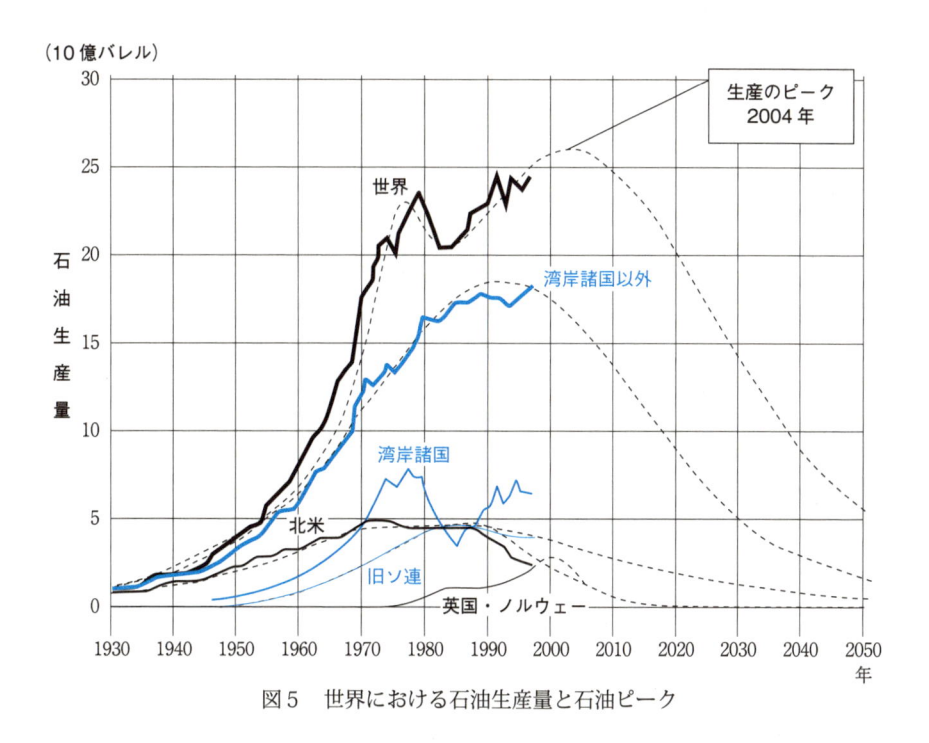

図5　世界における石油生産量と石油ピーク

田は大規模なもので，いずれもイギリスの北海油田の減産を受けて増産する傾向にある。しかし，ノルウェーの北海油田も減耗と減産に直面していることに変わりない。

　北海の油田で生産された石油は，パイプラインやタンカーでそれぞれの国の製油所やオイルターミナルに輸送される。イギリスの領域には，ブレント・ニニアン油田－シェトランド諸島，パイパー油田－オークニー諸島，フォーティーズ油田－アバジーン－グランシュマス，エコフィスク油田－ミドルスブラ（チーズサイド）の4本のパイプラインが敷設され，北海からイギリス東海岸への石油の流動を生みだしている。イギリスの東海岸では，製油所がピーターヘッド，アバジーン，ダンジー，グランシュマス，ミドルスブラなどに立地し，地域経済の振興に大きな役割を果たしてきた。しかし，北海油田の減耗と減産は，これらの石油関連施設や石油工業の維持を困難にし，地域経済の持続的な発展を妨げるものとなっている。そのため，既存の石油関連施設と石油工業を活用し，地域経済の振興をはかるため，ロシア産の石油が北海油田の減産を補完することで輸入されている。

小規模な日本の油田

　日本における石油の年間生産量は2004年現在，約86万キロリットルで，それは国内の消費量全体の約0.3％を占めているにすぎない。国内で原油の採掘が行われているのは，秋田県と新潟県の日本海沿岸と北海道であり，主要油田は北海道の勇払と新潟県の岩船沖，南長岡，東新潟，および秋田県の由利原である。そのうち，勇払が最大の油田であり，年間約25万キロリットルの原油生産があるが，世界の主要油田の生産量（アラブ首長国連邦のアサブ油田は1日あたり約30万キロリットルの生産量）と比較すると極めて小規模な油田である。

（菊地俊夫）

22 ヨーロッパの「中心」と「周辺」

多様なヨーロッパのなかの「中心」と「周辺」

　ヨーロッパの文化，経済，社会……。われわれがヨーロッパについて語るとき，ヨーロッパ全体に共通する特徴があることを念頭においている。実際にヨーロッパは，共通の特徴をもつまとまりある地域としてわれわれの前に現れている。しかし，ヨーロッパには実に多くの国々があり，多様な人々の生活がある。そこでわれわれは，ヨーロッパを東ヨーロッパと西ヨーロッパに分けたり，南ヨーロッパと北ヨーロッパに分けたりする。こうした区分には，ヨーロッパという地域のなかの差異，自然環境や言語や宗教や政治などの差異が考慮されている。

　ヨーロッパは，世界で最も工業化・都市化が進展し，教育水準が高く，健康で豊かな人々が住む地域の一つである。ヨーロッパは一様にこうした特質をもつのだろうか。それとも，やはりヨーロッパ内に差異がみられるのであろうか。

　図1は，ヨーロッパ連合（EU）加盟国（1991年時点）の各地域の経済力の差異を表している。ここでは，収入や雇用の状況，社会資本，サービスの供給が総合的に評価，得点化され，全EU平均を100として各地域の値が示されている。ハンブルク（218）やパリ（175）を最高として，ギリシャやスペインの諸地域の50前後，ポルトガルのほとんどの地域の30まで，EU加盟国だけでも，経済力には大きな格差がある。

　ところで，この図のなかで高い値は，イギリス中南部の平野からベネルクス諸国，ライン川・ローヌ川沿岸地域をへて，イタリアの北部，ポー川流域に至る帯状の地域にみられる。都市化・工業化が進展し，人口が集中するこの地域は，ロタリンギア軸とよばれる。ロタリンギアという名は，9世紀，フランク王国の分裂の際，カール大帝の3人の孫の一人ロタールが相続した領地とほぼ一致することに由来する。このロタリンギア軸には，イギリスの産業革命の発祥地やルール工業地帯が含まれる。また，ロンドン，アムステルダム，ケルン，フランクフルト，ミラノといった大都市，大都市圏も位置している。この軸から離れた縁辺部は工業化が遅れて，低い値を示している。このようにヨーロッパにおいては，人口，経済，生活水準の点で明瞭な「中心」と「周辺」をみることができる。

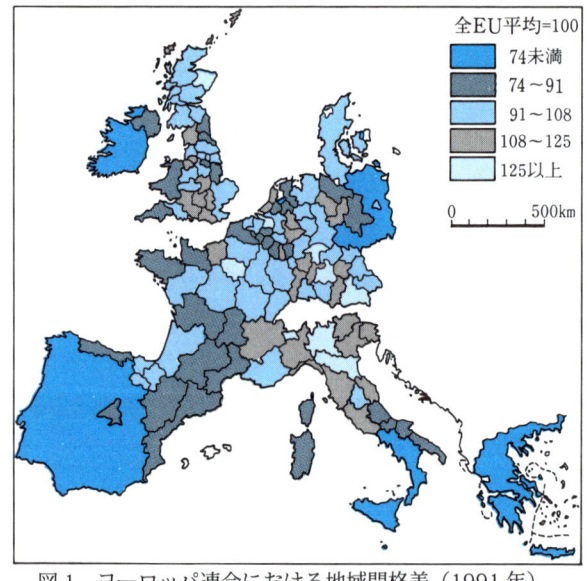

図1　ヨーロッパ連合における地域間格差（1991年）

このような「中心」を目指して人々は移動する。図2は，戦後のヨーロッパにおける労働力のおもな移動を示している。スペイン，ポルトガル，北アフリカ諸国からフランスへ，旧ユーゴスラヴィアやギリシャからドイツ，オーストリアへ，アイルランドからイギリスへ，フィンランドからスウェーデンへの移動がみてとれる。このように「周辺」の経済的に不振な農村地帯から，工業化が進展して就業機会に恵まれた「中心」へと労働力が移動してきた。こうした人口移動を通して，中心と周辺の関係はより強化されてきたといえよう。

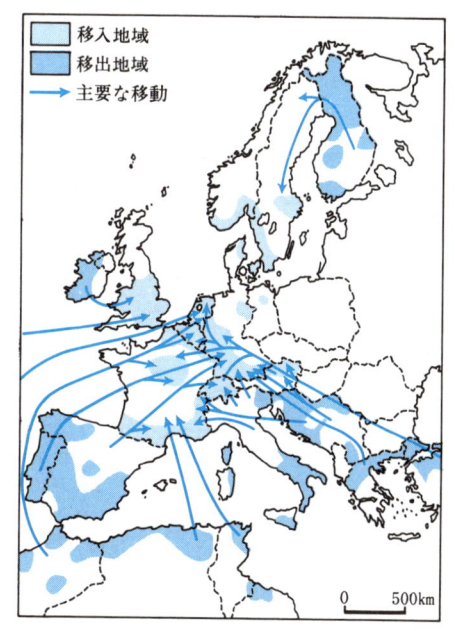

図2　第二次大戦後のヨーロッパにおける主要な国際的労働力移動

中心と周辺の定義

こうした中心と周辺は，どのように形成されたのであろうか。

産業革命による工業の発展と都市の成長の主要な舞台は，上述のロタリンギア軸にあった。なぜなら，そこには重要なエネルギー資源である石炭と鉄鉱石を産出する炭田，鉱山が多く存在していたからである。イギリスのランカシャーやミッドランド地方，ドイツのルール，ドイツとフランスの国境地帯のザール・ロレーヌは，こうした地下資源を基盤に工業を発展させた地域であり，今日でもこれらの地域では多くの工業が集積している。

また，この地域における人口増加と都市の成長は，工業に巨大な市場を提供するとともに，こうした市場への近さが工業の発展を促したといえる。図3にみられるように，すでに20世紀はじめに，ロタリンギア軸に高密度に人間が居住している。彼らは労働者であると同時に消費者でもあった。

しかし，この地域には工業化の進展する以前にすでに人口の増加と都市の成長がみられた。中世ヨーロッパにおける都市の分布をみると（図4），すでにこの時代に，多くの都市が形成されつつあったこと

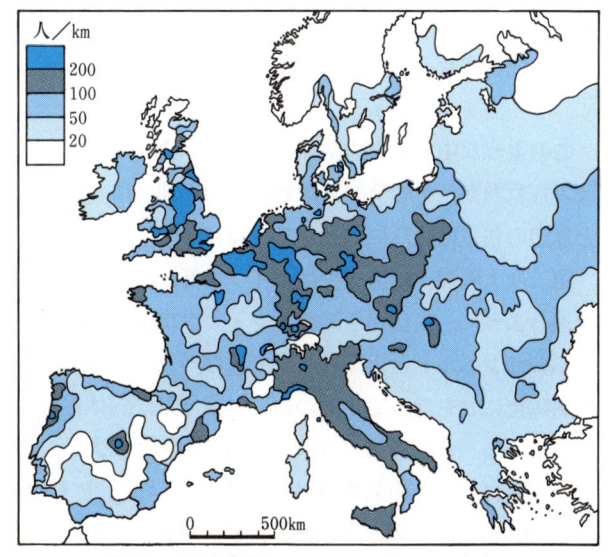

図3　1910年頃のヨーロッパの人口密度

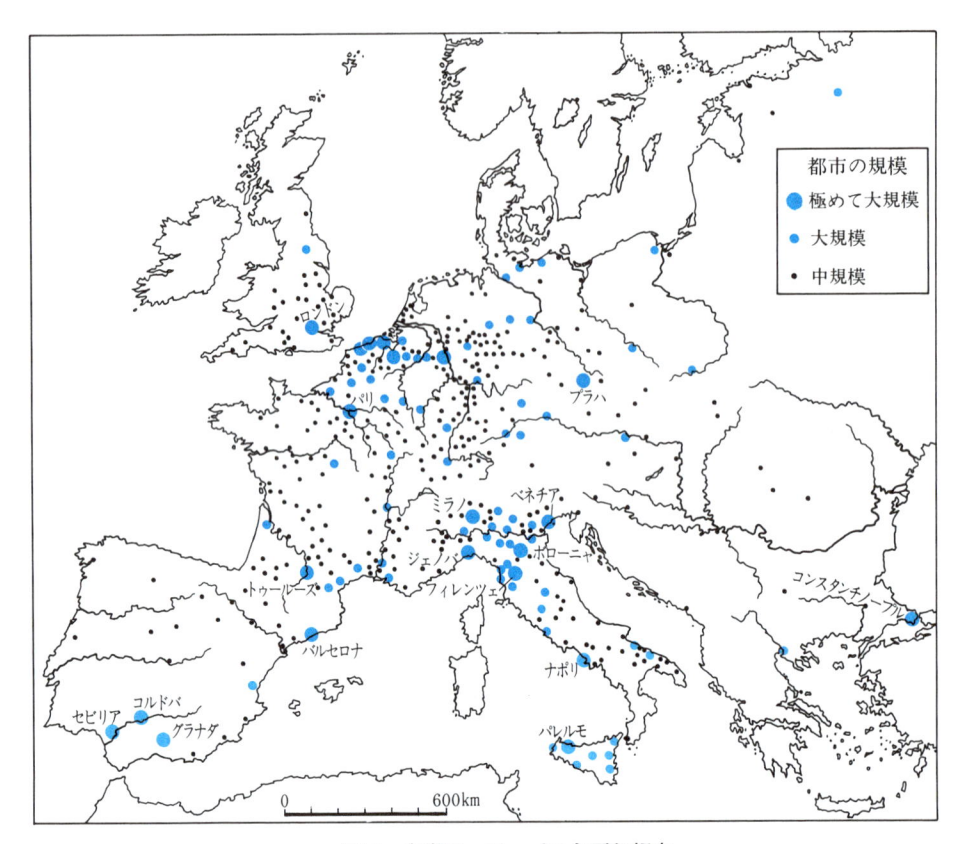

図4 中世ヨーロッパの主要な都市

がわかる。これらの都市は，まず第1に交易の場であり，ライン川をはじめとして水上交通が重要な役割を果たしていた。交通の利便性で，このロタリンギア軸が有利な位置にあることは今日でも変わりはない。また，当時から都市には多様な種類の手工業が成立していた。こうした手工業の技術の伝統がその後も受け継がれ，この地域で産業革命を受け入れ，成功させる基礎となった。

このような中心・周辺関係は決して不変なものではない。周辺地域でもむろん経済成長はみられたが，そのテンポは遅く，中心地域における成長がより大きかったために，中心と周辺の格差はさらに拡大してきた。

第二次大戦後，経済成長はドイツ南部からイタリア北部で顕著であった。さらに，それを追うように，南仏からスペイン・カタロニア地方が目覚ましい経済発展を遂げ，ヨーロッパのサンベルトとよばれるまでになった。一方で，製鉄業をはじめとする重厚長大産業の斜陽化にともなって北部の古い工業地帯が弱体化し，中心地域の重心は南に移動してきたといえる。ともあれ，ヨーロッパの中心は拡大し，従来のロタリンギア軸から新興のサンベルトにかけての弧状の中心軸は，「バナナ」とも称される（図5）。

1990年のドイツ統一で旧東ドイツがEUの一部となり，さらにフィンランド，スウェーデン，オーストリアがEUへ加盟した。そして東欧諸国では経済改革が進展しつつある。

中心と周辺関係の変化と地域政策

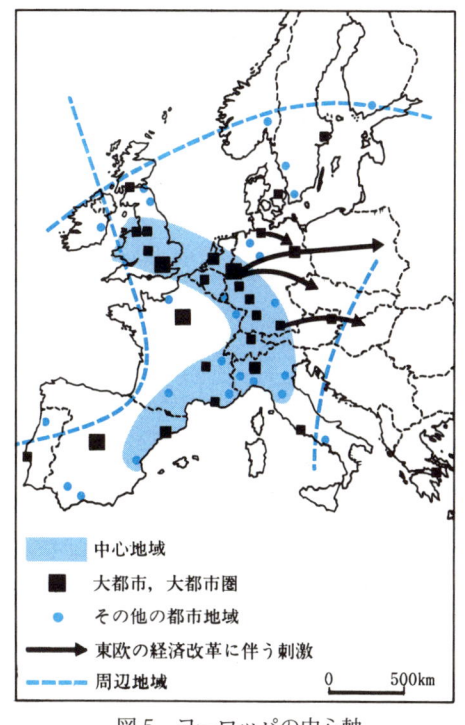

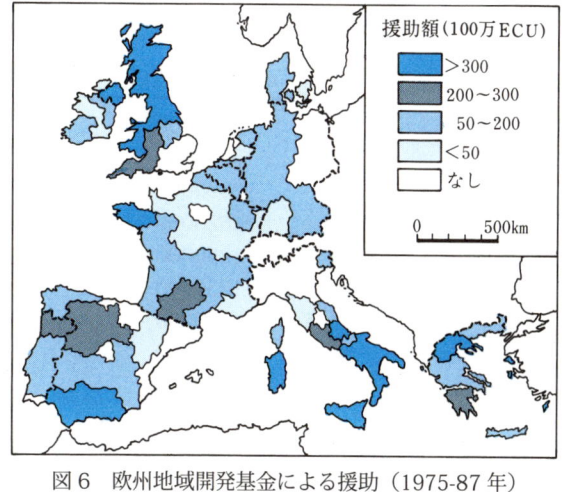

図5 ヨーロッパの中心軸

図6 欧州地域開発基金による援助（1975-87年）

　こうしてヨーロッパの東部と北部がEUの市場に加わり，また，EU企業の進出や投資の対象となることで，中心地域の重心は東と北へ移動しつつあるといえる。この過程で，スペイン，ポルトガルといった地中海諸国は，ますますその周辺性を高めることになるかもしれない。

　もちろんこうした地域間の格差を是正しようとする試みがなされている。EUは，1975年より欧州地域開発基金を設け，以後，EU内の経済的に不振な地域への援助を増大させている。こうした基金は，図6でみられるように，ブリテン島北部，スペイン南部，イタリア南部，ギリシャといった周辺地域に多く拠出されている。しかし，長い時間をかけて形成されたこの地域格差を解消する道のりは険しい。

（山本　充）

課題を考えてみよう（3）システム思考を

以下の統計は，日本，アメリカ合衆国，フランスの都市人口の多い都市を順番に示している。

順位	日本の都市人口	アメリカ合衆国の都市人口	フランスの都市人口
1	8480000	8214426	9644507
2	3570000	3773846	1349772
3	2660000	2749283	1348832
4	2620000	2074828	1000900
5	1880000	1448394	888784
6	1530000	1429637	761090
7	1400000	1273374	753931
8	1370000	1261251	544932
9	1170000	1192538	519640
10	1150000	916220	518727

課題1　都市の規模と国内の順位を右のグラフに記入せよ。縦軸に都市の人口数を，横軸に国内順位をとる。国ごとに上位の都市から順に線で結んでみる。

課題2　このグラフに示された国単位に見られる都市の規模と順にはどのような関係が考えられるか。

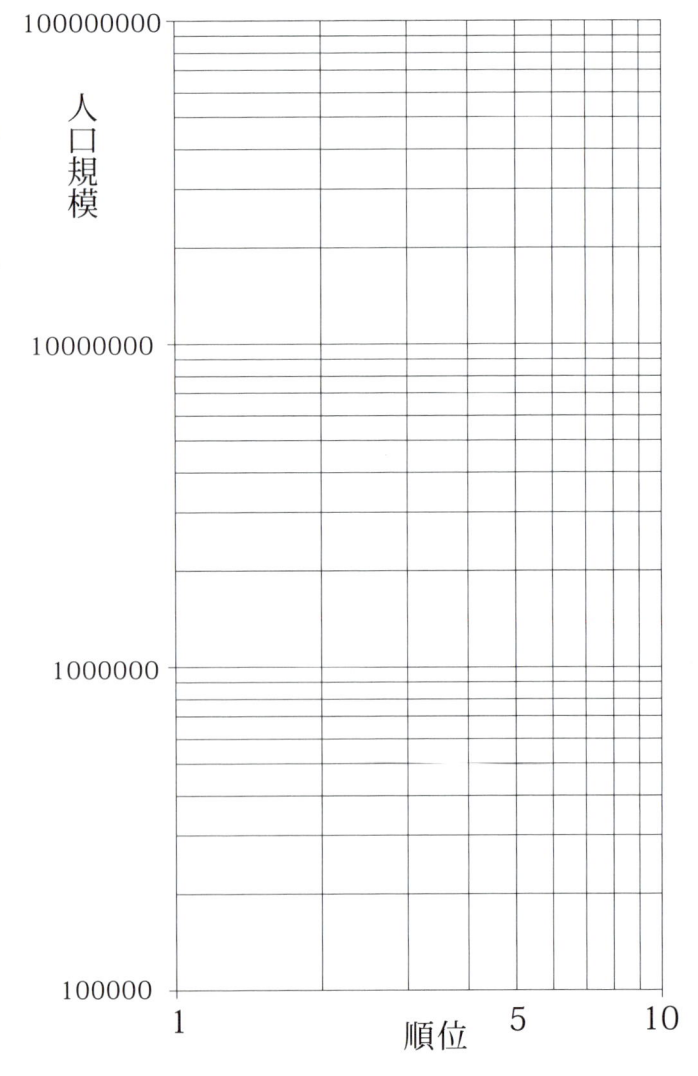

第4章
さまざまな産業そして地域開発

23 新しい観光形態の誕生

第四期観光変革期はいつか

 日本人の旅行は江戸時代半ばより大衆化の様相をみせ，江戸末期に日本を訪れた外国人が，これほど多く旅行している国民はいないだろうと驚いていたほどである。1泊2食制の旅籠，団体旅行のはしりとなる講による旅行，旅行業者，これらがすでに江戸時代にはみられた。

 江戸時代後期までを第1期とすれば，第2期は，明治から第二次世界大戦終了の1945年までである。この期は，全国各地に鉄道が敷設され，関所も撤廃され，安全かつ自由な旅行が可能になり，旅行の行動圏も拡大した。しかし団体旅行，社寺参詣と温泉の二大目的，男性中心の旅行構造はまだ江戸時代の特性を引きずっていた。

 戦後第3期になると，旅行は多様化の様相をみせた。まず戦後の家族制度の崩壊による女性，若者の旅行への参加，海外旅行の自由化，個人が旅行手段を有した乗用車の普及，レクリエーション旅行の増大，日本人のホテル利用の一般化など，これまでとは様相を一変する多様かつ大量の大衆化時代の旅行が出現した。しかしこの期に及んでも一泊旅行が主流という日本人のあいかわらずの駆け足旅行には変化がみられない。

 しかし徐々にではあるが，エコツーリズム，グリーンツーリズム，産業観光など新しい旅行の芽も出始めている。現在のこの芽は観光をさらに多様化させはしたが，将来，観光

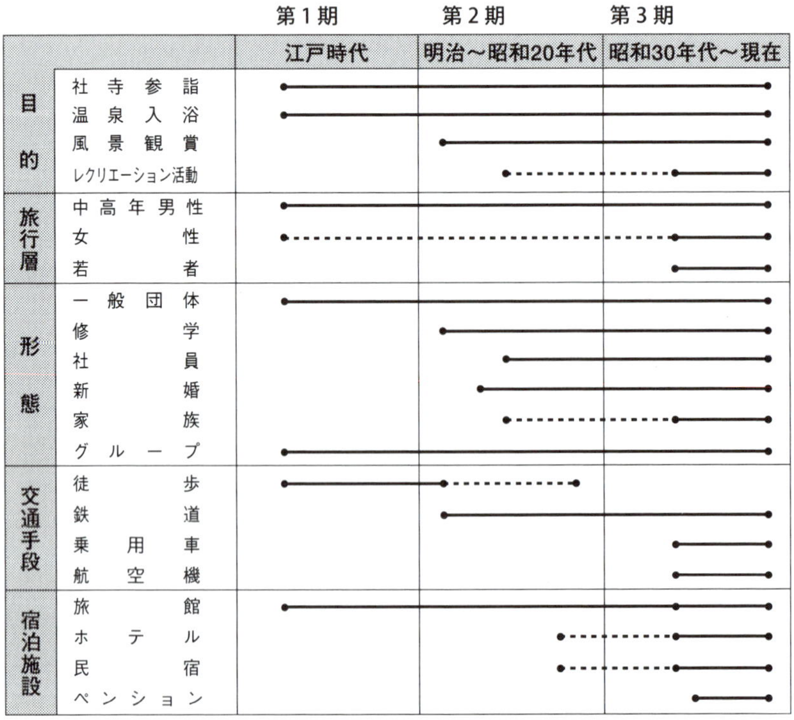

		第1期 江戸時代	第2期 明治～昭和20年代	第3期 昭和30年代～現在
目的	社寺参詣 温泉入浴 風景観賞 レクリエーション活動			
旅行層	中高年男性 女性 若者			
形態	一般団体 修学 社員 新婚 家族 グループ			
交通手段	徒歩 鉄道 乗用車 航空機			
宿泊施設	旅館 ホテル 民宿 ペンション			

図1 観光の多様化

の主流となるとは思えない。これからの日本人の旅行を一変させるのは長期休暇制度の導入以外にない。

　日本に長期休暇制度がいつ実現するのかの予断はできないが，週休二日制は定着してきている。週休二日制が実現しているところでは，祝休日，年休を加えると年間の3分の1は休みである。問題は，その年休を完全に消化することで，そのためには，欧米諸国でとられており，すでに日本の労働基準法で奨励している，まとめて休みをとる計画年休の導入が望ましい。計画年休といわなくても，日本は以前からILO（国際労働機関）に加盟していながら，"労働者に等しく3週間の休日を与え，そのうち2週間は連続した休日を与えなくてはいけない"のに，それを批准していない。このような状況を考えたとき，今後10年くらいの間にまとめて休日をとる運動が展開されるのではないだろうか。2泊以内の旅行が8割にも達する現状が，1～2週間の長期旅行になったときに，観光形態の根底をどのように揺るがすのだろうか。

・キャンピングカー，レンタカーを含めて乗用車の旅行が増大する。

　旅行が長期間になると，遠隔地への旅行は鉄道の代わりに乗用車となる。現地までの所要時間が長くても，移動時間が相対的に減少するので，安く，機動性のある乗用車利用を指向するからである。

・大市場からの遠隔地や海外への旅行が増大する。
・長期旅行は，夫婦のみ，あるいは子供連れの家族が主体となる。
・国内の観光地は，長期滞在用に，観光地全体で管理・運営する仕組みを要請される。

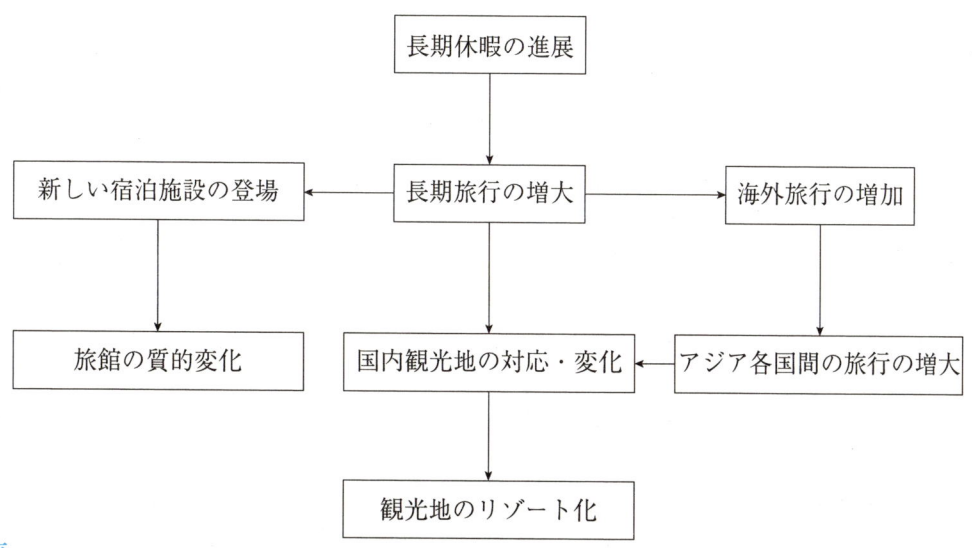

長期休暇の実現が観光の根底を変える

図2　長期休暇制度が観光・観光地に与える影響

旅館は生き残れるか

　最大の問題は，旅館である。長い間続いた世界でもユニークな旅館経営が変革を迫られている。旅館の商品としての明確さの一つとして，泊食分離，すなわち宿泊代と食事代の料金体系を分離して，しかも食事は好みのものを選択できることが要望されている。つぎには，1泊のため旅館の高額な，そして豪華な食事でもこれまではよかったが，1週間

も宿泊したときに，そのような食事と価格を望むだろうか。すでに旅館は年々減少傾向にあり，長期休暇時代には，多くの旅館は経営形態を変えないわけにはいかなくなってくるだろう。

　低廉な海外パッケージツアーが人気を集めているが，ドイツ，オランダ，イギリスの海浜リゾートが，チャーター機を利用して安価にいける南欧のリゾートとの競争に敗れた実例がある。単に料金の高低だけでなく，海外の観光地の美しさ，運営の見事さを味わっている日本人旅行者が年々増大している。日本の観光地も，1週間滞在できる楽しい観光地づくりへ向けて，早急に総合的な取り組みを開始しないと，観光においても国内の空洞化が生じるだろう。

国内観光地と海外観光地との競争

盛んなアジアの観光往来

　今後の国際観光は，米国，欧州，東・東南アジアの三つの軸を中心に展開されるといわれている。とくに13億の中国国民が所得と休日の増大により大量に海外旅行に出かけるだろうし，一方で国内の観光地の門戸を次々と開放しているので，中国観光はさらに魅力を増してくる。日本もアジアの国々との交流をこれまで以上に盛んにする必要があるし，国内においてはアジアの人を含めて外国人を受け入れるのにもっと積極的にならなくてはいけないだろう。日本の国際的な観光地としては，ニセコや白馬にすでにみられるように，スキー場がアジアおよび南半球の国々のリゾートとして期待できる。

　観光産業は日本ではすでに25兆円を超えている。今後，長期休暇制度が進展すれば，観光産業はさらにその規模を拡大するだろう。観光と他産業との連携を密接にすることによって観光の地域振興に果たす役割はさらに増大する。

〔溝尾良隆〕

写真2　アジアのリゾート地として期待される日本のスキー場

写真1　世界有数のリゾート、ゴールドコースト（オーストラリア）

24 世界遺産と持続する観光

1972年，パリのユネスコ総会で「世界の文化遺産および自然遺産の保護に関する条約」（世界遺産条約）が採択された。1960年代，エジプトのナイル川流域でアスワン・ハイ・ダムの建設により，ヌビア遺跡が水没する危機が懸念された。これを受けてユネスコが救済キャンペーンを展開し，ヌビア遺跡内のアブ・シンベル神殿を移築させた。この件が契機となり，1972年はアメリカの国立公園の創設100周年にあたることから，アメリカがこれを記念して条約採択を強力に推し進めた。

世界遺産の目的と種類

条約の目的は，普遍的な価値を有するかけがえのない人類遺産である文化財や自然，そして景観を，破壊から守り，保護し，次世代に残していくために世界中の人々の国際協力を推進するところにある。それゆえに世界遺産批准国は遺産保護に努めることに対し援助を与えることを約束し，保護に対する義務と責任を負う。世界遺産は文化遺産，自然遺産，複合遺産の3種類から出発した。なかには，アウシュヴィッツ・ビルケンナウ収容所や日本の原爆ドームのように，負の世界遺産とよばれるものも登録されている。

目的のなかの「破壊から守る」とは，遺産が，戦争，内乱，自然災害，化学物質による汚染，温暖化などの自然環境の変化，過度な利用など，さまざまな破壊からの危機に対してである。とくに危機にさらされ，緊急な保護措置が必要とされるものは，「危機にさらされている世界遺産リスト（危機遺産）」に登録される。アフガニスタンの「バーミヤン渓谷」がその例であり，カンボジアのアンコールワットは日本やフランスを中心としたさまざまな国の支援によって，危機遺産から削除された。危機遺産が改善がされないと登録は抹消される。

その後，1992年に「文化的景観」が追加された。2003年にはあらたに「無形文化遺産保護条約」が採択され，2006年に発効することになった。

各遺産、景観、それぞれの関係

自然遺産のなかには文化の痕跡がみられるし，文化遺産は自然との調和が必要であるというように，両者は対立する概念ではなく密接な関係にあるという捉え方をする。

写真1　修復を終えて、観光者でにぎわうアンコールワット（2006年）

文化遺産は人々のアイデンティティであり，人々の誇りの象徴といえる。新たに加わった文化的景観は，棚田にみるように人間が作り出す文化と自然が作った共同作品である。文化的景観が加わったことで，ヨーロッパ偏重の文化遺産を補うことができた。

無形文化遺産は，人間の表現，描写，慣習，知識，技能と定義された。その内容は言語を含む口頭表現，芸能，儀礼，慣習，祭礼行事，伝統工芸技術，自然や宇宙に関する知

識と関連する器具，その他の物品，工芸品，文化空間となっている。日本では，能，人形浄瑠璃（じょうるり），歌舞伎が無形遺産として登録された（2009年に正式決定）。無形文化遺産も，その条約の前文には「無形文化遺産と有形文化遺産及び自然遺産との深い相互関係を考慮」するようにと明記されている。すなわち，無形遺産は有形遺産に，意味や知識，技術，価値，象徴を与え，一方で有形遺産が無形遺産のために枠や場所，道具を与える。能は，能面が有形，彫る技術が無形，能楽師が能面をつけると面に魂が入って生きているがごとくなる。フィリピンのコルディリェーラの棚田とイフガオ族のフドフド詩編の朗唱は相互依存の関係にある。

登録の手続き

　世界遺産リストに登録されるには，該当の国が世界遺産条約を批准しているのが前提である。批准している国が申請すると，世界遺産委員会が遺産候補の検討，評価を，国際的な民間団体に調査を依頼する。その結果からユネスコ世界遺産委員会が登録推薦を判定し，世界遺産委員会で最終審議の後，正式登録となる。表1がその登録基準である。

　日本が条約に批准したのは，条約採択後20年も経った1992年で，126番目の国とい

表1　世界遺産の登録基準

（1）文化遺産の登録基準
- Ci）人類の創造的天才の傑作を現すもの
- Cii）ある時期を通じ、またはある世界文化上の地域において、建築記念碑的芸術・または、町並計画および景観デザインの発展において、人類の価値の重要な交流を示すもの
- Ciii）生きている、または消滅した文化的伝統、または文明の、唯一のまたは少なくとも稀な証拠となるもの
- Civ）人類の歴史上重要な時代を例証するある形式の建造物、建築物集合体または景観の顕著な例
- Cv）ある文化（または複数の文化）を代表するような伝統的集落または土地利用の顕著な例の、とくに回復困難な変化に対して無防備状態にある場合
- Cvi）顕著な普遍的な意義を有する出来事または生きた伝統、思想、または信仰または芸術的および文学的作品と、直接にまたは明白に関連するもの

- ・真実の証明
- ・良好な保存管理状態の確立
- ・適切な緩衝地帯の設定

（2）自然遺産の登録基準
- Ni）生命進化の記録、重要な進行中の地質学的、地形形成過程あるいは重要な地形学的、自然地理学的特長を含む、地球の歴史の重要な段階を代表するような顕著な見本であること
- Nii）陸上・淡水域・沿岸・海洋の生態系や生物群集の進化発展において重要な進行中の生態学的生物的過程を代表する顕著な見本であること
- Niii）類例をみない自然の美しさ、あるいは美的重要性を持ったすぐれた自然現象あるいは地域を包含すること
- Niv）学術的、保全的視野から見てすぐれて普遍的価値を持つ絶滅のおそれのある種を含む、生物の多様性の野生状態における保全にとって最も重要な自然の生息生育地を包含すること

- ・完全性の条件
- ・良好な保存管理の確立
- ・適切な緩衝地帯の設定

日本と世界の世界遺産数

う遅さであった。したがって，1993年になって初めて日本から姫路城，法隆寺地域の仏教建造物，屋久島，白神山地の4カ所が世界遺産条約に登録されたのである。その後は，表2に示す通りである。世界遺産リストには，2004年現在，文化遺産が611件，自然遺産が154件，そして文化，自然の両要素をかねそなえた複合遺産23件が登録されている。

表2　日本の世界遺産リストの登録

登録年	文化遺産	自然遺産
1993	法隆寺地域の仏教建造物	屋久島
1993	姫路城	白神山地
1994	古都京都の文化財	
1995	白川郷・五箇山の合掌造りの集落	
1996	原爆ドーム，厳島神社	
1998	古都奈良の文化財	
1999	日光の社寺	
2000	琉球王国のグスク及び関連遺跡群	
2004	紀伊山地の霊場と参詣道	
2005		知床
2007	石見銀山	

世界遺産に登録されたことで，国際的な評価が得られたという権威付けがなされるゆえ，日本において以下のような問題が起きている。

「世界遺産観光」という課題

日本各地で観光客誘致と地域振興を目的にして，世界遺産の登録を受けようとする活動が過熱している。2006年12月現在，24の自治体から世界遺産への候補地が名乗り出ている。人類遺産である文化財や自然，そして景観を，破壊から守り，保護し，次世代に残していくという本来の趣旨が忘れ去られている。旅行商品にも，旅行に世界遺産がいくつ含まれているかの，「世界遺産を見て回る」という数競争になっている。そのために，白川郷や熊野古道にみられるように，バスを何台も連ねて訪れ，1，2時間後には他の地へ移動してしまうという，マスツーリズムの弊害が生じている。観光地では駐車場や観光者相手の店舗が増加して，せっかくの景観が壊れている。

写真2　岐阜県白川村荻町の合掌集落（2003年）

写真3　和歌山県の熊野古道（2004年）

写真4　中国九寨溝，1日2万人以内，LPGバスなど，コントロールが行き届いている（2004年）

　世界遺産は，少人数でじっくりと時間をかけて理解するものである。この問題を解消するには，地域や資源の同時収容力の上限を設定するというキャリング・キャパシティの考えを導入する。世界遺産地区には緩衝地帯と中心帯が設定される。とくに自然遺産の中心地区には利用上厳しい制約が課せられる。文化遺産地区でも，緩衝地帯の建物や生活に住民も影響を受けることを忘れてはならない。

（溝尾良隆）

25 観光まちづくり
―景観保全と景観創造―

2003年に政府が観光立国を宣言したときに、醜悪な日本の都市景観では外国人は訪れないし、もし訪れても満足をしないという批判が出るに至って、2004年に「景観法」が成立した。景観法では当初想定した都市だけでなく、農村地域や自然公園地域にまで広く包含することになった。さらに2005年には、新しく「文化的景観」が改正文化財保護法に含まれて、7カ所が選定された。そのうち重要文化的景観の第一号として「近江八幡市の水郷」が選ばれた。

言うまでもなく、景観を学問として重視し発展させたのは地理学である。シュリーターは、地理学が対象とすべきものは、自然と人間社会の営為とがとけあってつくられた、感覚的にとらえられる文化景観である。それゆえに文化景観は単なる自然でも、また単なる文化現象ではなく、その両者の要素が合体したものである（中村和郎、1991）という。地理学的景観の考えは文化的景観として結実した。

一般の人々にそれほどの観光的誘致力が少なく地味な文化的景観でも、地理学的な見方

地理学的景観と工学的景観

写真1　電線を地下に移設してすっきりとした群馬県旧新治村須川宿の景観（2002年）

写真2（左）埼玉県川越の町並み　修復前（1992年）　写真3（右）修復後（2000年）

を教示するならば，観光者はその景観に感動するに違いない。地理学はこの文化的景観とともに，人間の介在がすくない自然景観をも読み解く力をもつ。たとえばヨーロッパアルプスに接し，たとえばU字谷や山頂の嶮しさなどその景観に感動したときに，なぜこのような景観が生まれたのかを知りたいときに，地理学的素養をもっていれば，景観に対する理解が深まるであろう。

　近年は工学的景観論の考えが話題を集めている。地理学景観が既存の地表においてきわだった景観を切り取り，その景観を分析するのに対して，工学的景観では，橋梁や道路，あるいは庭園や建築物など，あたらしく景観を創造する際に，既存の景観といかに調和させるか，あるいは際立たせるために技術的な課題に挑戦しあたらしい景観を創造させるのである。

観光の視点からまちづくり

　文化的景観や自然景観の観察方法，そしてあらたな景観の創造という両学問の成果を応用して，観光学においては，どのような景観が観光行動を引き起こすのかという観光対象となる景観魅力と観光誘致力の関係を分析する。そのほかに観光はすぐれた景観に多くの人が訪れて，地域に経済効果が生じると，地域の人々がすぐれた景観を創造したり保全したりする機運を生む役割がある。観光まちづくりという用語が登場してきたのも，「住んでよいまちが，訪れてもよいまちである」という，生活と観光の両者の視点が必要になってきたからである。

　観光地の魅力を伝える情報が全国に知れわたり，観光地に対するイメージが高いと，多くの観光者が訪れるようになる。その情報の伝達手段を時代から追ってみると，奈良時

表1 国が保護する主な自然資源・文化的資源

	法律・条約	資源・施設・人・地域		
自然	自然公園法 森林法 温泉法 世界遺産条約 ラムサール条約	国立公園・海中公園 森林 温泉 世界自然遺産 登録湿地	国定公園	都道府県立公園
文化	文化財保護法 古都保存法 明日香村特別措置法 世界遺産条約	国宝・重要文化財 重要無形文化財 重要有形民俗文化財 重要無形民俗文化財 重要伝統的建造物群保存地区 重要文化的景観 歴史的風土特別保存地区 明日香村 世界文化遺産	登録文化財	
自然・文化	文化財保護法 景観法 世界遺産条約	特別史跡名勝天然記念物 都市、農村、自然公園 世界複合遺産	史跡名勝天然記念物	

注：正式な法律名ではなく、略称を使用している。

代から江戸時代までは文学や絵画の役割が大きかった。古来，歌枕となった地域は一つの権威となって，あこがれの来訪地となった。さらに，特定個人による近江八景，日本三景などの選定方法も一種の権威づけとなる。この発想は，昭和2年の新日本八景，25年の日本観光地百選，昨今の日本百名山まで連綿と続く。江戸時代後半から鉄道が登場する明治時代になると，全国各地を旅行する人びとが次第にふえてくると，歌枕の世界ではなく，現実の風景に接した文人墨客によって観光地が紹介されるが，彼らの眼も多分に先人の影響を受けた評価がされている。

写真4 写真家によって「発見」された北海道美瑛町の丘の風景（2005年）

同時に外国人の見方が導入される。これまで宗教的色彩の強かった日本の山岳が，自然景観として，あるいは登山の対象として，日本の山への眼差しを変えてゆく。昭和9年の国立公園の選定から，国による選定が観光資源や観光地に一種の権威を与えていく。もちろん，担当省庁は，資源の保護を目的としているのであって，観光を意識しているわけではない。しかし，その結果は，観光者の誘致には結びついていく。昨今の世界遺産の選定は，世界的規模からの選定であるだけに，人びとには強い権威となっている。なお，表1は，日本において国が指定をした自然景観や文化財，文化的景観の一覧である。

景観保全と景観創造

表1のなかの重要伝統的建造物群保存地区は2004年6月現在62地区に及ぶ。そのなかでいくつかの興味深い事例をあげよう。萩市，高山市，南木曽町の各地区は，重伝建の法律ができる以前から町並み保存に取り組んでいた。とくに南木曽町妻籠は，過疎化を防止するための最後の手段として，観光者の誘致を目的として宿場町の保存に着手をしたのである。福島県下郷町大内宿は，一大学講師が当地区のすばらしさを知らせたことにより，住民も再認識をして保存に乗り出した。同様に京都府美山町の茅葺き民家も，神戸や大阪の市民が評価をして，地区の人々も保存に動き出したのである。川越市の蔵づくりは，観光者がふえ，観光者による売上げが増すにつれ，地元の蔵づくり商家の人たちが，蔵を隠している看板を取り外したり，建物のファサードを統一したりして，魅力ある町並みが実現した。

重伝建地区の指定を受けていないが，魅力ある景観づくりに着手して，観光者を集めている例もみられる。小樽市の運河が残ったのは，行政の運河埋め立てに反対した長年にわたる市民の闘いの成果である。同じく柳川市の堀割も，一度埋め立てることに決定したが，一係長の努力で，その計画は撤回されて，今日見るような堀割が残された。長野県小布施町は，建築家に依頼をして，統一ある景観を創造した。群馬県新治村（現在，みなかみ町）は全村農村公園構想を打ち立てて，その方針により，新治型住宅の推進や電線の移設を行い，「花と緑にかこまれた村」を創出している。北海道美瑛町は，写真家の眼でとらえた姿があまりにも美しく旅行者の関心を集め，観光地化が進展した。

このように，地域の人々が主体となってまちづくりをするのが基本ではある。ただし，それを外部の人が訪れて評価をし，ある程度の経済効果が生ずることで，地域の人々にまちづくりへの自信が生まれたり，外部の人により地元では気づかなかった景観が評価されたりして，地域の人々が再認識をする例も多い。地域の内と外の見方，内と外の交流が必要な事例が各地に多々みられる。

（溝尾良隆）

26 日本の商業が急変する

コンビニエンスストア業界の成長やショッピングセンターの増加など，日本の小売業を取り巻く環境は大きく変化してきた。『2005 我が国の商業』（経済産業省経済産業政策局調査統計部，2005年3月）では，「大型化が進む小売店舗」や「郊外へ拡がる小売店舗」等が主要な変化としてあげられ，日本の小売業の構造が変わっているさまを説明している。こうした変化について，この章で調べてみよう。

零細店舗の減少と大規模店舗・チェーン店舗の増加

『2005 我が国の商業』と『平成16年商業統計調査』を用い，日本の小売業に関するいくつかの指標について1970年代以降の変化をみたのが表1である。この表では，各指標の増減を比較できるように，1972年の値を100とする指数で変化を示した。この表をみてまず気づくのは，事業所数（店舗数）が1982年以降減少している一方，売場面積等は基本的に増加が続いていることである。したがって，店舗の平均規模は売場面積，販売額，従業員数の面で増加しているといえる。店舗数が減少した理由

表1　日本の小売業に関する指標の変化（1972年＝100）

年	事業所数	従業者	年間商品販売額	売場面積
1972	100	100	100	100
1974	103.5	103.2	142.4	110.3
1976	107.9	108.5	198.0	122.7
1979	111.9	115.9	260.0	140.3
1982	115.1	123.9	332.1	156.2
1985	108.9	123.1	359.5	154.7
1988	108.3	133.3	405.9	167.0
1991	106.4	134.9	497.1	179.8
1991	107.4	136.2	502.9	179.8
1994	100.3	143.6	506.6	199.0
1997	94.9	143.0	522.2	209.6
1999	94.1	156.2	508.4	219.1
2002	86.9	155.1	477.5	230.1
2004	82.8	151.0	471.1	235.9

1993年に産業分類の変更があったため，1991年については新旧それぞれの分類に基づいた値を示した。

の一つは，後継者不足等で家族営業の零細店舗の多くが閉店したことである。皆さんの近所でも，こうした事例が認められるだろう。表2は，従業者規模別にみた店舗数の割合の変化を示している。1972年には6割以上の店舗が従業者2人以下の典型的な零細店舗であったが，その割合は2004年には4割台に減少したことがわかる。その一方で，従業者20人以上の店舗数が占める割合は徐々に増加し，少しずつ店舗の大型化が進んでいるといえる。

こうした店舗の大型化は小売業の企業化とも関係している。零細規模の家族営業店が減っている代わりに，チェーン展開（多店舗展開）をしている店舗は増加している。全国展開あるいは地域展開をしているスーパーマーケットやディスカウントストアが増えたことからすれば，こうした変化が実感できるだろう。また小規模店舗でも，コンビニエンスストアの増加に注目すれば，大手チェーン店の増加が認められる。商業統計でも，法人組織の店舗の割合が増加し個人経営の店舗の割合が減少していることがわかる（表3）。このように，店舗の大型化や企業化が進んでいる状況は，日本の商業が構造的に変化していることを示している。

表2 従業者数規模別店舗数割合（％）の変化

年	2人以下	3〜4人	5〜9人	10〜19人	20〜29人	30〜49人	50〜99人	100人以上	計
1972	62	23.3	10.5	2.8	0.7	0.4	0.2	0.1	100
1974	62.5	23.3	10.2	2.7	0.7	0.4	0.2	0.1	100
1976	61.9	23.7	10.3	2.7	0.7	0.4	0.2	0.1	100
1979	61.1	24	10.5	2.8	0.8	0.5	0.2	0.1	100
1982	60.2	24	10.9	3.1	0.9	0.6	0.3	0.1	100
1985	57.7	25.1	11.7	3.6	0.9	0.6	0.3	0.1	100
1988	54	26.1	13.2	4.3	1.2	0.8	0.3	0.1	100
1991	53.2	26.2	13.4	4.5	1.3	0.8	0.4	0.1	100
1994	53.1	26.2	13.5	4.5	1.3	0.8	0.4	0.1	100
1997	51	24.7	14.8	6	1.8	1	0.5	0.2	100
1999	49.9	24.7	15	6.6	1.9	1.1	0.6	0.2	100
2002	46.4	22.9	16.8	8.8	2.5	1.4	0.8	0.3	100
2004	45.9	22.9	16.8	9.1	2.6	1.4	0.8	0.4	100

郊外での店舗集積と中心商店街の衰退

都市人口が増加し，都市域の拡大に伴って郊外化が進展した。その結果，郊外に居住する人々も増え店舗の集積も進んだ。そうした集積の一つとしてわかりやすいのは，幹線通り沿いに各種店舗が並んで形成されたロードサイド型の店舗集積である。自家用車で買い物に出かける場合，ロードサイド型の商業集積地は便利な買い物目的地となった。たとえば，まずホームセンターに行き手で持ち帰るには大きくて重い商品を自動車に積み込み，次にファミリーレストランで食事をする。最後にコンビニエンスストアに寄ってから帰宅するなど，駐車場の心配をすることなく必要な店舗に立ち寄れる商業地として，ロードサイド型商業集積地が多くの人に利用されるようになった。

表3 法人・個人別事業所数の割合（％）の変化

年	法人	個人
1972	17.8	82.2
1974	19.0	81.0
1976	20.6	79.4
1979	22.8	77.2
1982	25.3	74.7
1985	27.6	72.4
1988	31.1	68.9
1991	35.5	64.5
1994	38.7	61.3
1997	41.3	58.7
1999	43.2	56.8
2002	44.9	55.1
2004	46.7	53.3

2004年（平成16年）の商業統計では，商業集積地区を駅周辺型，市街地型，住宅地背景型，ロードサイド型，その他に分けている。全国の商業集積地について売場面積の割合（％）でみると，駅周辺型からその他までの値は順に，34.8，22.7，22.1，17.8，2.5となっている。昔から形成されている商業集積地を駅周辺型および市街地型（57.5％）とし，比較的新しく形成され郊外に立地する場合の多いロードサイド型（17.8％）と比べてどちらがどの程度多いのかを県別に比較してみよう（図1と図2）。両図とも階級数を4とし，各階級が全国47都道府県の4分の1程度を含むように階級区分を行った。駅周辺と市街地型商業集積地の割合が最も高いのは東京都（80.0％）で最も低いのは福井県（31.9％），ロードサイド型商業集積地の割合はその逆で，東京都（3.2％）が最も低く福井県（52.5％）が最も高くなっていて，両型の商業集積地の割合は対照的な分布をしている。駅周辺と市街地型の商業集積地の割合は東京や大阪などの大都市圏を含む都府県で高くなっており，逆に，駅周辺と市街地型商業集積地の割合が低い北陸地方やその周辺などで，ロードサイド型集積地の割合が高率を示している。こう

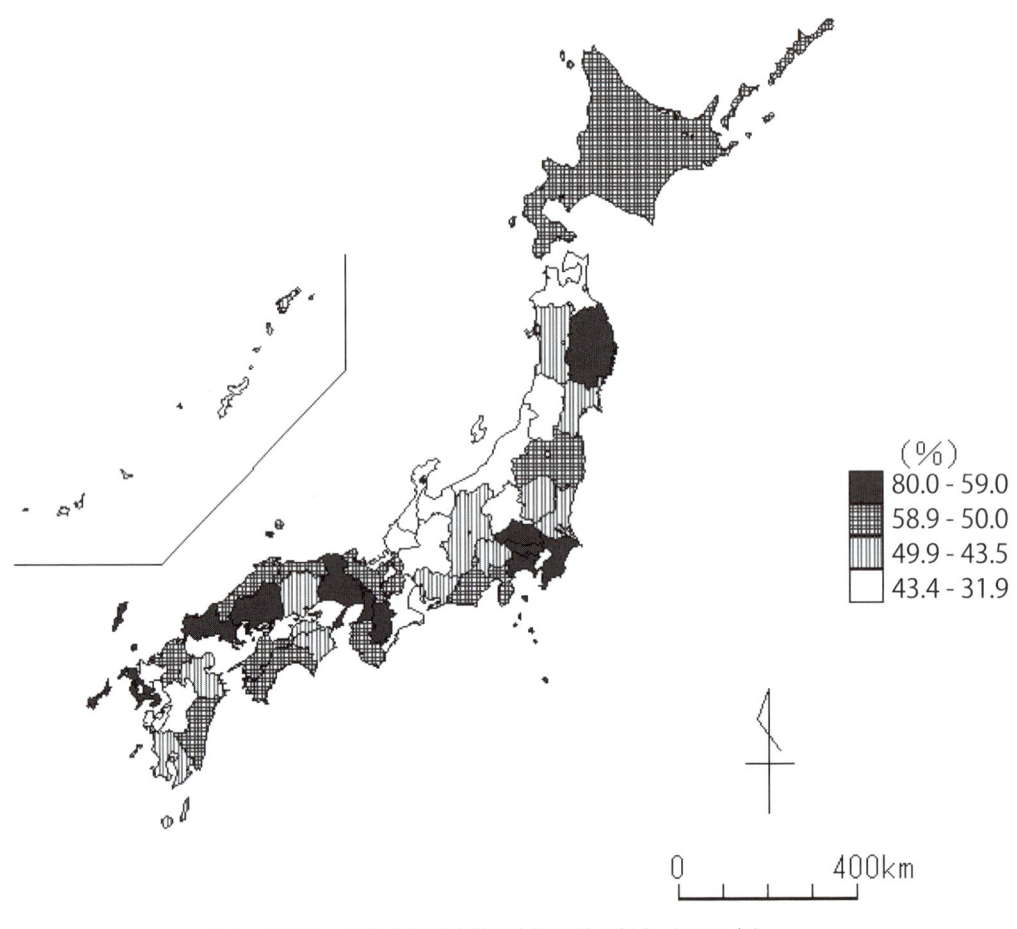

図1　駅周辺・市場立地型店舗の売場面積の割合（2004年）

した結果には，公共交通機関が発達して利用しやすい大都市圏と，逆に自家用車の利用が多い地方との違いが現れているともいえる。

　郊外型商業集積地が成長した地域において，中心商業地の衰退が深刻化した事例が増えている。中心市街地の衰退は，市街地に居住する住民の減少や仕事場・公共施設の郊外化も原因と考えられる。学校が郊外に移転した場合，放課後に学校帰りの生徒が商店街を通ることもなくなる。同様に，病院が郊外に移転すると病院帰りに人々が商店街で買い物や食事をする機会が失われる。衰退化の進んだ商店街ではシャッターが下りたままの店舗も増え，「シャッター通り」等とよばれることもある。『フリー百科事典ウィキペディア』の項目「シャッター通り」には，こうした事例とともに，中心市街地の活性化に成功している事例も紹介されている。

無店舗販売の増加

　これまでみてきた以外にも，新しい商業が成長しつつあることが認められる。店舗を構えずに商品を販売する無店舗販売は昔からある販売方法だが，テレビショッピングやカタログ販売等の通信販売の売上額は増加している。とくに近年におけるインターネット通販による売上増加は顕著で，ネット上の仮想商店街は多くの若者にとってなじみのあるもの

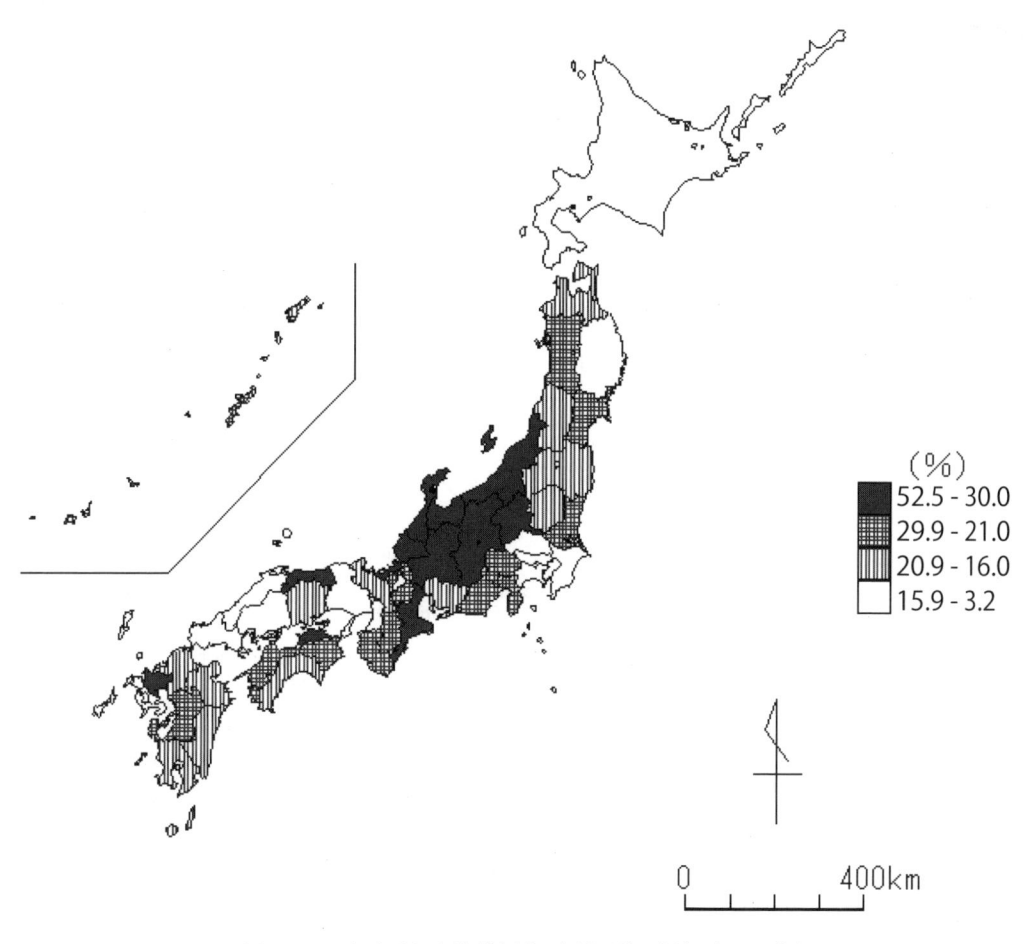

図2　ロードサイド立地型店舗の売場面積の割合（2004年）

だろう。また大手百貨店や家電量販店，カタログ販売業者などもインターネット通販のサイトを設けていることから，その重要性がわかる。これまでのインターネット通販はパソコンで行うものだったが，今では携帯電話によるものが若い人を中心に伸びている。パソコンよりも気軽に使える携帯電話による買い物は手軽で時と場所を選ばず，今後一層成長することが見込まれている。

　こうした無店舗販売の存在は，日本の人口高齢化が進むに応じて重要になっていくであろう。これまでに成長した郊外型商業集積は，自家用車を運転できる人々にとっては便利な買い物場所だ。しかし，運転できない人や運転できなくなった場合には不便である。今後，人口の高齢化にともなう商業環境の整備の一つとして，実際に店舗までゆく必要のない無店舗販売方式の一層の充実が求められる。また，既存店舗による対面販売とインターネット販売等の組み合わせも今後の小売商業のあり方の一つだろう。実際に，一部のスーパーマーケットやコンビニエンスストアではこうした取り組みがすでに始まっている。

（高橋重雄）

27 工業の立地が変わる

企業が工場を建設しようとする場合，経営戦略的にいえばそこは「最小の生産費と最大の利潤」を得られる場所でなければならない。この，工場（事務所・商店なども同様であるが）をそのような場所に立地せしめる因子を立地要因（条件）という。立地要因とは，いいかえれば「地の利」が得られるための条件である。理論的なものには，A.Weber 等による工業立地論もある（図1でA.Weber の立地三角形を理解してみよう）。しかし，立地要因は経営的条件や理論のみで決定されるものではなく，実に多くの地域的，歴史的，自然的，社会的条件によって左右されるものであり，しかもそれらが複合しあっているところに難しさがある。

図2・3・4は，日本の製鉄・集積回路（IC）・コンピュータの工場分布を示したものである。各々の工業がどのような地域に立地しているか，さらにどのような地域的な差異や特徴がみられ，なぜこのような差異が生じるのかについ

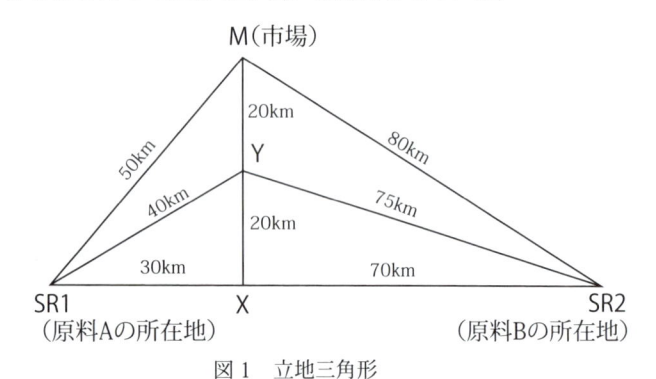

工場をどこにつくるか

工業立地の具体例

図1　立地三角形

計算してみよう。（A. Weber の立地三角形）A. Weber は工場の立地に際して最も重要な因子は輸送費であるとし，三角形の中のどこかに輸送費が最少になる地点があるとした（運送指向論）。図のような三角形で，原料AをSR1から20トン，原料BをSR2から30トン工場まで運び，次に25トンの製品をM（市場）まで輸送するものとする。SR1, SR2, M, X, Yに工場が立地した場合，どの地点で輸送費が最小となるか，比較してみよう。この場合，たとえばSR1に立地したときは原料Aを輸送する必要はないので，この輸送費は0である。

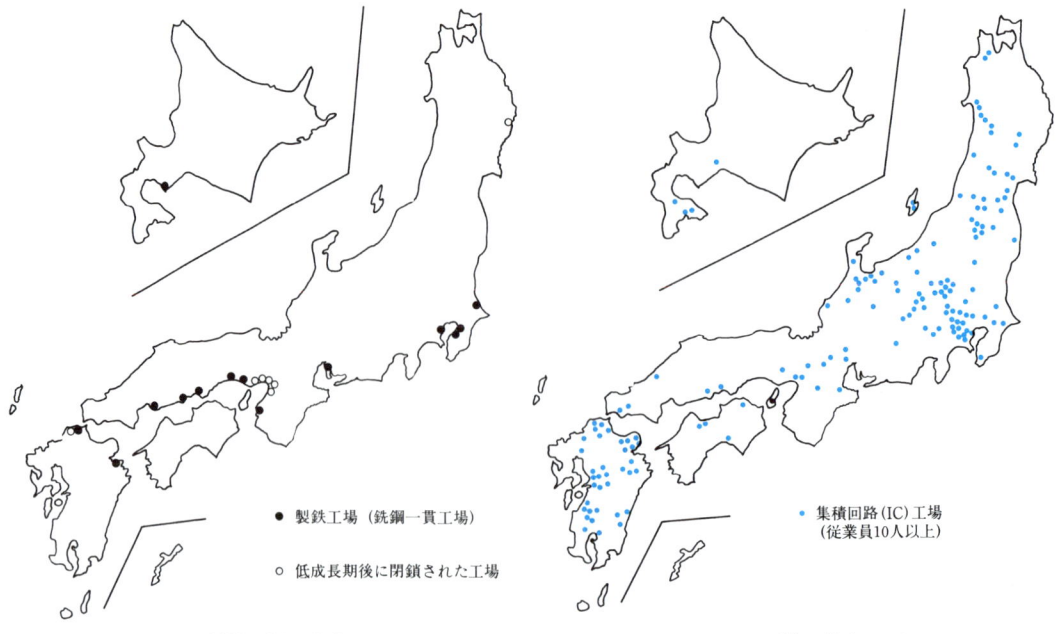

図2　製鉄工場の分布

図3　IC工場の分布

て考えてみよう。図2では1974年と1993年を比較してある。これによって1975年以降に閉鎖された工場が，どのような地域に立地していたかということがわかる。

このような違いが生じるのは，それぞれの工業が成立するための条件が，業種や時代によって異なるからである。たとえば製鉄の場合，鉄の原料となる鉄鉱石や石炭は，輸入に頼らざるを得ないため臨海部に立地する。一方，製鉄業にとっての顧客は自動車・船舶などの各種機械メーカーや建設業界などであり，その結果工業地域や大都市に近い港湾部に立地することになる。また，阪神工業地帯の停滞により，この地域での製鉄業が閉鎖を余儀なくされた

図4 コンピュータ工場の分布

ことも理解できる。

一方，ICを生産するためには軟水を得られることがコストの面から有利であった。また，空港の存在や労働力も重要であったため，多くの工場が九州に立地し，九州はシリコンアイランドとよばれるようになった。しかし，その後九州では労働力が不足するなど有利な条件が失われ，また技術革新も行われて全国的に立地するようになった。一方，コンピュータの工場は関東地方，とくに南関東に集中していることがわかる。コンピュータには精密部品が要求され，高い技術をもつ協力工場も必要である。また，絶えず技術革新が行われ，それらに関した情報を一刻も早く得ることも必要である。さらに大都市は大市場でもある。こうしたことが，コンピュータ工場の南関東への立地を促したのである。

このように，工業が立地するための条件はさまざまである。それらは企業の規模によっても異なってくる。表1は各種の立地要因をまとめたものである。一般的には原料や市場，輸送条件，労働力などが立地要因としてあげられるが，しかしある工業にとっては水が重要であり，その水も原料用か冷却用かで水質や水源が異なってくる。労働力といっても家電製品を大量に生産する工場にとっては量が豊富で，低賃金であることが優先されるが，別の工業にとっては高度な技術をもつエンジニアがなによりも重要なこともある。また，大企業にとっては何でもないことでも，中小企業にとっては大きな問題となることもある。たとえば中小企業が分工場を建設する場合，経営者は一人で両方の工場を管理しなければならない。そうなると，分工場を離れた土地に建設するわけにはいかなくなる。あるいは離れた土地に建設せざるを得ないときは，経理部門を安心して任せられるように，親族の居住地を選ぶということすら生じてくる。

さまざまな立地要因

図5に日本の工業化段階を示した。江戸時代には農村工業が発達しており，むしろ都市（城下町）の工業を上まわっていた。しかし，明治時代にはいると新しい工業の発達や生産様式の変化，資本主義化などによって工場は都市に集中するようになった。やがて四大工業地帯が成立し，あるいは近代工業が集積する地方都市も現れた。

第二次大戦後，朝鮮戦争特需を契機に四大工業地帯が復活し，それに続く高度経済成長期には，軽工業から加工組立型工業中心へと工業構造が変化するなかで，多くの工場が地方都市や農村部に立地した。一方，大都市には異なる変化が生じた。企業の生産部門が郊外や農村部に移動し，代わって重要度を増した研究開発部門が大都市やその周辺部に立地するように

表1　工業の立地要因

1	市場	近接性，大きさ
2	原料地	近接性，豊富さ，安価，新鮮さ
3	輸送条件	利便性，低コスト，迅速性
4	労働力	豊富さ，低賃金，性別，年齢，技能，頭脳（技術）
5	資本	中央資本，地場資本，ベンチャーキャピタル
6	電力	豊富さ，安価，安定供給
7	工業用地	安価，広さ，地耐力
8	工業用水	（用途別）原料用，冷却用，処理用，洗浄用，温調用，ボイラー用 （水源別）淡水，海水，地表水，地下水，工業用水（道）→回収水で水量軽減
9	工業排水	排水先，排水処理場への近接性
10	気象条件	湿度，乾燥，風力，清浄な空気，人工化で克服
11	地形・地質	起伏，湧水，良港，地耐力
12	政策	規制，促進，誘導，誘致，補助
13	工業集積	下請・協力工場の存在，技術，集積の利益＝情報・融通性，施設，輸送等の共同利用
14	情報	新製品情報，技術情報，市場情報，消費者ニーズ情
15	先行産業の存在	〈プロト工業化〉
16	環境	（自然環境）空間，緑，景観等 （社会環境）都市，高等教育機関の存在
17	伝統・歴史・文化	
18	人・人材	entrepreneur（起業家），支援者，血縁関係
19	土地柄・風	人材を生む土地柄
20	その他	慣性（inertia）＝地理的習慣性

変わる工業立地

なった。著しい技術革新のなか，情報を得やすく，高度な技術を有する中小企業が存在する大都市は，研究開発部門あるいは研究開発型企業にとって重要な場所であった。

経済のグローバル化が進むなか，日本の工業が原料を輸入し，製品を輸出するだけでは済まなくなってきた。国内での人件費の高騰，円高，貿易摩擦などにより，日本の企業は海外に進出し始めた。欧米へは市場指向型の工業が進出し，アジアには安い労働力を求めて多くの企業が進出した。その進出にも時代とともに地域的な変化があり，最初はアジアNIEsへ進出したが，人件費の高騰などにより次にはアセアン諸国が進出先になった。はじめはタイ・マレーシアであったがその後中国へとかわり，さらにアセアン諸国のなかのベトナムが注目されるようになった。世界の工場・世界の市場となった中国が再び注目されるようになり，日本企業の進出も著しい。インドも日本企業の進出先として注目されている。欧米諸国は，日本よりずっと早くからインドに進出している。日本では空洞化が進み，東・東南アジア諸国・地域では自前の工業化が進み出した。一方，日本企業のなかでも近年IT関連企業を中心に，国内回帰がみられるようになった。

情報や頭脳も移動し，グローバル化するようになった。「人材」の重要性はますます高まっている。日本人にも異文化理解や地理的視野の拡大，語学力の向上など，グローバル化への対応が求められる時代になってきている。

（大塚昌利）

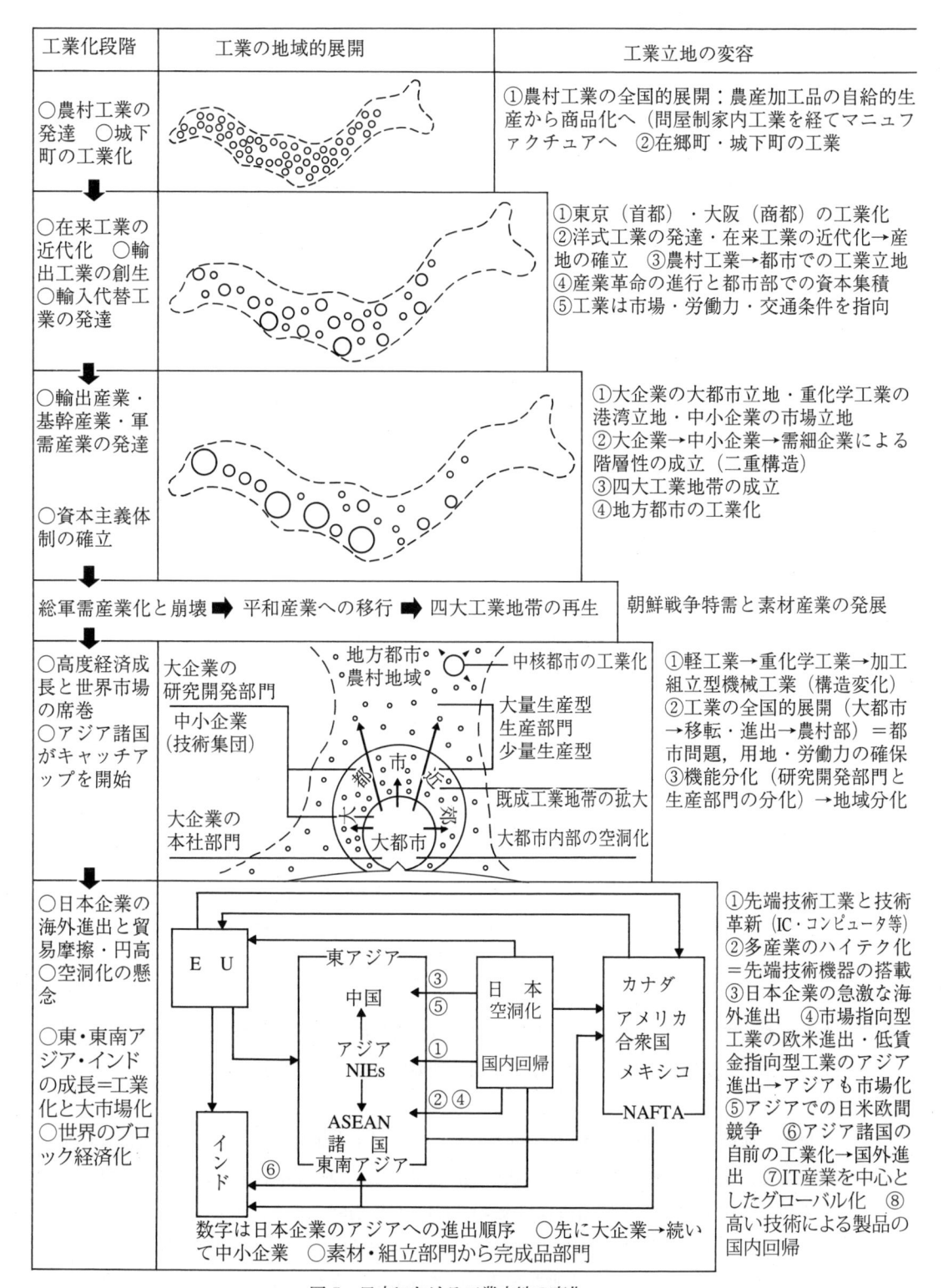

工業化段階	工業の地域的展開	工業立地の変容
○農村工業の発達　○城下町の工業化		①農村工業の全国的展開：農産加工品の自給的生産から商品化へ（問屋制家内工業を経てマニュファクチュアへ　②在郷町・城下町の工業
○在来工業の近代化　○輸出工業の創生　○輸入代替工業の発達		①東京（首都）・大阪（商都）の工業化　②洋式工業の発達・在来工業の近代化→産地の確立　③農村工業→都市での工業立地　④産業革命の進行と都市部での資本集積　⑤工業は市場・労働力・交通条件を指向
○輸出産業・基幹産業・軍需産業の発達　○資本主義体制の確立		①大企業の大都市立地・重化学工業の港湾立地・中小企業の市場立地　②大企業→中小企業→需細企業による階層性の成立（二重構造）　③四大工業地帯の成立　④地方都市の工業化
総軍需産業化と崩壊 ➡ 平和産業への移行 ➡ 四大工業地帯の再生		朝鮮戦争特需と素材産業の発展
○高度経済成長と世界市場の席巻　○アジア諸国がキャッチアップを開始	大企業の研究開発部門／中小企業（技術集団）／大企業の本社部門／地方都市・農村地域／中核都市の工業化／大量生産型生産部門／少量生産型／既成工業地帯の拡大／大都市内部の空洞化／大都市・大都市近郊	①軽工業→重化学工業→加工組立型機械工業（構造変化）　②工業の全国的展開（大都市→移転・進出→農村部）＝都市問題，用地・労働力の確保　③機能分化（研究開発部門と生産部門の分化）→地域分化
○日本企業の海外進出と貿易摩擦・円高　○空洞化の懸念　○東・東南アジア・インドの成長＝工業化と大市場化　○世界のブロック経済化	EU／東アジア／中国／アジアNIEs／ASEAN諸国　東南アジア／インド／日本　空洞化　国内回帰／カナダ　アメリカ合衆国　メキシコ　NAFTA　数字は日本企業のアジアへの進出順序　○先に大企業→続いて中小企業　○素材・組立部門から完成品部門	①先端技術工業と技術革新（IC・コンピュータ等）　②多産業のハイテク化＝先端技術機器の搭載　③日本企業の急激な海外進出　④市場指向型工業の欧米進出・低賃金指向型工業のアジア進出→アジアも市場化　⑤アジアでの日米欧間競争　⑥アジア諸国の自前の工業化→国外進出　⑦IT産業を中心としたグローバル化　⑧高い技術による製品の国内回帰

図5　日本における工業立地の変化

28 農業は変わる
―果樹生産地域の土地利用変化―

果樹生産の変遷

　日本では高度経済成長期以降に都市的な産業に対抗できる農業めざして，果樹・野菜の生産や，酪農・肉牛飼育・養豚・養鶏などの畜産業の振興がはかられた。果樹では，農業構造改善事業による基盤整備事業が1960年代中ごろから実施され，果樹栽培面積や収穫量が増加した。なかでも温州ミカン園は西南日本の各地で急増し，結果樹面積（農林水産省統計による，以下同じ）で1975年には過去最高の160,700haに達した。温州ミカンは生産過剰に陥り，これに対処するために温州ミカン園の減反政策が実施された。2006年に温州ミカン結果樹面積は最盛期の3分の1以下の50,300haにまで減少している。

　一方，リンゴ園は青森県津軽地方や長野県長野盆地を中心に増加し，1967年に結果樹面積で過去最高の59,900haまで増加した。しかし，1960年代にリンゴの木のふらん病が多発し，病気にかかった木の伐採が進んだ。またリンゴ園の一部は都市的施設へ転換された。そのためリンゴ園が減少した。2006年のリンゴ結果樹面積は40,300haである。

　高度成長期に日本人の食生活が豊かになり，消費者は甘くておいしい果物を求めるようになった。リンゴをみると1960年代までの主力品種であった国光と紅玉は，やや酸味の強かったことから，それらの需要が減少した。その後1960年代中頃から外国産果実の輸入自由化が始まり，果樹の消費が多様化した。青森県や長野県では1970年代以降に品種を更新して甘くておいしいリンゴを生産し，消費の拡大をはかった。当初，青森県では赤色のデリシャス系リンゴが多く生産された。しかしデリシャス系リンゴは収穫後に時間の経過とともに味と鮮度が落ちることから，この生産はしばらくして衰退した。1980年代に青森県や長野県では「ふじ」と「つがる」がリンゴの主力品種になった。さらに長野盆地ではリンゴのみに依存するのではなく，モモやブドウなどの各種果樹を生産して，市場価格の変動に耐えられる農業をするようになった。1990年代には外国産リンゴの輸入自由化が始まったが，日本産リンゴは，外国産リンゴに比べて高価格であるものの，味が良く，外見もきれいで，リンゴの輸入自由化に耐えている。

　さらにブドウや日本ナシ，モモの栽培面積も1980年代後半以降，漸減している。そのなかにあって，甘味の強い品種として，ブドウでは巨峰やピオーネなどが山梨県や長野県で，日本ナシでは幸水や豊水などが千葉県や茨城県で多く生産されている。

　果樹生産地域の土地利用の変化の例として，長野県小布施町をみよう。この町は長野盆地東部で，松川により形成された扇状地上に位置する。2005年農業センサスによれば総農家数は916戸で，総耕地面積824haの71.4%が果樹園である。

　小布施町では，長野盆地の他の市町村と同様に昭和初期までは養蚕業が盛んであった。しかし昭和恐慌や第二次世界大戦を契機として養蚕業が衰退すると，それに変わる農業としてリンゴ生産が盛んになり，桑畑がリンゴ園へ急速に転換された。

　小布施町のうちでも果樹生産の盛んな大島集落の土地利用の変化をみよう。大島集落

長野県小布施町の果樹生産地域の土地利用変化

は小布施町南西部に位置し、千曲川に接した集落である。宅地は松川に並行してほぼ東西に、扇状地の扇央部から扇端部にかけて、路村状に並んでいる。1969年の土地利用を図1でみると、田は集落西部の扇端部に存在していた。耕地の大部分を占めていたのがリンゴ園であった。図で、松川と八木沢川と千曲川がほぼ平行して北へ流れている堤外地の地域は地割慣行地である。ここは台風などによる河川の増水で、過去にしばしば冠水を被った。そこで水害に強い作物としてリンゴがこの堤外地に導入されたのである。

次に1993年の大島集落の土地利用を図2でみよう。大島集落周辺は農

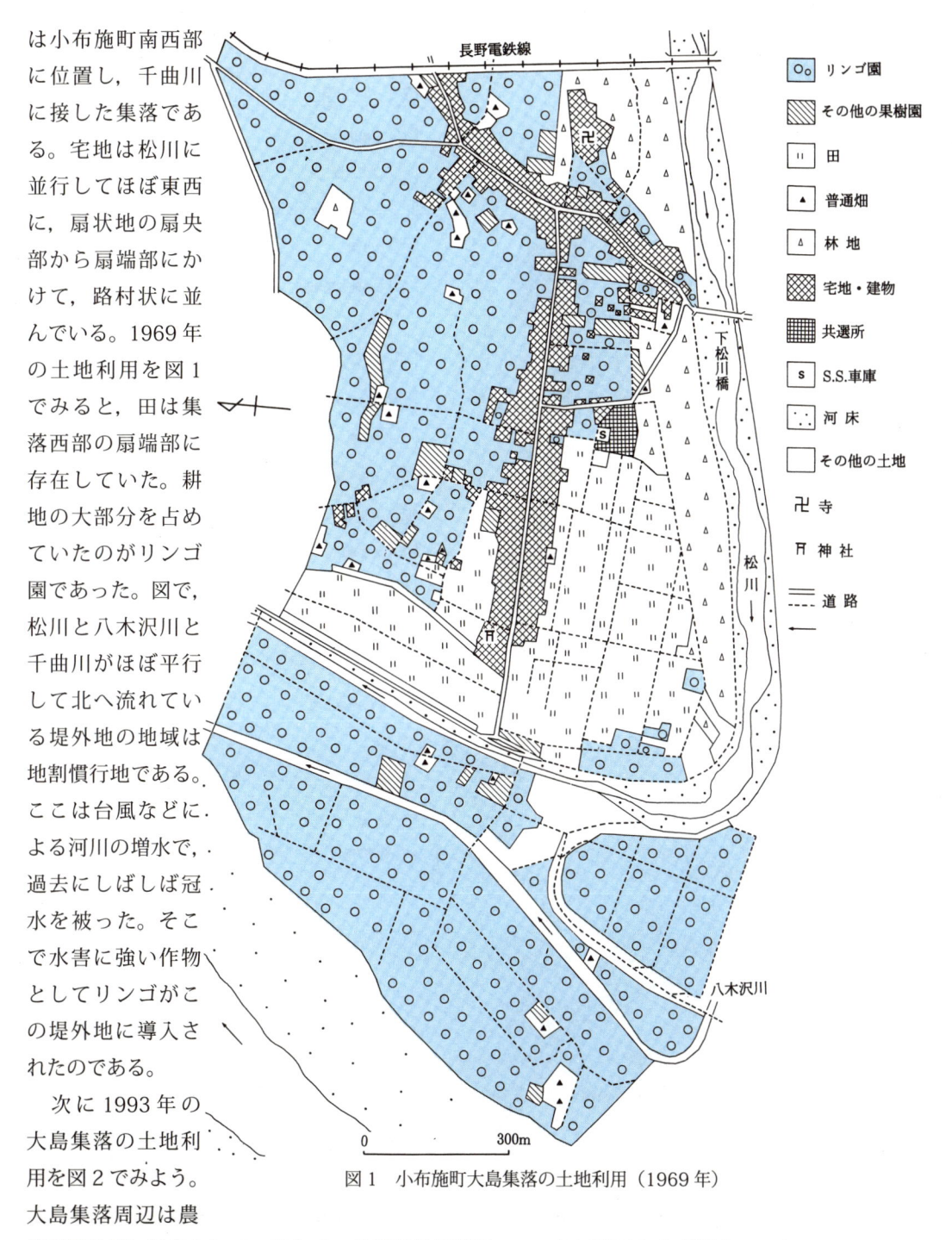

図1 小布施町大島集落の土地利用（1969年）

業振興地域に指定されているため、宅地建物面積は1969年以降ほとんど増えていない。都市的土地利用に関してみると、新たな道路が開通し、高速道路用地がみれらる程度である。田は1970年以降の水田の減反政策により果樹園や道路などへ転換されて消滅した。1993年においてもリンゴ園が耕地の多くを占めている。その一方で、収入をリンゴのみに頼ると、台風などの自然災害によりリンゴの収穫が困難になったり、市場価格が変動

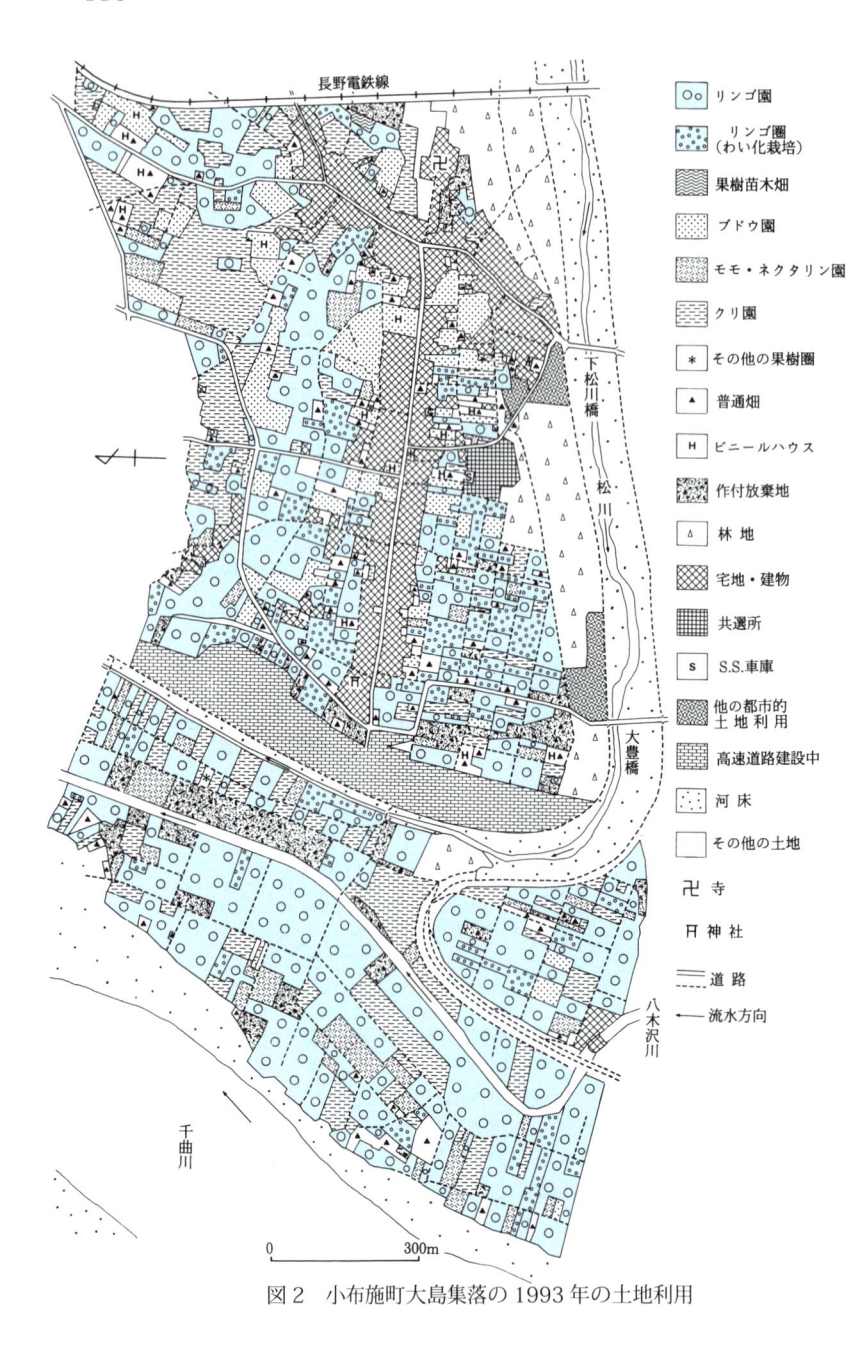

して十分な収益がリンゴから得られなくなったりすることなどから，補完作物としてモモ・ネクタリンや巨峰ブドウ，クリなどが栽培されるようになった。その結果，土地利用が複雑になった。

さらに2005年の大島集落の土地利用を図3でみよう。耕地ではリンゴや巨峰ブドウ，モモ・ネクタリン，クリなどが栽培されているが，クリ園がやや増加した。クリは粗放栽培が可能である。さらに作付放棄地もみられることから，耕地利用の粗放化が伺える。土地利用で大きく変化しているのは，上信越自動車道と小布施パーキングエリア，および小布施総合公園が大島集落に隣接した場所で完成し，それが広い面積を占めていることである。小布施町は小布施パーキングエリアに隣接した場所にレストランや千曲川ハイウェイミュージアムなどの施設を備えた小布施総合公園を2000年に完成させた。小布施パーキングエリアから小布施総合公園へは徒歩で行くことができる。小布施町には葛飾北斎の作品を展示した北斎館や，北斎直筆の天井絵のある岩松院，高井鴻山記念館など，多くの観光施設が存在し，それらへも小布施小布施総合公園などを経て訪れることができる。

図2　小布施町大島集落の1993年の土地利用

（内山幸久）

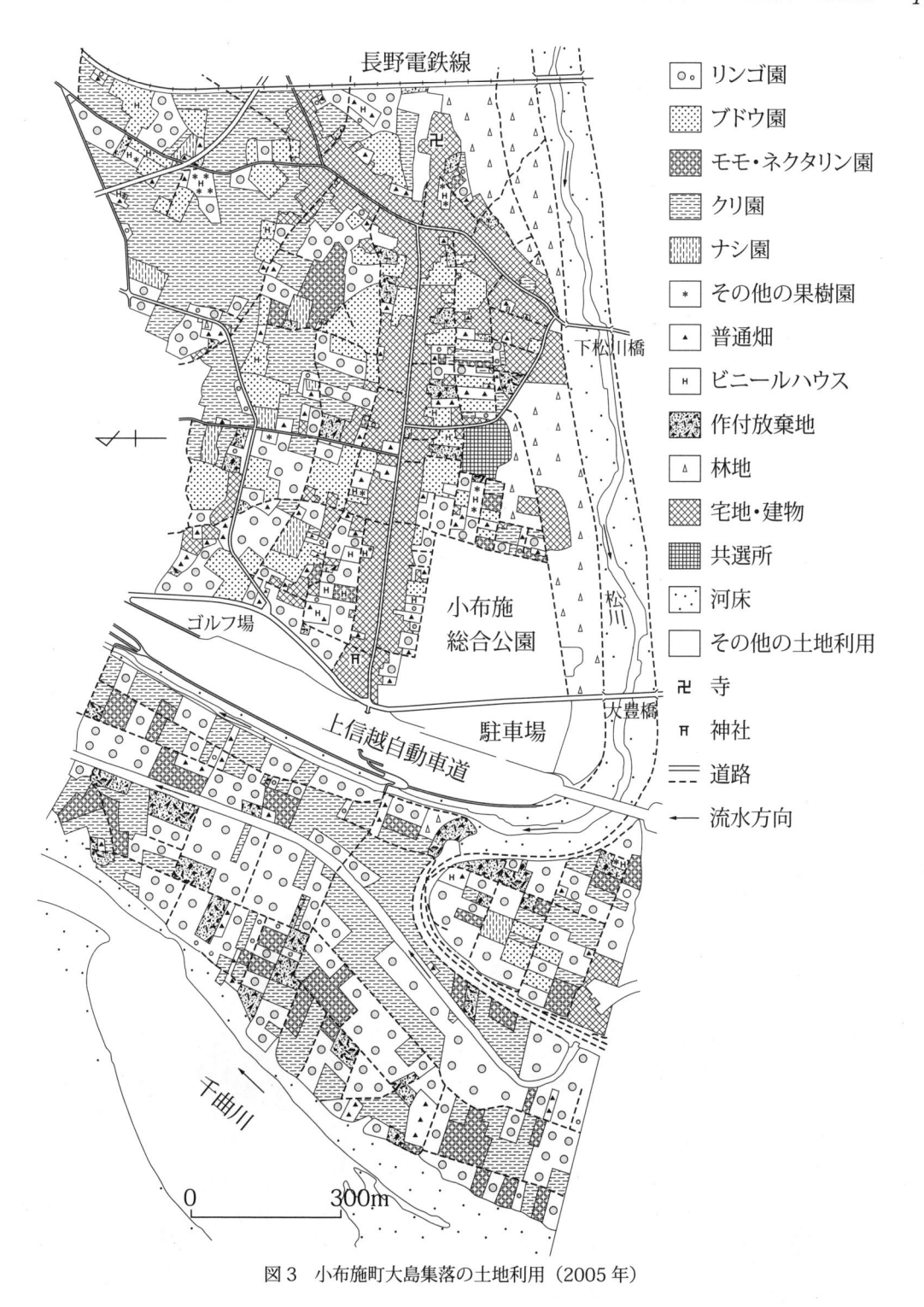

第4章 さまざまな産業そして地域開発　*117*

凡例:
- リンゴ園
- ブドウ園
- モモ・ネクタリン園
- クリ園
- ナシ園
- その他の果樹園
- 普通畑
- ビニールハウス
- 作付放棄地
- 林地
- 宅地・建物
- 共選所
- 河床
- その他の土地利用
- 卍 寺
- 神社
- 道路
- 流水方向

図3　小布施町大島集落の土地利用（2005年）

29 カリーの秘密
―インド社会の展開―

カリーと言えばインドである。インドでカリーと言えば「おかず」ほどの意味であって、特別な料理があるわけではない。とは言うものの、それぞれの家庭の料理に家族の歴史が秘められているように、カリーにはインド各地の自然や文化の妙味が隠されている。これでもなかなか味わい深い食べ物なのである。

インドの東西南北

おかずがあれば、主食がある。主食に何を食べるか、これはインドの東と西で違っている。もう少し正確に言うと、6月から10月にかけて決まって雨が多く降る地方と、その雨季が短く、いつ始まるかあてにならない地方とでは、主食用に栽培する穀物が異なる。雨が多い地方では、雨季にイネを作り、ご飯にカリーをかけて食べる。一方、雨が少ない地方では、冬にコムギや雑穀を作り、その粉でパンを焼いてカリーに浸して食べている（図1、図2）。

その穀物と一緒に、またはその栽培の前後に、マメ類も作られるが、こちらはダールというスープになる。日本でいえば、味噌汁といったところ。このダールスープは庶民の大切なタンパク源である。肉の入ったカリーは贅沢だし、よく知られているように、ヒンドゥー教徒は牛肉を、イスラム教徒は豚肉を食べないことになっている。またヒンドゥー教の上位カーストのなかには、下位カーストの人々が作った食べ物を口にしない人々がいる

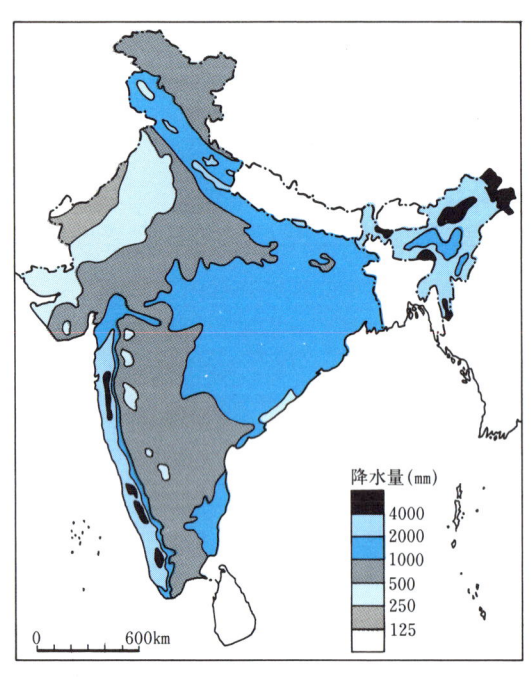

図1　年平均降水量

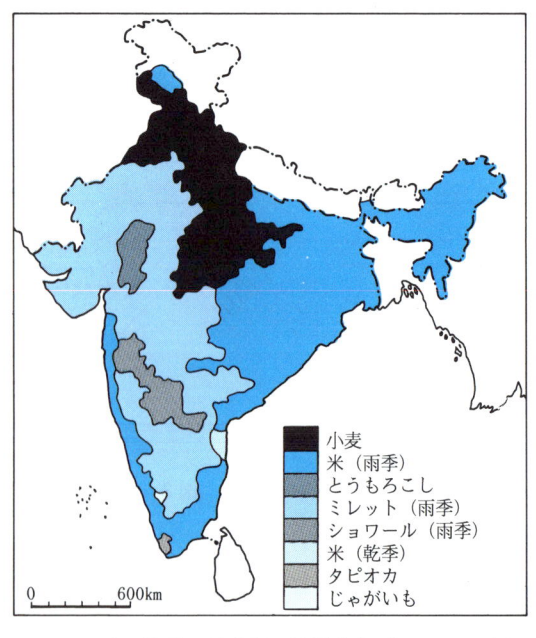

図2　主要穀物と塊茎類の地域分布（1973/74年）

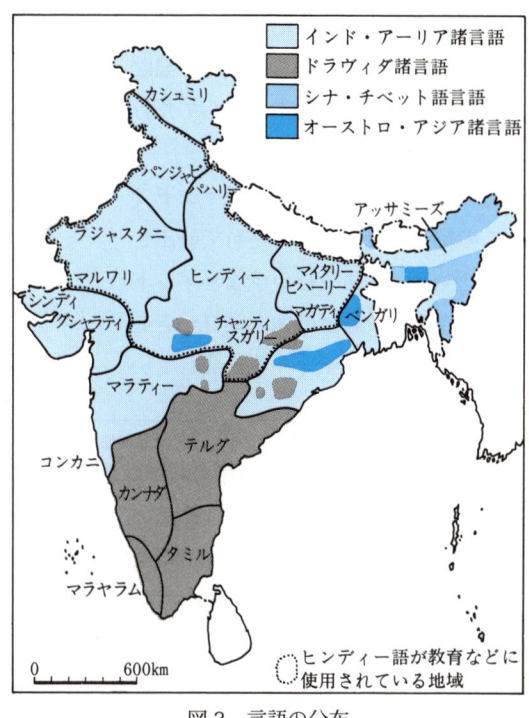

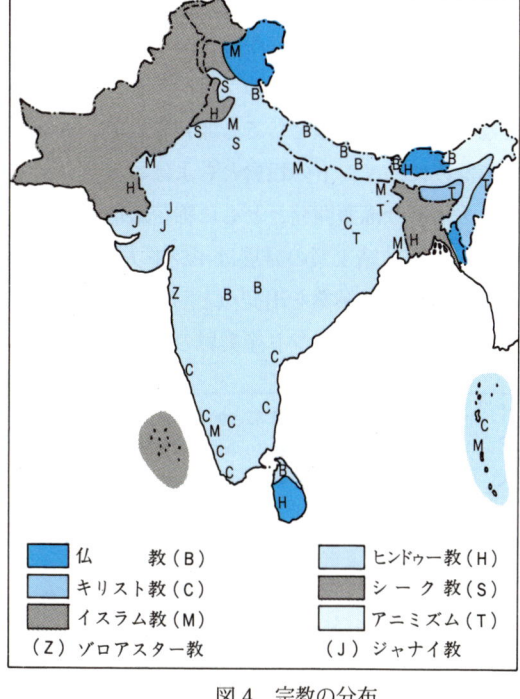

図3　言語の分布

図4　宗教の分布

し，卵さえ食べない厳格な菜食主義者もいる。したがって，さまざまな宗教を信じる人々や，さまざまなカーストの人々が共存するインドでは，ビーフカリーやポークカリーは，どこででも食べられるというわけではない。インドの文化は多様である（図3，図4）。

　このカリーにはインド五千年の歴史が秘められていると思いきや，現在のような姿になったのは意外に新しい。カリーに使われている材料には，大航海時代に渡来したものも少なくないからだ。インド半島は海のシルクロードの重要な中継点で，とりわけ半島の西海岸や南部には，早くからアラブ人やヨーロッパ人の貿易拠点が造られた。インドのカリーは南のものにスパイシーなものが多く，北のものはよりマイルドだと言われるが，そんなところにも南北インドの文化的背景の違いがあらわれている。北インドでは，北西から流入する西アジア文化の影響を受けながら，サンスクリット系のインド固有の文化が発達してきた。他方，南インドには，インド文化の源流とでもいうべきドラヴィダ系の人々の文化とともに，インド洋を越えてやってきたアラブやヨーロッパの文化も根づいており，豊かな文化的色彩を放っている。

イギリス人とインド

　ところで，インドを旅した人は，誰でも路傍の茶屋で飲んだ甘いミルクティー（チャイ）の味を忘れることができないだろう。スパイシーなカリー風味に慣れきった口を，じつにまろやかに潤してゆくこのチャイは，インドを支配したイギリス人の置き土産である。アジア貿易でポルトガルやオランダに遅れをとったイギリスは，インド半島東側のマドラスやカルカッタに貿易の足がかりを築いたが，それだけでは飽きたらず，土地の徴税権を手

に入れたあげく，とうとう皇帝の座も乗っ取ってしまった。そして19世紀後半，イギリス本国で喫茶の習慣が広がると，植民地のインドに中国からチャの木を持ち込んで，温暖湿潤なアッサム地方に茶のプランテーションを拓いた。こうしてインドは市場としてだけでなく，投資の対象としても開発されていったのである。

ちなみに，インドの穀倉ともよばれるパンジャブ地方など，気候の乾燥した西インドでは，大規模な灌漑開発とともに綿花栽培が拡大した。この綿花は綿糸に加工されて輸出されたが，綿紡績工業の発展はインド人資本家を育てた（図5）。タタやビルラなどインドの大財閥は綿紡績業を出発点として成長し，1947年の独立後も政府との強い結びつきを保って，現在ではインド産業界の基幹をなす巨大なビジネスコミュニティーを形成してい

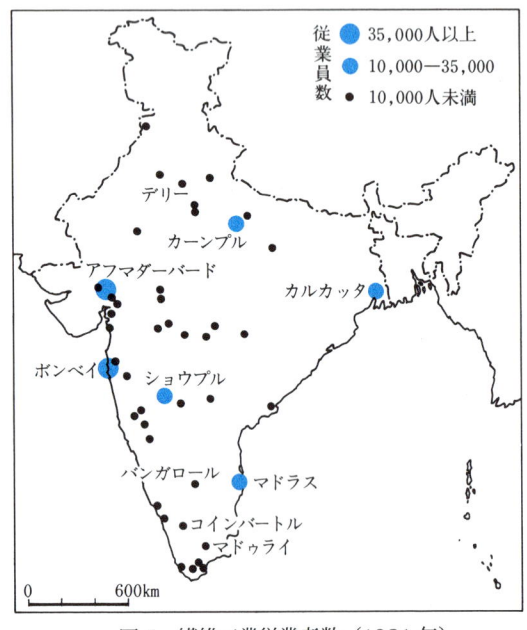

図5　繊維工業従業者数（1921年）

図6　現在の工業地域

る（図6）。ボンベイ，マドラス，カルカッタ，デリーなどの巨大都市と，それらを結ぶ都市化地帯というインドの骨格は，イギリスの植民地だった時代に振興された近代産業を基盤として発展してきたのである（図7）。

遙かなるカリーの旅

さて再びカリーの話である。イギリス人たちは，カリー粉という，もともとインドになかったインスタント調味料を発明し，カリーという料理のジャンルを世界に広めた。日本人の食卓の定番になっている「ライスカレー」は，実はインドから直接やってきたわけではなく，はるかにヨーロッパ経由で持ち込まれたものである。西洋を通してアジアを理解してきた日本人の姿が，こんなところにもみられる。最近ではインドでも，あらかじめ調合した混合香辛料粉を使う家庭がみられるようになり，インドの社会も，ずいぶんあわただしくなったものだと感心する一方，社会全体がもう少し忙しくなれば，インド最大の問

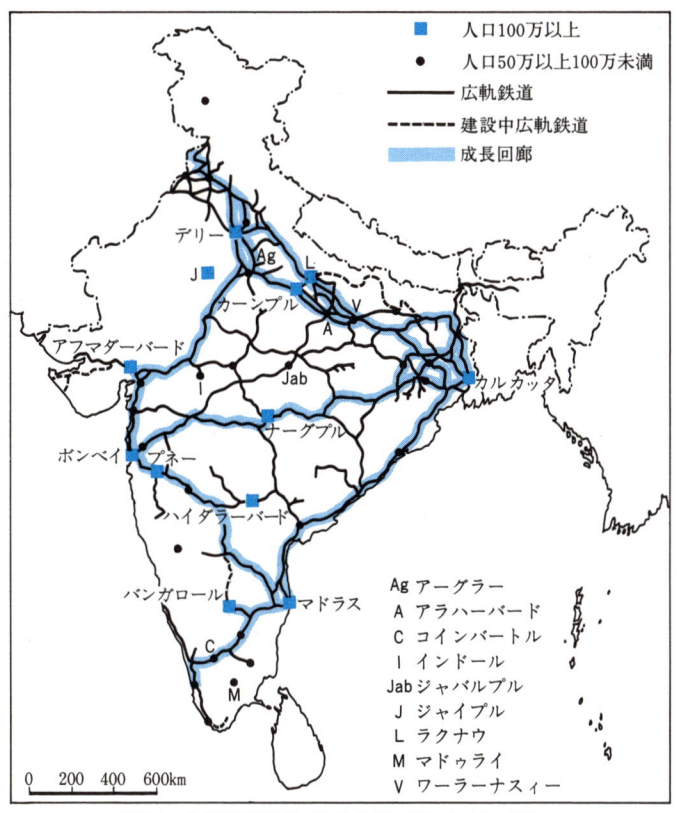

図7 主要鉄道圏と都市成長回廊（1981年）

題の一つである人口増加に歯止めがかかるだろうか，などと余計なことも考えさせられてしまう（図8）。

1991年までは，インド政府が国産重視の政策をとっていたこともあって，日本とインドとの経済的なかかわりはあまり目立たなかったが，これからは日本企業の進出がますます増えていくだろう。こんな時代だから，インドの自然や文化を，直接受けとめたいものだ。
（佐藤哲夫）

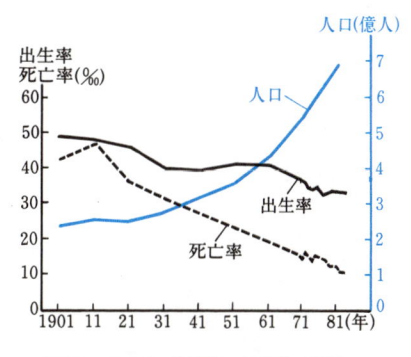

図8 人口および人口動態の変化（1901-1981年）

30 フィリピンの地域開発政策
—均衡ある発展をめざす—

　島嶼部東南アジアに属するフィリピン共和国（以下フィリピンとする）は，2000年現在で人口7,650万を擁し，その国土面積は約30万km²である。7,000余りの諸島から成る群島国家で，さまざまな言語集団（1974年発行のフィリピン国立博物館の言語地図に基づくのなら，中国人やスペイン人を除くフィリピンの先住民は言語的には126集団に分化するとされる）が居住している。また国民の主たる信仰宗教はキリスト教（カトリック）であるものの，イスラム教徒や土着の信仰体系を有する民族も少なくない。

マニラ首都圏への人口集中

　マニラ首都圏は14市3町で構成されるフィリピンの首都である。経済活動の中心地である同地域への人口集中は加速する一方であり，1948年には国内総人口の8.2％であった首都圏人口は1970年には10％を超え，2000年には13％となった。一方で地方都市における人口も増大傾向を示しているものの，その成長率はマニラ首都圏のそれと比較すると低水準に留まっている。例としてビサヤ地方の中心都市セブとミンダナオ島の中心都

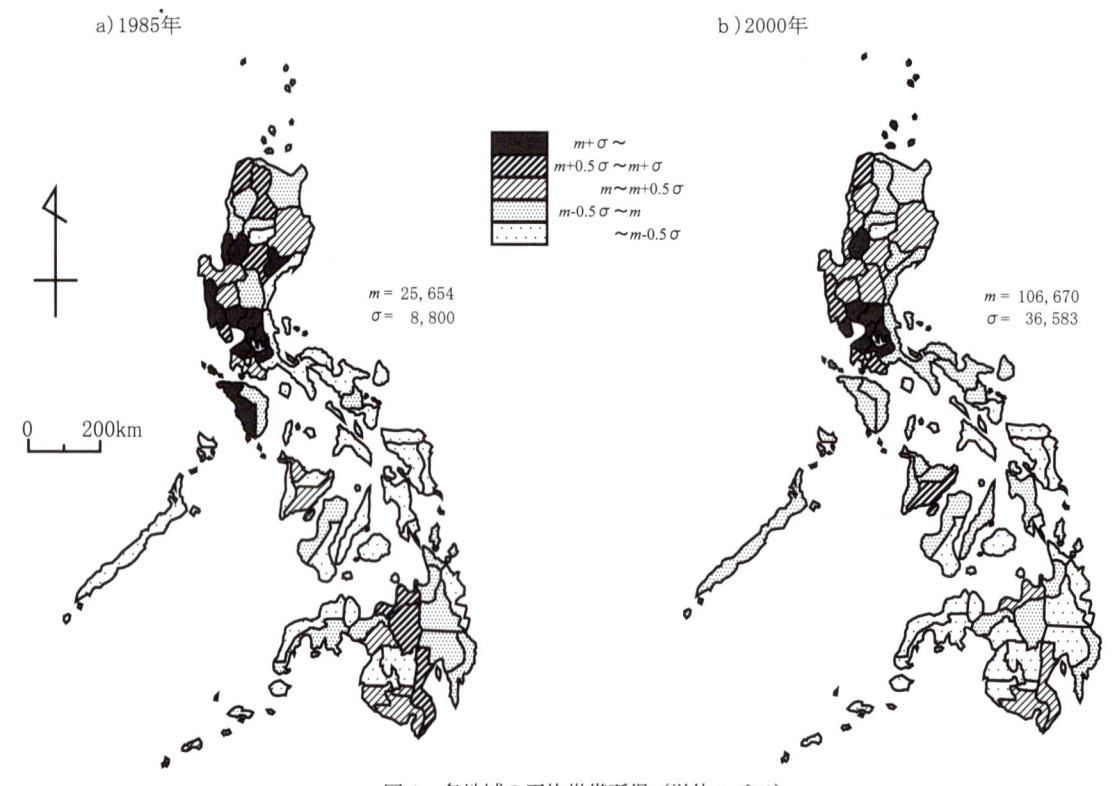

a) 1985年　　　　　　　　　　　　　　　b) 2000年

凡例：
- $m+\sigma \sim$
- $m+0.5\sigma \sim m+\sigma$
- $m \sim m+0.5\sigma$
- $m-0.5\sigma \sim m$
- $\sim m-0.5\sigma$

1985年: $m = 25,654$　$\sigma = 8,800$
2000年: $m = 106,670$　$\sigma = 36,583$

図1　各地域の平均世帯所得（単位：ペソ）

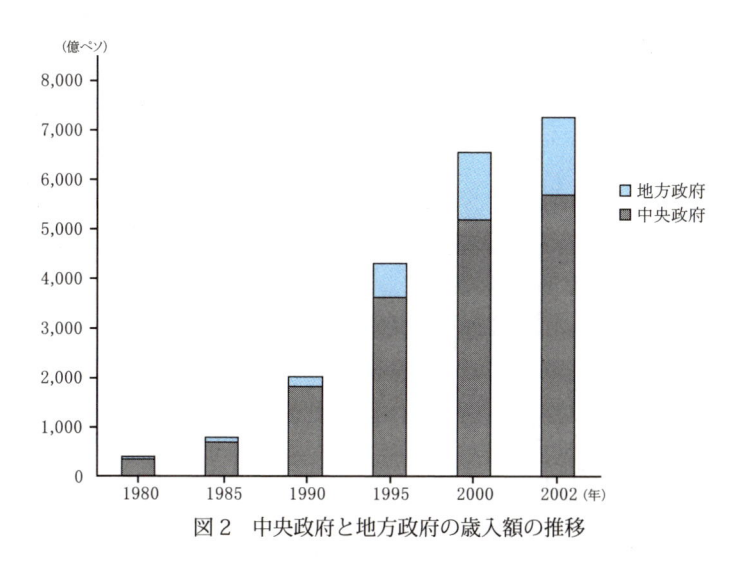

図2　中央政府と地方政府の歳入額の推移

市ダバオに注目するならば，1970年と2000年の総人口比は前者は両年とも1％未満でほぼ変わらず，後者は1.1％と1.5％で0.4％の増加に過ぎない。それは当然の結果として首都圏およびその周辺地域における経済活動を一層活性化させ，それ以外の地域との格差を拡大させている。州をベースとする地域単位でみたマニラ首都圏の平均世帯所得は1985年で，57,193ペソ，2000年で300,304ペソであり，15年間で5.3倍となっている。これは同期間の全国平均の成長が4.2倍であることと比較しても著しい成長は明らかである（図1）。

地方分権化政策と民主化，地方活性化への期待

　このように多種多様な社会背景を有する人々が混住し，中央の資源に対するアクセスの容易性も地域ごとに多分に異なるフィリピンを統括していくにあたり，歴代の指導者はいかなる政策を採用するかということで多大な困難に直面してきた。そして拡大する地域格差を緩和・解消することを目的に，地方分権化政策を導入してきた。米国による植民地統治体制下で初代総督のタフトは，地方自治によるフィリピンの民主化を目指して1901年にミュニシパル法を制定した。さらに1946年から始まる第三共和制期にはアメリカの民主制の影響を受けて，地方政府の自治権を拡大するための法制化が多分になされ，地方議会制度が確立した。このようにして育成された地方自治制度の素地を基盤とし，フィリピンにおいては早い時期から地方分権化を指向してきた。発展途上国においては中央集権制度のほうが限られた資源を効率的に活用できるため望ましいとする意見もあるものの，1980年代後半以降の世界的な規模で展開した民主化の動きとあいまって，同国においては大幅に地方自治を促進させることとした。それを具現化したのが1991年地方政府法であり，地方に財源や行政上の権限を移譲することで地方の活性化と自立を実現しようとした。

　まず地方政府の歳入を増額するために自主財源の対象を拡大させた。さらに，中央政府が地方政府へ分配する内国歳入割当（Internal Revenue Allotment，以下IRAとする）の額を増大させると同時に配分基準の見直しを行った（図2）。具体的には，自主財源に関

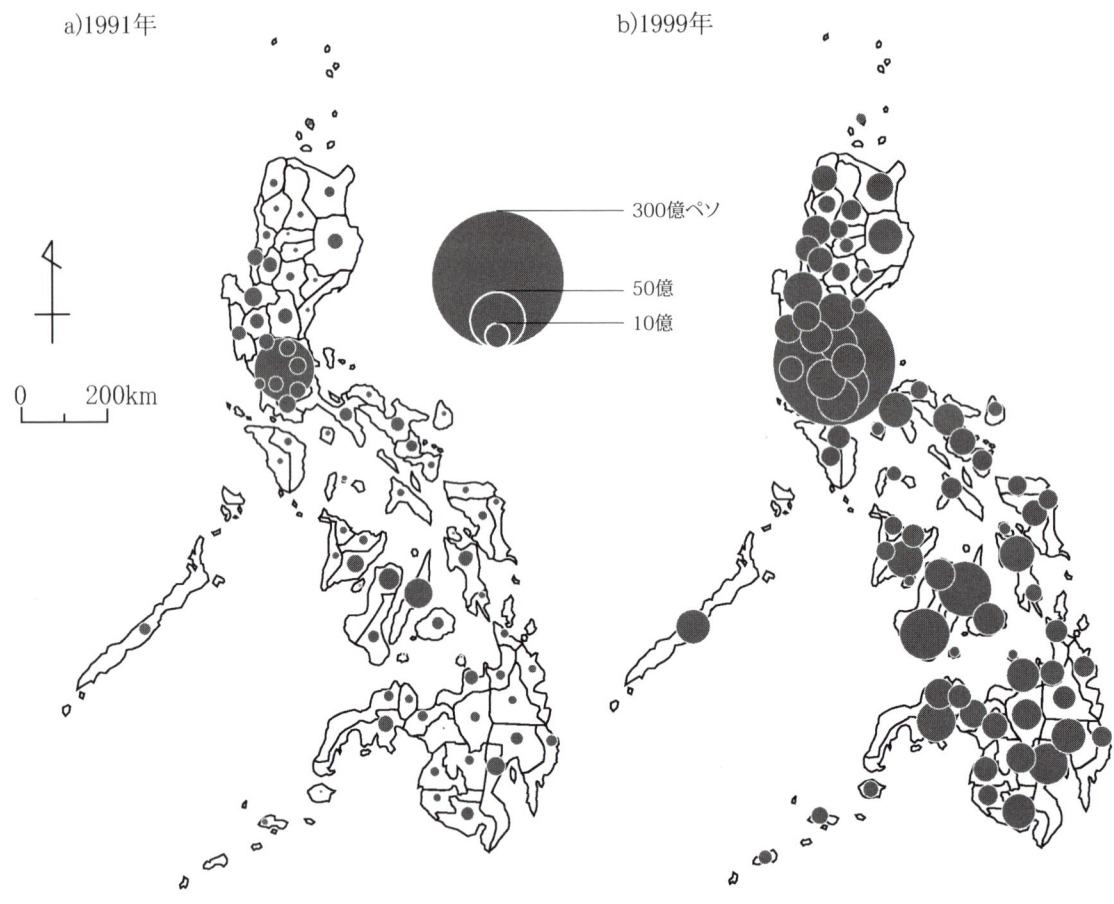

図3　各州における地方政府の歳入総額
注：州政府、市政府、町政府の歳入合計額を示す。

しては不動産税率の見直しや特許・事業税の徴収，印刷・出版事業税などの課税権の付与が挙げられる。また依存財源としての内国歳入割当に関しては，表1に示したように自治体間配分については末端行政体のバランガイに対する配分を大きくすることで地方自治の垂直方向の深化を目指した。また同一レベルの自治体（州政府間，市政府間など）の配分においては人口割当の重み付けを小さくする一方で均等割当比率を大きくすることで，財の公平配分に配慮することとした。

しかしながら，1991年地方政府法の施行により自治体の財政状況が改善されたのは，都市部などの一部の地域に限られており，自治体間格差は拡大することとなった（図3）。さらに，従来のマニラ首都圏対非マニラ首都圏という経済格差の二極構造は，首都圏以外の地域間

自治体間の格差拡大

表1　IRAの配分比率（単位：％）

	1991年地方政府法	
	施行前	施行後
自治体間配分比率		
州	27.0	23.0
市	22.5	23.0
町	40.5	34.0
バランガイ	10.0	20.0
同一レベル自治体内配分基準		
人口割当	70.0	50.0
面積割当	20.0	25.0
均等割当	10.0	25.0

の格差が顕著となることで重層性が生じることとなった。すなわち道路などの一部の社会資本整備が同法下では自治体裁量に委ねられたことにより，インフラ整備が進展した地域とそうでない地域が生じ，それが民間資本の進出および誘致に多大な影響を及ぼしたためである。公共部門の資源が非常に限られているフィリピンにおいては，民間部門がBOT（Build-Operate-Transfer）の促進や雇用の創出を通じて地域開発における先導的な役割を担うことを期待されている。したがって，民間部門の積極的な活動が当該地域において見込みうるか否かが，地域活性化の成功の可否を決定するとしても過言ではない。効率的に利益をあげることを是とする民間部門が進出する地域は一部に限られており，そのような地域には富が集中する一方で，それ以外の地域（農村地域，縁辺地域など）は衰退する傾向にある。

若者は農村から都市へ

その結果，近年，若年層の離農および向都が顕著となり，農業の後継者不足が深刻化している。人生の選択肢を拡大させるための現金収入の重要性が以前にも増して顕著となっているにもかかわらず，農村部においては現金収入の獲得機会が限られているためである。また，自らの貧しい生活は教育を十分に受けなかったことに因ると考え，自分の子どもには豊かな生活をさせることを望み，そのためにより高い学歴をつけることを目的に農村部から一家で都市部に移住する世帯も少なくない。そしてそれらは農村が過疎化および高齢化する主たる要因となっている。

バランスある発展の鍵を握る政策のあり方

確かに，地方を活性化させることで，地域格差を是正する一手段として，国は自治体に対するIRAの配分規定の見直しを1991年に行い，1992年以降は人口配分への重みづけが減少した。にもかかわらず人口配分は依然として最も重要な指標となっている。また，歳入の構成比率をみた場合，IRAが占める割合が98％となっている自治体もあるほど，財源の限られた地方政府にとりIRAは非常に重要な歳入源となっている（図4）。これらの事実を踏まえ，また均衡ある開発を実現するためには，人口と面積の大きさにより決定する現行のIRAの配分規定に，経済的に不利な環境もしくは状況にある地域に重点配分する指標の導入が不可欠である。政府の過剰介入は汚職を横行させ経済活動を停滞させる恐れがあるものの，富の公平な配分さらには地理的・財政的に不利な条件下にある地域に重点配分することで均衡ある開発を実現するのは公共部門の重要な役割といえよう。

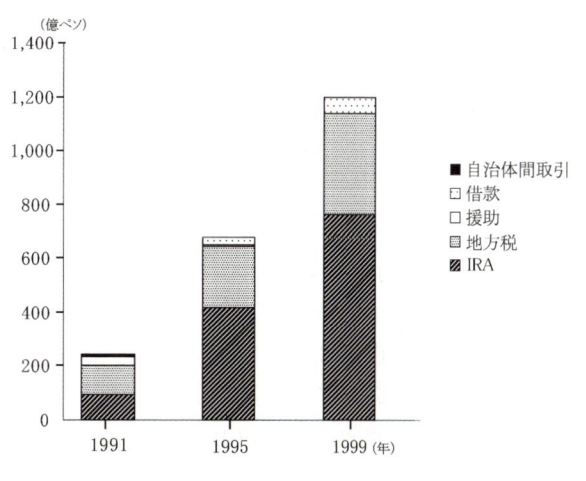

図4　地方政府の歳入内訳

（貝沼恵美）

31 アフリカの農村と食料問題

アフリカの食料問題は，しばしば日本のマスコミをにぎわせてきた。とくに1980年代の中頃には，深刻な飢饉が西アフリカのサヘル地方をおそい，1984年にはアフリカ全体で百万人以上の人々（多くは子供たち）が飢えのために死亡した。このとき日本でも，悲惨な状況が新聞・テレビなどで報道され，救援活動が活発に行われた。

悪化する食料事情

サヘル地方の飢饉は，数年間続いた旱魃の結果であるが，広くアフリカ全体に目を転じても，この30年間にわたる食料事情の悪化は，大半の国に共通している。図1が示しているように，現在に近づくほど，国民1人あたりの食料生産が減少傾向をたどっている国が多い。サヘル地方の飢饉は氷山の一角であり，食料事情の悪化はアフリカ全体の問題なのである。農業人口が国民の大部分を占めるにもかかわらず，食料の自給さえできない国々が増加している。

食料の生産量そのものは，この30年間に年平均2%の割合で増加してきた。ところが，人口増加率がそれを上まわっているため，国民1人あたりに換算すると生産量は減少の一途をたどっている。図2によれば，アフリカのほとんどすべての国で人口増加率は2%を上まわっており，さらに多くの国では3%を超えている。近年，衛生状態の改善にともなって死亡率は大きく低下したが，出生率は依然として高い水準のままである。したがって，今後も当分の間は，高い人口増加率が続くと考えねばならない。

このような事実を考えあわせると，これまでの伝統的な農業システムを改良して，生産性の高い農業に転換していくことが，アフリカにとって緊急の課題であるといえる。

伝統的なアフリカ農業は，自然環境の違いに対応して，いくつかの類型に分けることができる。図

(a) 1961/65年から1969/70年まで

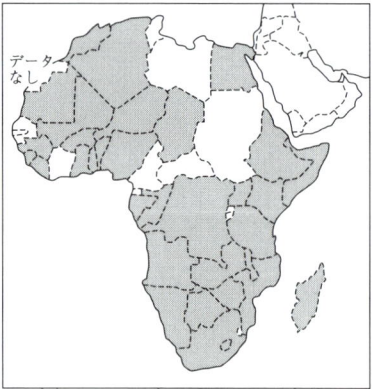

(b) 1969/70年から1979/80年まで

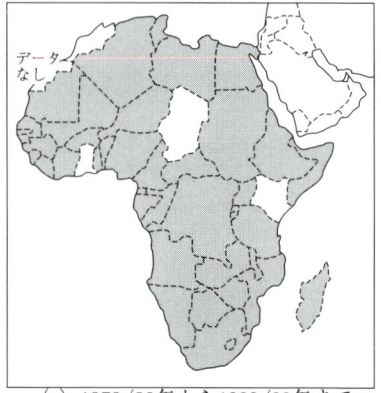

(c) 1979/80年から1988/89年まで

図1　国民一人あたりの食料生産が減少した国々

伝統的な農業システムの特徴

3に示されているように、赤道周辺からサバナ地帯にかけては、移動耕作と休閑耕作の地帯が広がっている。これらの農業システムは、いずれも牧畜をともなわないという特徴がある。また、地力の消耗をさけるために、耕作期間と休閑期間を組み合わせるという点でも共通している。両者の違いは、休閑期間の長短にある。移動耕作の場合、休閑がかなり長期に及ぶため耕作跡地が森林にもどったり、集落の移動をともなったりする。これに対して、休閑耕作では、耕作跡地が荒れ地やヤブ地になる程度で、集落も固定している。

アジアやヨーロッパの農業と比較した場合、これら両者に共通する特徴は、(1) 農地の利用率が低いことと、(2) 単位面積あたりの収穫量が少ないことである。利用率の低さは、農地を長く休閑させる結果であり、土地利用図を作成すると、村の土地の大半がヤブ地や森林、荒れ地として表現されるのもこのためである（図4）。数年後にまた土地利用図を作成してみれば、畑の分布はすっかり変わっていることになる。単収の低さは、化学肥料などの使用が普及していないことによる。地力の維持は、主として長期にわたる休閑と、耕作の準備段階で行われる火入れ（焼き畑）に依存している。

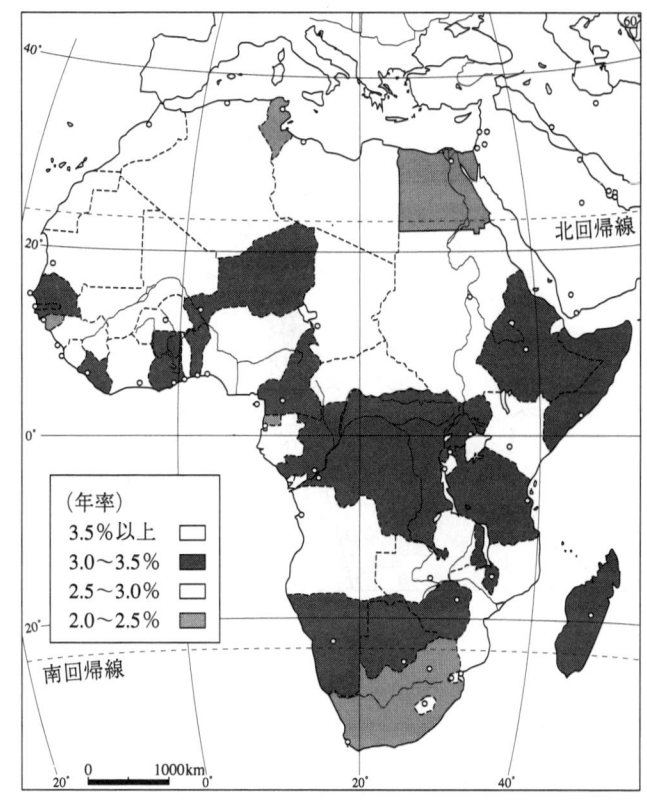

図2　アフリカ諸国の人口増加率（1985-1992年の期間の年平均）

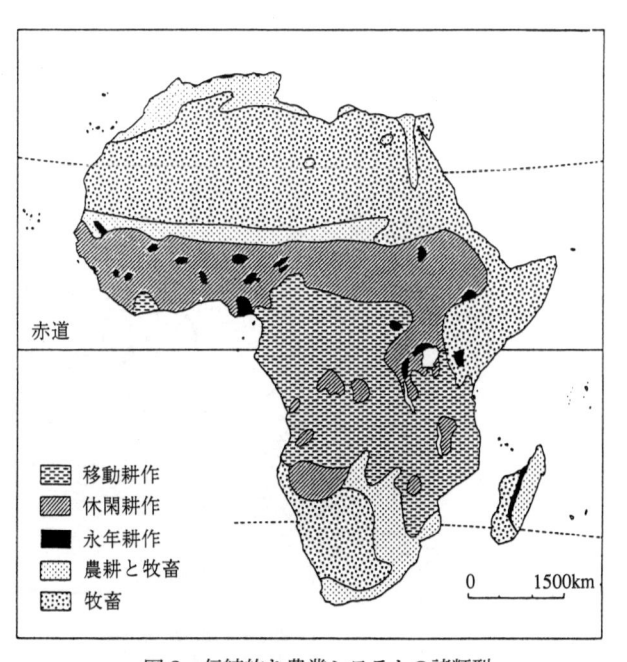

図3　伝統的な農業システムの諸類型

凡濫原

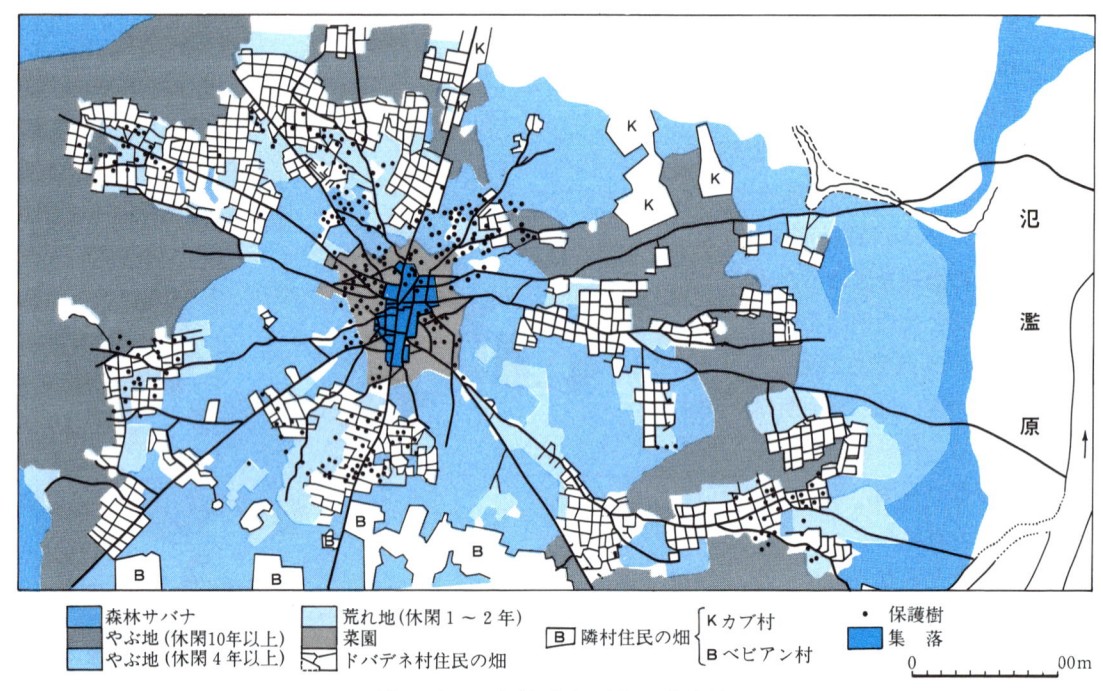

- 森林サバナ
- やぶ地(休閑10年以上)
- やぶ地(休閑4年以上)
- 荒れ地(休閑1〜2年)
- 菜園
- ドバテネ村住民の畑
- B 隣村住民の畑
- K カブ村
- B ベビアン村
- ・ 保護樹
- 集落

図4　ドバテネ村（チャド）の土地利用

　また，移動耕作と休閑耕作はまったく別の農業システムではない。図4でも，集落から遠ざかるにつれて休閑が長期化する傾向がみられる。一般に，アフリカの村々では，糞尿などの肥料を投入する永年畑が集落近くに存在し，そこから遠ざかるにつれて休閑耕作，移動耕作へと変化する。このような同心円状のパターンを模式的に表したのが図5である。他方，村の人口が増加した場合にも，食料生産を増大させるために，休閑期間の短縮が行われる。その結果，移動耕作から休閑耕作に転換する現象が，熱帯アフリカでは広く観察される。

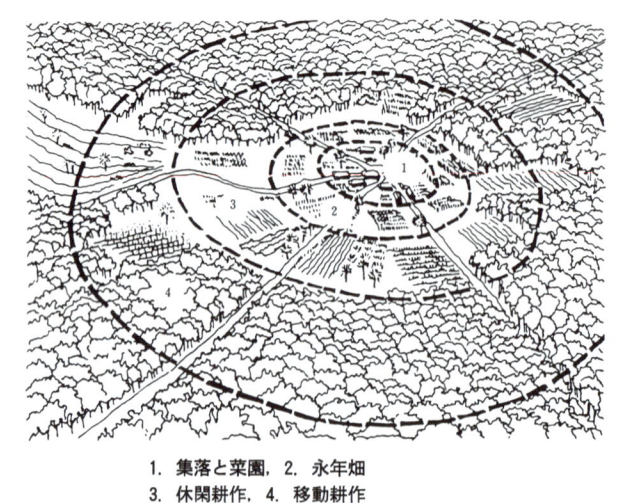

1. 集落と菜園, 2. 永年畑
3. 休閑耕作, 4. 移動耕作

図5　セネガルにおける土地利用構造の空間モデル

農業近代化への道

　食料生産を増大させるためには，(1) 休閑期間を短縮することによって農地の利用率を高めるか，(2) 単位面積あたりの収穫量を増加させる必要がある。この30年間の推移をみると，熱帯アフリカにおける生産量の伸びは，主として前者（すなわち栽培面積の増加）によってもたらされた（図6）。これは，南アジアや東南アジアなど，他の発展途上地域での生産増加が，いわゆる「緑の革命」を通じて，おもに単収の増加によってもたらされた事実と対照的である。

　しかし，休閑期間を短くすることで生産量の増加を目指すやり方は，しばしば地力の消耗をまねき，単収の減少に結びつくことになる。高い人口増加率を考えると，今後におけるアフリカ農業の課題は，年平均4％以上の生産増加を実現することであろう。よく指摘されるように，伝統的な農業システムのもとでは，これが休閑期間の短縮，森林植生の破壊，瘠せた土地への開墾などを通じて，土地資源の劣悪化をもたらすことが多い。このような悪循環に陥ることなく，高い伸び率を確保するためには単収の大幅な伸びが不可欠である。

　第二次世界大戦後の歩みをみると，東南アジアや南アジアなどでは，化学肥料の投入，新品種の採用，灌漑施設の整備などによって，単収の飛躍的な伸びがもたらされた。熱帯アフリカにおいても，従来の粗放的な農業システムから，生産性の高い農業システムに転換する必要がある。これまで，アフリカにおいては，政情の不安定（内戦や国家間の紛争），自然災害の頻発，農業政策の失敗など，農業をとりまく環境がきわめて劣悪であった。しかし，労働人口の約3分の2が農業に従事している熱帯アフリカ地域にとって，農業の発展と農村の繁栄は今後の経済成長をもたらす前提条件だといわねばならない。

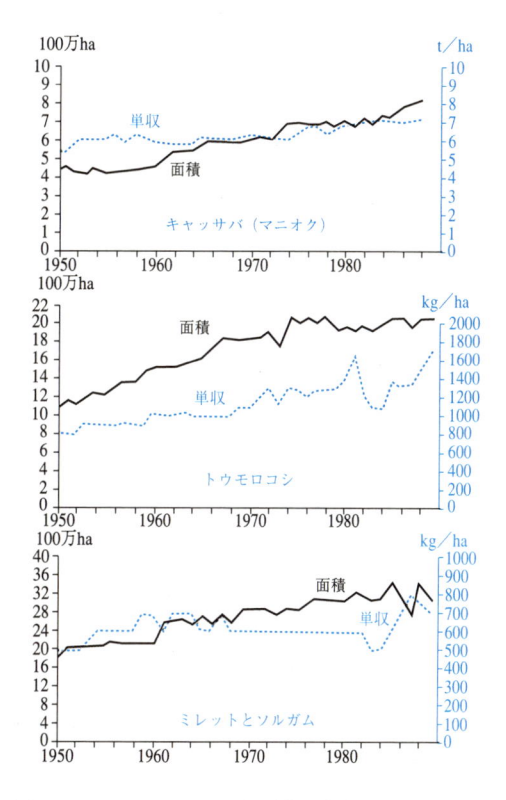

図6　アフリカにおける主要食用作物の単収と栽培面積の推移（1950-1988年）

（手塚　章）

参考文献 （より進んで学ぶときに役に立つ本の紹介）

1節　杉谷隆執筆　自然環境と人間社会
　◎デフォー, D., 平井正穂訳（1967, 1971）『ロビンソン・クルーソー（上・下）』岩波文庫
　◎ソロー, H. D., 佐渡谷重信訳（1991）『森の生活』講談社学術文庫
　◎畑　正憲（1977）『ムツゴロウの無人島記（正・続）』文春文庫
　　自然に対して著者がどのような思想をもっているか読み比べるといい
　◎鈴木秀夫（1988）『風土の構造』講談社学術文庫
　◎オギュスタン・ベルク, 篠田勝英（1992）『風土の日本』ちくま岩芸文庫
　　上記2者はそれぞれどちらの風土論を展開しているか，読み比べるといい
　◎杉谷　隆（2004）環境問題と日本人の環境観　中俣均編『国土空間と地域社会』朝倉書店
　　日本の環境問題史と環境認識の変遷について述べたもの

2節　田中耕市執筆　日本を縮める新幹線
　◎木村辰男(1991)『基礎からの交通地理』(地理学選書)古今書院
　　交通地理学の入門書として最適．交通地理学の基礎から簡単な応用分析法まで学ぶことができる
　◎村山祐司(1991)『交通流動の空間分析』古今書院
　　計量的交通地理学の展望から，計量的分析法を用いた豊富な実証研究まで
　◎藤目節夫(1997)『交通変革と地域システム』古今書院
　　交通変革が地域へと及ぼす影響を定量的に解明する実証研究が盛りだくさん

3節　谷内達執筆　分布図でみるオーストラリア
　◎山本正三編（1995）『産業経済地理—世界—』（総観地理学講座15）朝倉書店
　　第13章でオーストラリアの地域経済構造について論述
　◎山口岳志編（1985）『世界の都市システム』古今書院
　　第6章でオーストラリアの都市システムについて論述
　◎由比浜省吾編（1991）『新訂オセアニア』（世界地誌ゼミナールⅧ）大明堂
　　第4〜9章でオーストラリア地誌を概説

4節　高木彰彦執筆　選挙にみる地理学
　◎西平重喜（1990）『統計でみた選挙のしくみ—日本の選挙・世界の選挙—』講談社ブルーバックス
　　比例代表制や小選挙区制など世界各国の選挙制度を豊富な統計数値でわかりやすく解説したもの
　◎石川真澄（1995）『戦後政治史』岩波新書

1984年に出た岩波新書の改訂版で，戦後政治の変遷を選挙結果を中心にわかりやすく解説してある
◎小林良彰（1994）『選挙制度―民主主義再生のために』丸善ライブラリー
世界各国の選挙制度の特徴をわかりやすくまとめてある

5節　高橋誠一執筆　地図にみる平安京と平城京
◎岸　俊男（1988）『日本古代宮都の研究』岩波書店
宮都に関する古代史学からの研究。歴史地理学的手法も随所に光る
◎足利健亮（1985）『日本古代地理研究』大明堂
平安京の建設理念など。歴史地理学の面白さが満喫できる
◎千田　稔（1991）『古代日本の歴史地理学的研究』岩波書店
古代の宮都や交通など。古代人の空間認識への夢がふくらむ
◎高橋誠一（1994）『日本古代都市研究』古今書院
東アジア世界に視野を広げて，日本の古代都市とその周辺を考える

6節　川口太郎執筆　人々の行動を分析する―生活活動の分析―
◎荒井良雄・川口太郎・岡本耕平・神谷浩夫編訳（1989）『生活の空間　都市の時間』古今書院
海外の時間地理学の代表的論文を紹介，その基本的な考え方がわかる
◎高橋伸夫編著（1990）『日本の生活空間』古今書院
さまざまな種類の生活空間を時間地理学的手法を用いて描写する
◎荒井良雄・岡本耕平・神谷浩夫・川口太郎編著（1996）『都市の空間と時間』古今書院
時間地理学的分析から日本の都市社会における生活活動空間の構造を明らかにする
◎矢野眞和編著（1995）『生活時間の社会学』東京大学出版会
生活時間分析から日本社会の特徴に迫る。経済企画庁編（1975）『生活時間の構造分析』の姉妹編

7節　岡本耕平執筆　頭のなかの地図
◎ケヴィン＝リンチ著，丹下建三・富田玲子訳（1968）『都市のイメージ』岩波書店
都市のイメージについて論じた古典的名著。認知地図研究の先駆的書
◎中村　豊・岡本耕平（1993）『メンタルマップ入門』古今書院
地理学における認知地図研究の入門書
◎寺本　潔（1988）『子ども世界の地図』黎明書房
多くの手書き地図のインタビューから子どもの世界を描いた好著
◎野中健一編（2004）『野生のナヴィゲーション』古今書院
砂漠，密林，大海原で人びとはどうやって空間を認知しているのか。ロマンを科学する

8節　長坂政信執筆　地図は語る
◎寺坂昭信・平岡昭利・元木　靖編（2003）『関東Ⅰ　地図で読む百年　東京・神奈川・千葉』古今書院

1都2県の主要都市を含む21地域の今昔を解説
　◎籠瀬良明（1985）『地図読解入門（改訂増補版）』古今書院
　　　多色刷りで，日本の代表的な地形・集落の地形図からの作業と解説を収める
　◎大沼一雄（1991）『続々日本列島地図の旅』東洋書店
　　　日本列島地図の旅シリーズの3冊目。変容の著しい地域を新旧地形図によって解説しながら，野外調査による詳細な検証を行う

9節　小笠原節夫執筆　人はいかに分布するか
　◎鈴木継美・大塚柳太郎・柏崎　浩（1992）『人類生態学』東京大学出版会
　　　地理学の隣接分野である人類生態学の高度な内容の教科書
　◎河邉　宏（1985）『地域統計概論』古今書院
　　　地域統計を扱う際に留意すべき事柄を網羅
　◎大友　篤（1998）『地域分析入門』（改訂版）東洋経済新報社
　　　地域の統計的分析法の各種を実例をあげて紹介

10節　平井　誠執筆　人は移動する―引っ越しの地域性―
　◎小笠原節夫（1999）『人口地理学入門』大明堂（現在は原書房）
　　　人口地理学を学ぶ上で不可欠な知識を網羅
　◎荒井良雄・川口太郎・井上　孝編（2002）『日本の人口移動：ライフコースと地域性』古今書院
　　　日本における人口移動を具体例を交えて読み解く
　◎石川義孝編著（2007）『人口減少と地域：地理学的アプローチ』京都大学学術出版会
　　　日本の人口移動の最新動向を分析．外国人の移動に関する論考は貴重

11節　伊東　理執筆　都市の内部に構造をみる
　◎R. E. パーク，E. W. バーゼス他著［大道安次郎・倉田和四生訳］（1972）『都市』鹿島出版会
　　　原著は1925年発刊。アメリカ都市の内部構造の形成と実態を探った古典
　◎田辺健一（1979）『都市の地域構造』（改訂増補版）　大明堂
　　　主に日本の都市の内部構造の歴史的形成過程と実態および特徴を論述
　◎林　上（1991）『都市地域構造の形成と変化―現代都市地理学Ｉ』大明堂
　　　近年の研究成果と内外の豊富な事例を収め，理論的・実証的に検討

12節　藤井　正執筆　郊外は成長しうるか？
　◎山鹿誠次（1984）『日本の大都市圏』大明堂
　　　戦後，爆発的に拡大する日本の都市は，いかに大都市圏・郊外を形成したかを論述
　◎大阪市大経済研究所　田口芳明・成田孝三編（1986）『都市圏多核化の展開』東京大学出版会
　　　郊外はいかに自立化するのか，また，大都市圏の多核化の意味を検討
　◎藤井　正（1993）郊外における生活空間の変化　地理科学　48巻3号　pp. 194-199

◎高橋伸夫・谷内　達編著（1994）『日本の三大都市圏』古今書院
　　郊外の自立化の視点に立ち，三大都市圏の一般的傾向と相違を多方面から検討
◎富田和暁（1995）『大都市圏の構造的変容』古今書院
　　人口・産業の郊外化に伴う大都市圏の構造的変容の立場から研究

13節　菅野峰明執筆　モータリゼーションは地域を変える
◎朝日新聞経済部（1993）『アメリカ車文明は再生するか』朝日新聞社
　　アメリカの生活において欠かせない自動車，その自動車産業の変化と社会との関係を分析
◎松岡　将（1981）『住んでみたアメリカ―土と車とクレジットカード―』サイマル出版会
　　日本人がアメリカで実感したことを，土（農業），自動車，クレジットカードを中心に記述
◎正井泰夫（1985）『アメリカとカナダの風土―日本的視点―』二宮書店
　　日本人の視点からアメリカとカナダの自然，民族，産業，集落などを生活面との関連で記述

14節　阿部和俊執筆　東京一極集中はすすむ
◎阿部和俊（1991）『日本の都市体系研究』地人書房
　　経済的中枢管理機能（大企業の本社，支所）のあり様から日本の都市体系を歴史的今日的に分析
◎阿部和俊・山﨑　朗（2004）『変貌する日本のすがた―地域構造と地域政策―』古今書院
　　人口，工業，都市機能，地域政策の4点から日本の地域構造を歴史的今日的に平易に解明

15節　黒坂裕之執筆　都市は気候を変える
◎中村和郎ほか（1987）『新版日本の気候』岩波書店
　　関連の基礎的事項とともに，日本の各地方の気候の特徴を解説
◎河村　武（1987）『大気環境論』朝倉書店
　　大気汚染や都市の大気環境などについて，具体的事例をもとに解説
◎河村　武ほか（1988，89，90）『環境科学Ⅰ・Ⅱ・Ⅲ』朝倉書店
　　自然と人間の相互関係を解明する環境科学を概観するのに適当な3冊

16節　戸所　隆執筆　阪神淡路大震災が教えたこと
◎立命館大学震災復興研究プロジェクト編（1998）『震災復興の政策科学―阪神・淡路大震災の教訓と復興への展望』有斐閣
　　多くの研究者による3年間の膨大な震災研究を一冊にわかりやすくまとめた実践書
◎戸所　隆（2005）「車社会化した地方都市の震災対応と復興のあり方（中越地震にまなぶ）」地理 50-6　pp. 62-65
　　自家用車の普及した地方都市では公共交通の発達した大都市とは異なる避難行動や災害が見られ，地方都市特有の震災対応の必要性を記述

◎戸所　隆（1996）「阪神・淡路大震災復興にみる21世紀まちづくり―私的空間と公的空間の止揚・再考―」地理学評論　69A-7　pp. 625-637
　　　公私協力による新たなまちづくり哲学の実践と協働のまちづくりの必要性を解説
　　◎戸所　隆（2001）「分都市化大都市化―コンパクトな21世紀の都市づくり―」日本都市学会年報34　pp. 160-165
　　　コンパクトなまちがネットワークする大都市化分都市化による都市形成を解説
　　◎戸所　隆（2003）「危機管理と大都市化・分都市化」日本都市学会年報36　pp. 209-213
　　　大都市化分都市化による都市構造の構築が災害等の危機管理に強いことを解説
17節　高橋伸夫執筆　サッカーにみる地理学
　　◎松岡　完（1994）『ワールドカップの国際政治学』朝日新聞社
　　　ワールドカップの歴史が見事に書かれ，サッカーの魅力がよくわかる
　　◎キア・ラドネッジ編（1994）『サッカー大百科：世界サッカー編』ソニー・マガジンズ
　　　サッカーの歴史や主要な国際大会などが記され，まさに「サッカー百科事典」である
18節　佐藤哲夫執筆　アジア新時代
　　◎アジア地理研究会（1990）『変貌するアジア』古今書院
　　　少し古いが，地理的視点からアジアの長期的変動をわかりやすく説明
19節　井田仁康執筆　航空機は世界をめぐる
　　◎航空政策研究会編（1995）『現代の航空輸送』勁草書房
　　　航空輸送の全般を説明した概説書。入門書として適切
　　◎川口　満（1993）『21世紀の航空政策論』成山堂
　　　航空政策についての考察で，各国の航空政策の相違も述べられている
　　◎戸崎　肇（1995）『航空規制緩和』勁草書房
　　　各国の航空規制緩和について，国際問題も含めて述べられている
　　◎井田仁康（1994）『航空旅客流動と空港後背地』大明堂
　　　わが国の航空旅客流動を，多変量解析などを援用し地理学的に分析した
20節　犬井　正執筆　農林産物を外国に依存する日本
　　◎日本貿易振興会（2006）『アグロトレードハンドブック農林産物の貿易，現状と見通し』
　　　1冊で日本と世界のアグロトレードのすべてがわかる
　　◎犬井　正（1992）トンガ王国の農業の変容　獨協大学教養諸学研究　19巻2号
　　　フィールドワークとトンガの農業センサス資料を利用して明らかにした
21節　菊地俊夫執筆　石油は世界をめぐる
　　◎日本経済調査協議会（1976）『北海石油開発』日本経済調査協議会
　　　北海の石油開発の基礎的条件と経緯，およびその経済効果について説明
　　◎矢田俊文（1981）世界石油資源の分布と独占　地域　6号　pp. 98-103

　　　　　石油資源の世界分布における偏在性とその要因について言及
　　◎石油年鑑編集委員会（1995）『石油年鑑』日本経済評論社
　　　　　毎年発行され，石油の開発・生産・流通に関する概要と基礎データを掲載
22節　山本　充執筆　ヨーロッパの「中心」と「周辺」
　　◎ジョーダン著，山本正三・石井英也訳（1989）『ヨーロッパ文化』大明堂
　　　　　アメリカの文化地理学者によるヨーロッパ地誌。ヨーロッパ内の地域差に留意しながら説明
　　◎佐々木　博（1995）『EUの地理学』二宮書店
　　　　　EUの歩み，EUの自然と文化，産業，その他地域間格差と地域政策を紹介
23節　溝尾良隆執筆　新しい観光形態の誕生
　　◎新城常三（1971）『庶民の旅の歴史』NHKブックス
　　　　　日本人の旅の起源・発達・社寺参詣の変遷等の過程をたどり，旅の原点と意味を探っている
　　◎本城靖久（1983）『グランド・ツアー』中公新書
　　　　　18世紀，イギリスの貴族の御曹司たちがおこなった欧州大陸への大修学旅行の実態を描いた
　　◎溝尾良隆（1990）『観光事業と経営』東洋経済新報社
　　　　　観光地の地域経営に焦点をあてて，旅行者，交通・旅行会社，開発業者の動きなど，幅広く分析している
　　◎溝尾良隆（1994）『観光を読む　地域振興への提言』古今書院
　　　　　観光地をタイプ別に現状の課題と方向を明らかにし，とくにリゾートについては詳細に言及している
24節　溝尾良隆執筆　世界遺産と持続する観光
　　◎ユネスコ世界遺産シリーズ　講談社
　　　　　1995年現在の世界遺産を地域別に12巻，製作中に指定された1996年までの新指定1巻から成る写真集
　　◎日本経済新聞2006年12月2日国際フォーラム「世界遺産と文化交流」
　　　　　文化的景観や無形文化遺産にまで拡大された世界遺産について言及している
25節　溝尾良隆執筆　観光まちづくり―景観保全と景観創造
　　◎中村和郎ほか著『地域と景観』古今書院
　　　　　地理学の基本概念の一つである景観を，古典にさかのぼり言及するとともに，自然景観と文化景観について詳述している
　　◎小泉武栄（1993）『日本の山はなぜ美しい』古今書院
　　　　　山の美しい景色を高山帯の成因から分析している
　　◎小疇　尚（1991）『山を読む』岩波書店
　　　　　山が見せるさまざまな表情を読んで，山の個性を自然の諸作用との関係から見ている
　　◎稲森　潤・木村達朗（1975）『風景を読む』講談社ブルーバックス

山岳，故障，海岸など風景を形づくる自然が自然の形成と破壊，危険と美しさの表裏一体にある自然と人間とのかかわりあいにふれている

26節　高橋重雄執筆　日本の商業が急変する

◎山川充夫（2004）『大型店立地と商店街再構築―地方都市中心市街地の再生にむけて―』八朔社

地方都市中心市街地の空洞化とその対応に関する専門書

◎横森豊雄（2006）わが国の中心市街地再生への取り組みと課題　運輸と経済　2006年3月号　pp. 23-32

中心市街地が衰退に至る一般的なプロセスをわかりやすく説明している

◎日経MJ（流通新聞）編『日経MJトレンド情報源』日本経済新聞社　各年版

コンビニ業界やインターネット通販も含め、わが国の商業について毎年の変化のポイントを説明している

27節　大塚昌利執筆　工業の立地が変わる

◎山中　進著（1991）『農村地域の工業化』大明堂

大都市周辺，地方都市，農村部の工業化を詳細に研究し，豊富な事例がある

◎宮川泰夫著（1988，1989）『国際工業配置論』（上・下）大明堂

日本企業の海外進出と主要工業の展開，日本の工業と国際関係論を詳述

◎大塚昌利著（1986）『地方都市工業の地域構造』古今書院

機械や楽器がオートバイを産み，オートバイが自動車を産む，産業の連関を論じる

28節　内山幸久執筆　農業は変わる―リンゴ生産地域の土地利用変化

◎山本正三・内山幸久・森本健弘（1992）1975-85年におけるわが国の果樹栽培地域の動向　地域研究　33巻1号　pp. 1-15

日本の各種果樹生産地域の動向を統計的処理により論述

◎内山幸久（1994）果樹生産地域における土地利用の変遷，土地利用図にみる長野県小布施町の例　地図　32巻3号　pp. 1-11

長野県小布施町における果樹生産の変遷と，土地利用の変化を詳細に論述

◎内山幸久（1996）『果樹生産地域の構成』大明堂

果樹生産に関する共同組織の空間的配置，果樹生産の動向，土地利用の変化を論述

◎内山幸久（2007）長野県小布施町の発展と土地利用の変化　地理月報（二宮書店）502号　pp. 6-7

29節　佐藤哲夫執筆　カリーの秘密―インド社会の展開

◎森枝卓士（1989）『カレーライスと日本人』講談社現代新書

カレーライスのルーツをたどった，こだわりの逸品。肩が凝らずに読める

◎吉田よし子（1993）『熱帯アジア14カ国の家庭料理』楽游書房

東南アジア，南アジアの家庭料理を日本で楽しみたい人の完全マニュアル

◎佐藤　宏ほか編（1989）『もっと知りたいインドⅠ・Ⅱ』弘文堂

インドの政治，経済から文化，歴史まで，広い分野にわたる地域研究の入門書

30節　貝沼恵美執筆　フィリピンの地域開発政策―均衡ある発展をめざす

◎大野拓司・寺田勇文編著（2001）『現代フィリピンを知るための60章』明石書店
　フィリピンの歴史や政治経済的側面、内包する社会問題などを解説
◎中西　徹・小玉　徹・新津晃一編（2001）『アジアの大都市　マニラ』日本評論社
　都市部のみならず周辺地域も含めてフィリピンの人口動態や貧困，都市化について論述
◎梅原弘光（1992）『フィリピンの農村　その構造と変動』古今書院
　緻密なフィールドワークに基づくフィリピン農業と農村の変化を論述

31節　手塚　章執筆　アフリカの農村と食料問題
　◎デビッド・グリッグ著，山本正三・村山祐司訳（1994）『新版　第三世界の食料問題』農林統計協会
　　アジアやラテンアメリカとの比較で，アフリカの食料問題の特徴を明快に説明
　◎ロイド・ティンバレイク著，アフリカ問題研究会訳（1986）『アフリカはなぜ飢えるのか』亜紀書房
　　アフリカにおける食料問題を、主として社会経済的および政治的背景から分析

解答例

課題（1） 数値を地図化する　解説

等値線とは、同じ値の場所間を結んだもの。等値地価線とか等高線などがあり、事象の分布傾向がわかる。

課題1　解答例

観測地点が少なかったために、書きづらかったと思われる。等値線とは、決して交わることがなく、正答も一つでない。人々によって多少異なる点を念頭に入れていただきたい。

課題2　解答例

ほぼ南北方向に温度が低下する。これは中国内陸部に高気圧が発生しやすい。すなわち「冬将軍」といういわれる北西風が吹く。

課題3　解答例

ユーラシア大陸からこのような補正風が吹くに吹き始めてくる際には、日本海で湿度を高める。湿った北西風は、日本の山地につきあたり、雪を降らせる。なお、夏にはこの気圧配置はまったく逆になり、南北方向からの海風が吹く。すなわち、高温多湿な気団が日本にやってくる。それらの中間には春・秋があり、四季に富んだ気候を呈している。世界的にみると、日本は大陸の東に位置して、東岸気候と呼ばれ、アメリカ大陸の東岸やヨーロッパなどの西岸気候と異なる。

課題（2）　土地利用の観察

課題1　色鉛筆で着色作業した地図を別掲

課題2　解答例

扇状地の扇央部に位置する室町や上野原では乏水性の土壌で表流水が少ないため、水田の立地が困難であった。かつては、扇央部は荒地や隣地で、一部が桑園として利用されていたにすぎなかったが、現在では農地開発が進み、畑地と樹園地（とくにリンゴ園）広がっている。他方、扇状地の扇端部に位置する下角や上角、あるいは上立田では沖積土壌が分布し、湧水を灌漑水として利用することで、水田が古くから広く立地していた。

課題3　解答例

扇状地の土地条件に対応して、大きく二つのタイプの集落パターンが確認できる。一つは扇頂部の中塔や小室などと、扇端部の下角や上角などでみられる不規則な塊村パターンで、それらは水の得やすさや水田立地により自然発生的に生じたものである。もう一つのタイプは扇央部の室町でみられる規則的な路村パターンで、それは第2次世界大戦後の農地開拓にともなって集落が計画的に建設されたことによって生じたものである。

課題（3）　システム思考を

課題1　別掲グラフを見よ。

課題2　フランスではパリの都市人口が卓越し、2位以下を大きく引き離している。パリ

のような都市を首座都市（プライメイトシティ）といい、それが発達するパターンは中央集権的な国や発展途上国で多くみられる。一方、アメリカ合衆国のように連邦制で都市間の格差が少ない国ではあまり首座都市のパターンはみられず、都市人口の順位による格差は比較的少ない。日本の都市の順位規模はアメリカ合衆国のパターンに近いが、東京を中心とする一極集中の都市システムは以前として残っている。

等値線の記入例

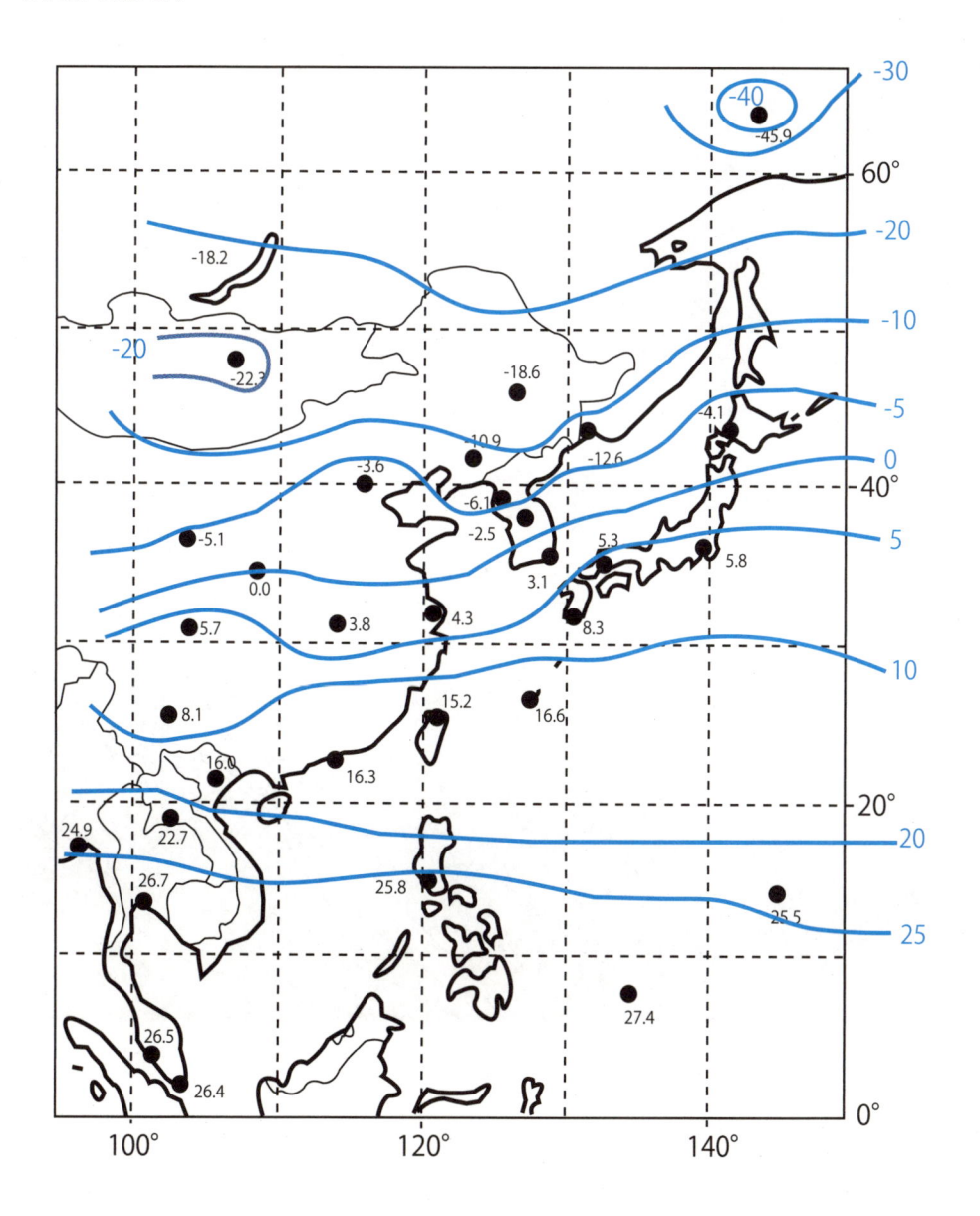

140

地形図着色例

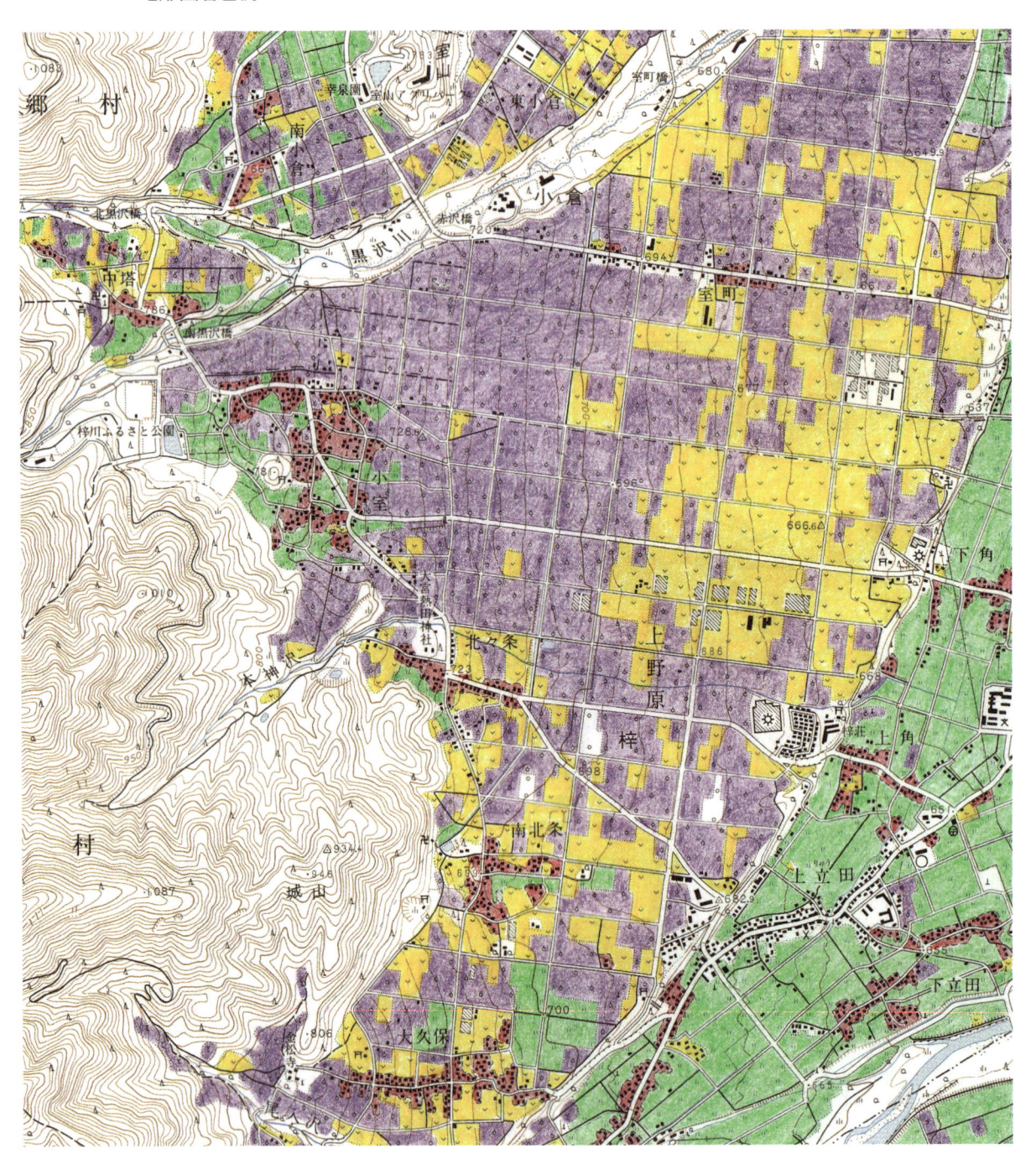

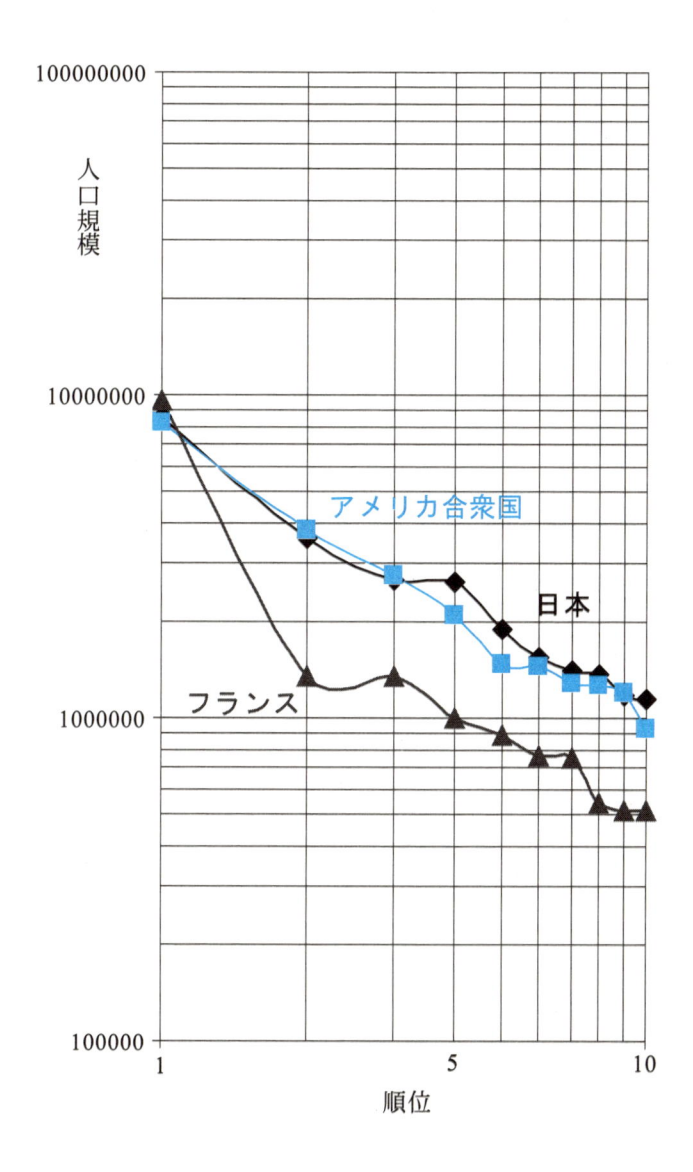

システム思考の記入例
規模ー順位グラフ

人口規模

フランス
アメリカ合衆国
日本

順位

出典および資料一覧

1節
図1　本書のための書き下ろし
図2　山岡浩（1997）高知の農業，高知県文化振興事業団，p.84 の表より筆者が図化

2節
図1　日本交通公社出版事業局（1999）『時刻表 復刻版』より作成
図2　図1に同じ
図3　東海旅客鉄道新幹線鉄道事業本部（1995）『新幹線の30年－その成長の軌跡』より作成
図4　図3に同じ
図5　本書のための書き下ろし

4節
図1　衆議院事務局『衆議院議員総選挙結果一覧』各回版および『国勢調査報告』各年版より作成
図2　『asahi.com で見る 2005 総選挙のすべて』朝日新聞社，より作成
図3　図2に同じ
図4　筆者作成

5節
図1　国土地理院 1：25000 地形図「京都東南部」
図2　国土地理院に 1：25000 地形図「奈良」，『大和国条里復元図（1：5000）』を一部改変

7節
図1　中村・岡本（1993）『メンタルマップ入門』古今書院，p. 110
図2　若林芳樹（1989）　認知地図の歪みに関する計量的分析．地理学評論，62 巻 A, 339-358
図3　東京ディズニーランドのパンフレット
図4　モンモニア著，渡辺　潤訳（1995）『地図は嘘つきである』晶文社，p. 75
図5　寺本　潔（1988）『子ども世界の地図』黎明書房，p. 48, p. 51
　　　岡本耕平（1983）　名古屋市における認知距離　地理学評論 56 巻　pp. 693-713
　　　中村雄祐（1994）　フィールドワーク　小林康夫・船曳建夫編『知の技法』東京大学出版会 pp. 17-28

8節
図1　中村和郎・高橋伸夫編（1988）『地理学への招待』古今書院
表1　式　正英（1982）　地図学入門，地理 27 巻 2 号 p. 138-144

9節
図1　『世界人口年鑑 1992』より筆者作成
図2　図1に同じ
図3　図1に同じ

10節
表1　国勢調査報告より筆者作成
図1　住民基本台帳人口移動報告年報より筆者作成
図2　国勢調査報告より筆者作成
図3　総務省統計局『平成 18 年の人口移動　結果の概要』(http://stat.go.jp/data/idou/2006np/pdf.gaiyou.pdf) 図3を一部改変
図4　国勢調査報告から筆者作成

11節
図1　斉藤一弥（1982）東京大都市圏の社会経済的地域構造．人文地理，34 巻
図2　E. W. Burgess（1925）The Growth of the Introduction to a Research, in Park, R. E., E. W. Burgess and R. D. McKenzie ed. The City. Chicago University Press（大道安次郎・倉田和四生共訳（1972）『都市』鹿島出版会）
図3　H. Hoyt（1939）The Structure and Growth of Residential Neighborhood in American Cities. Federal Housing Administration.
図4　C. D. Harris and E. L. Ullman（1945）The Nature of Cities. Annals of the American Academy of Political and Social Science, 242.
図6　M. H. Yeates（1990）The North American City. 4th ed., Harper and Row.
図7　A. Murdie（1969）Factorical Ecology of Metropolitan Toronto, 1951-1961. Research Paper, 116, Dept. of Geogr. Uinv. of Chicago.
図8　田辺健一（1979）『都市の地域構造，改訂増補版』大明堂

図9　戸所　隆（1986）『都市空間の立体化』古今書院

12節
図1　Atlanta Regional Commission：Employment, 1993 より筆者作成。ベースマップはジョージア州立大地理学教室による。
図2　戸所隆による．高橋・谷内編（1994）『日本の三大都市圏』古今書院，p. 186
図3　富田和暁（1995）『大都市圏の構造的変容』古今書院，p. 13
図4　図3に同じ，p. 39

13節
図1　Truman A. Hartshorn（1992）Interpreting the City：An Urban Geography, John Wily & Sons
写真1　菅野峰明撮影
図2　Thomas J. Baerwald（1978）The Emergence of a New "Downtown", Geographical Review, Vol. 68, pp.308-318 より（1957, 1962, 1971年の土地利用を削除）
写真2　菅野峰明撮影
図5　Institute of Community and Area Development, University of Georgia（1986）The Atlas of Georgia
図6　Paul Guinnes and Michael Bradshaw（1985）North America：A Human Geography, Hodder and Stoughton

14節
表1　日本経済新聞社『会社年鑑』，日本金融通信社『金融名鑑』，ダイヤモンド社『会社職員録』より筆者作成
表2　表1に同じ

15節
表1　河村　武（1987）『大気環境論』p. 44, 原出典 Landsberg（1970）
写真1　朝日新聞社提供
図1　塚本治弘（1990）ヒートアイランド現象と雲，気象，34巻1号，p. 11
図2　米谷恒春による．『水環境の保全と再生』山海堂，p. 23
図3　朝日新聞 1995年9月18日付け
図4　小林　守（1990）同時観測による関東地方の諸都市の気温分布，科学研究費研究成果報告書『都市化の進展に伴う都市気候の変化に関する研究』（研究代表者西沢利栄）p. 41
図5　山下脩二ほか（1995）A Climatology of Diurnal and Annual Variations of Heat Island Intensity in the Medium-Sized Japanese Cities. 東京学芸大学紀要第3部門社会科学，46集，p. 167

16節
写真　戸所隆撮影
図1　戸所隆（2003）危機管理と大都市化・分都市化　日本都市学会年報36
図2　戸所隆（2004）『地域主権への市町村合併―大都市化・分都市化時代の国土戦略―』古今書院

17節
図1　『'95 Jリーグ全選手名鑑』と『サッカー大百科』より筆者作成
図2　J. Bale（1994）Landscapes of modern sport. Leicesten Univ. Press.

18節
図1　Far Eastern Economic Review誌，1995年11月9日号，p. 68
図2　Tim Unwin編（1994）：Atlas of World Development. John Wiley & Sons, p. 184
図3　朝日新聞，1995年9月6日
図4　朝日新聞，1995年10月24日

19節
図1　総務省統計局（2006）『世界の統計』より作成
図2　二宮書店（2006）『データブック　オブ・ザ・ワールド―世界各国要覧と最新統計―』p.119 より作成
図4　国際連合（1993）『世界統計年鑑39集』
図5　日本観光協会（2006）『数字で見る観光』創成社　p.77 を一部改変
図6　JTBパブリッシング（2007）『JTB時刻表2007年1月号』より作成
図7　国土交通省（2005）『航空輸送統計年報』より作成

20節
表1　日本貿易振興会（2006）『アグロトレードハンドブック2006』より作成
図1　各年『木材需給表』より作成
写真1　犬井正撮影
図2　農林水産大臣官房調査課（2006）『食料需給表』より作成
図3　表1に同じ
図4　東京都中央卸売市場（2004）『東京都中央卸売市場年報』より作成
写真2　犬井正撮影

図5　フィールドワークにより作成　出典：犬井正（1992）の p. 47, p. 52
図6　日本青果物輸入安全推進協会（1995）『1994年度輸入青果物統計資料』より作成

21節
図1　日本国勢図会 1994／95 および世界国勢図会 1994／95
図2　世界エネルギー統計（2006年度版）
図3　Illustrated Atlas of the World
図4　図1に同じ
図5　石井吉徳（2001）：21世紀，人類は持続可能か－エネルギーからの視点－，季報　エネルギー総合工学，24-3.

22節
図1　Masser, I., Sviden, O. and Wegener, M.（1992）　The Geography of Europe's Futures. Belhaven, London, p. 94
図2　King, R.（1990）　The Social and Economic Geography of Labour Migration：From Guestworkers to Immigrants. Pinder, D. ed. Western Europe：Challenge and change. Wiley, West sussex, p. 167
図3　Pounds, N.J.G.（1990）　An Historical Geography of Europe. Cambridge Univ. Press, Cambridge, p. 441
図4　図3に同じ p. 164
図5　Schätzl, L.（1993）　Regionalentwicklung der EG im Uberblick. Schätzl, Ludwig ed. Wirtschaftdgeographie der Europäischen Gemeinschaft. Schöningh, Zürich, p. 28
図6　Cole, J. and Francis Cole（1993）　The Geography of the European Community. Routledge, London, p. 251

23節
図1　溝尾良隆（1984）旅の変遷と日本人の旅行特性，観光文化，43巻

24節
表1　ユネスコホームページの世界遺産の登録基準より作成
表2　溝尾良隆作成
写真　溝尾良隆撮影

25節
表1　溝尾良隆作成
写真　溝尾良隆撮影

26節
表1　『2005 我が国の商業』と『平成16年商業統計調査』（経済産業省経済産業政策局調査統計部の商業統計 Hp より筆者作成
表2　表1に同じ
表3　表1に同じ
図1　『平成16年商業統計調査』より GIS ソフト Mandara を使用して筆者作成
図2　図1に同じ

27節
図1　大塚昌利原図
図2　日刊工業新聞社『全国工場通覧』1974・1993年版より作成
図3　日刊工業新聞社『全国工場通覧』1993年版より作成
図4　図3と同じ
図5　大塚昌利原図
表1　大塚昌利作成

28節
図1　内山幸久（1994）　果樹生産地域における土地利用の変遷，地図，32巻3号
図2　図1に同じ

29節
図1　B. L. C. ジョンソン（山中ほか訳，1986）『南アジアの国土と経済　第1巻インド』二宮書店，p. 56
図2　図1に同じ，p. 98
図3　図1に同じ，p. 9
図4　図1に同じ，p. 26
図5　Ashok K. Dutt（1987）Atlas of South Asia. Westview Press, p. 81
図6　図5に同じ，p. 79
図7　図1に同じ，p. 163
図8　佐藤宏ほか編（1989）『もっと知りたいインド I』弘文堂，p. 184

30節
図1　Family Income and Expenditures Survey 1985, 2000 より作成

図2　Philippine Statistical Yearbook 1996, 2006 より作成
図3　Annual Financial Report, Local Governments 1991, 1999 より作成
表1　Local Government Code of 1991 より作成
図4　図2に同じ

31節
図1　グリッグ，D著（1994）『新版第三世界の食料問題』農林統計協会，p. 151
図2　The World Bank Atlas 1994, p. 8, 9
図3　総観地理学講座15巻『産業経済地理（世界）』朝倉書店，p. 255
図4　高橋伸夫ほか（1993）『世界地図を読む』大明堂，p. 93
図5　地理学講座4巻『地域と景観』古今書院，p. 172
図6　図1に同じ

用語解説

本文中に説明のない用語を示す

アルベド 15節
ある面に入射した日射に対する，反射された日射の比率をいい，日射の反射率ともいう。物体にあたった光がどの程度反射されるかを比率（0〜1）で表したもので，まったく反射しなければ0，完全に反射すれば1.0である。たとえば地表面のアルベドは，森林や耕地などに比べて雪面のほうがはるかに大きい。しかし都市地域では，一般に建物などの影響でアルベドは大きくなるという説があるが，建物の高さや密集の程度によってはかえって小さくなることもあり，さらに季節による違いもあって，その関係は複雑である。

以遠権 19節
第三国の航空機による航空旅客運送に関する権利で，A国の航空機がB国を経由してC国に行く際に，B国とA国間およびA国とC国間を流動する旅客だけでなく，B国とC国との間のみを利用する乗客も輸送できる権利をいう。

移動耕作 31節
耕地を移動させることで長い休閑期間を確保し，地力の回復をまつ農業形態。耕作を開始するときに，焼き畑をともなう。

エアロゾル 15節
大気中の微粒子をいう。煙，ちり，霧，もやなどのように，気体中に分散しているごく小さな固体・液体の粒のようなもので，家庭で使う各種のスプレーからも発生する。大気中のエアロゾルの増加は大気汚染の原因となることがある。

永年畑 31節
作物栽培が毎年行われる畑。そのためには肥料を与えることが不可欠で，集落の近くなどに限られることが多い。

エコツーリズム 23節
優れた自然特性をもつ地域の生態系を維持するために，適正収容力を事前評価して，それを損なわずに，観光行動の導入や開発をめざす観光事業。

活断層 16節
第四紀（200万年前〜現在）に活動したことがあり，今後も動く可能性のある断層や現在活動している断層地形。

間伐 20節
樹木が生育してから収穫するまでの間に，林冠が込み合っているところを適当に調整するために行う伐採をいう。

休閑 20節
地力の維持・増大を目的として，耕地を耕作しないで休ませておく状態をいう。日本の耕地面積調査では，原則として耕作しない状態が2年間未満の時は，休閑地として扱い，それ以上の場合は耕作放棄地として取り扱っている。

休閑耕作 31節
比較的短い休閑期間をともなう農業形態。休閑が長期化し，農地が深いヤブや木々におおわれるようなものは，移動耕作という。

休閑期間 31節
作物栽培をしないで，耕地をそのまま放置しておく期間。肥料を与えずに地力を回復させることが，休閑期間を設ける目的である。

近接性 2節
アクセシビリティ(Accessibility)ともいう．地理学では，①ある地点から特定の地点への近づきやすさを意味する相対的近接性(relative accessibility)，②ある地点から特定の地域内に含まれる全地点への近づきやすさを意味する積分的近接性(integral accessibility)，の2つに大きく分けられる．本書で用いられている接触ポテンシャル測度は②に分類される．近づきやすさを表す指標にも，物理的距離だけではなく，時間距離，費用距離，心理距離などがある．

グリーンツーリズム 23節
快適な自然環境のもとで，農村の生活や農家の暮らしにひかれる都市住民を対象に，農家の空き部屋などに長期間滞在させることにより，農家所得に寄与する観光事業。

講 23節
信仰を同じくするものの集まりで，室町地代から発達した社寺参詣を目的として，各地から人を集めて組織された旅行団体。わずかなお金を長年にわたり出し合い，旅費を蓄えて，参詣の目的を果たした。大山講，伊勢講などがよく知られる。

サンベルト 22節
アメリカ合衆国の南部は経済が不振な貧困地域であったが，ニューディール政策が実施された1920年代から第二次大戦にかけて，連邦の助成と油田などの豊富な資源を背景に経済発展と人口増加がみられた。この地域は1970

年代にサンベルトと呼ばれるようになった。

社会資本 22節
経済活動の進展や生活水準の向上のために，国や公的機関によって整備されるべき施設をいう。電気・ガス，鉄道，上下水道，病院，学校などがある。

若齢級の森林 20節
5年の幅で林齢（樹木の成立してからの経過年）を集約したものを齢級という。若齢級の森林とは，材としての伐期に達していない未熟な森林をいう。

除伐 20節
造林目的以外の樹種を取り除くための伐採をいう。造林目的樹種の場合でも，保育上取り除く場合は除伐という。

人口集中地区（DID） 15節
行政区画にとらわれず国勢調査において，実質的な市街地を示すために，人口密度（4000人／km2）をはじめとする一定の基準によって定められた区域。

粗度 15節
地表面のあらさの程度を表すもの。地表粗度の大きさによって，その上を吹く風の速度が変わる。

GIS（地理情報システム） 16節
さまざまな空間（地理）現象に関する情報（資料）を，コンピューターを利用して処理・データベース化し，それらを地図化することによって多面的で高度な空間現象分析を行うシステム。Geographic Information System

扇状地 28節
河川が山地から平地に流れ出ると，河川の勾配が急速に緩やかになって，そこに土砂や礫が堆積して，扇の形をした地形が形成される。

大都市化・分都市化型都市構造 16節
複数の中心核を持つ生活圏（分都市）が，モザイク状にネットワークする形で一つの大都市を形づくる状態をいう。分都市相互は上下関係なく結合し，相互に役割分担をしており，一極集中型大都市構造の対極的構造といえる。一極集中型大都市構造の場合、中心核がダメージを受けることで機能停止に陥るが，大都市化・分都市化型都市構造ではそのリスクが低くなる。

地形図 8節
日本では1万分の1，2.5万分の1，5万分の1地形図が建設省国土地理院から発行され，2.5万分の1地形図が実測図で基本図でもある。昭和40年以降発行された地形図は国際横メルカトル（UTM）図法によって作成されている。

超過利潤 11節
ある産業が特定の場所に立地することによって支払う地代を差し引いたうえで得られる利潤部分。超過利潤が成立しない場所には，当該の産業（企業）活動は成立しない。

堤外地 28節
堤防をはさんで，河床や河道がある範囲を堤外地という。

軟水 27節
カルシウム・マグネシウムの含量が少ない水。IC産業のウェハの処理工程で用いる純水（電気伝導性がある化合物を除去した水）を，硬水より安いコストでつくることができる。

農業構造改善事業 28節
農業の近代化と振興をはかる目的で，1960年代から始められた事業であり，政府の補助金により各種農業施設の設置などがなされてきた。

農業振興地域 28節
土地の用途別利用として，農業の振興のために指定された地域である。農業振興地域では都市的施設のために土地を利用することは制限される。

肥育農家 20節
もと牛を肉用牛に仕立てる経営を行っている農家。子牛の生産を目的にする経営を行っている農家は，子取り農家という。両者の一貫生産を行っている農家もある。

庇蔭樹（ひいんじゅ） 20節
作物に直射日光や，風雨が直接当たらないようにする目的に用いられる樹木。

ビジネスコミュニティー 29節
出身地，出自，宗教などを同じくする企業家の社会集団。資金調達や人材登用などの相互扶助的人脈となる。ビルラ財閥を生んだラジャスタン州のマールワーリが代表的。

非弾力的な価格限界 20節
木材の価格が限界値にまで達しており，生産費の削減などを行っても価格を下げることができないような状態。

フェイルセーフ 16節
人間が作った装置やシステム、構造物などには故障や事故・誤操作が生じることを前提に、それらが発生しても安全に制御できるように設計・製作・建設すること。震災で通信回線が切断されても，直ぐにバックアップ機能が始動できる体制はその例である。

分都市 16節
都市内に複数形成された中心核とその周辺域から成る生活圏の一つを意味する。いわば都市内都市で、新宿・渋谷・上野・浅草・下北沢・駒込などは東京という大都市における分都市である。また、平成の大合併で広域化した都市における旧市町村の多くは分都市に成りうる。

リダンダンシー 16節
必要とする強度や容量・性能に対して、余裕を持って設計・製造することをいう。それにより一部の機能が停止しても最悪の構造破壊へのリスクを低減させることができる。余裕を持って並行道路を造ることで、災害時に交通路を確保することなどを意味する。

連作障害 20節
同じ耕地で数年間同じ作物を栽培していると、特定の病虫害が発生しやすくなったり、土壌の特定な栄養分が欠乏するなどしてしだいに収量が落ちてくることをいう。

路村 28節
道路に沿って細長くのびている形態の集落を路村という。

ロードサイド型店舗 6節
地価の安い郊外の幹線道路沿いに、自家用車の利用を前提として立地する店舗。かつては自動車関連商店や飲食店などが主体であったが、モータリゼーションの普及により家具・家電・洋服・書籍などの量販店、スーパー、ホームセンターなどあらゆる業種にみられる。

わい化栽培 28節
リンゴの木の生長を抑制し、樹高を2.5mほどの高さに留めて、リンゴを栽培する方法。わい化栽培では単位面積当たりの木の本数が多くなる。

ワンストップショッピング 6節
大型店やショッピングセンターなどでは多種多様な商品を取り揃えており、こうした店舗・施設を利用して1カ所ですべての買い物をすませてしまう行動様式のこと。

執筆者紹介（所属・専門分野）

阿部 和俊	あべ かずとし	愛知教育大学名誉教授	都市地理学
井田 仁康	いだ よしやす	筑波大学人間系教授	交通地理学・地理教育
伊東 理	いとう おさむ	関西大学名誉教授	都市地理学
犬井 正	いぬい ただし	獨協大学名誉教授	農業・農村地理学
内山 幸久	うちやま ゆきひさ	立正大学名誉教授	農業・農村地理学
大塚 昌利	おおつか まさとし	立正大学名誉教授	工業地理学
岡本 耕平	おかもと こうへい	名古屋大学大学院環境学研究科教授	行動地理学
小笠原節夫	おがさわら せつお	愛知教育大学名誉教授	人口地理学
貝沼 恵美	かいぬま えみ	立正大学地球環境科学部教授	フィリピン研究
川口 太郎	かわぐち たろう	明治大学文学部教授	都市地理学
菅野 峰明	かんの みねあき	埼玉大学名誉教授	都市地理学・アメリカ地域研究
菊地 俊夫	きくち としお	東京都立大学都市環境科学研究科教授	農業・農村地理学
黒坂 裕之	くろさか ひろゆき	文教大学教育学部教授	気候環境学（1996年逝去）
佐藤 哲夫	さとう てつお	駒澤大学文学部教授	アジア地誌
杉谷 隆	すぎたに たかし	高知大学人文社会科学系教授	地理学
高木 彰彦	たかぎ あきひこ	九州大学大学院人文科学研究院教授	政治地理学
髙橋 重雄	たかはし しげお	青山学院大学経済学部教授	経済地理学
髙橋 誠一	たかはし せいいち	関西大学文学部教授	歴史地理学（2014年逝去）
髙橋 伸夫	たかはし のぶお	筑波大学名誉教授	都市地理学・フランス研究（2013年逝去）
田中 耕市	たなか こういち	茨城大学人文社会科学部教授	GIS・交通地理学
谷内 達	たにうち とおる	東京大学名誉教授	都市地理学
手塚 章	てづか あきら	筑波大学名誉教授	フランス研究
戸所 隆	とどころ たかし	高崎経済大学名誉教授	都市地理学・地域政策論
長坂 政信	ながさか まさのぶ	立正大学名誉教授	農業地理学
平井 誠	ひらい まこと	神奈川大学人間科学部教授	人口地理学
藤井 正	ふじい ただし	追手門学院大学地域創造学部教授	都市地理学
溝尾 良隆	みぞお よしたか	立教大学名誉教授	観光地理学・観光地域振興論
山本 充	やまもと みつる	専修大学文学部教授	農業・農村地理学

書　名	改訂新版ジオグラフィー入門
コード	ISBN978-4-7722-3118-3　C3025
発行日	2008（平成20）年8月20日　初版第1刷発行
	2010（平成22）年1月20日　第2刷発行
	2014（平成26）年8月20日　第3刷発行
	2017（平成29）年5月20日　第4刷発行
	2021（令和 3）年9月10日　第5刷発行

編　者	髙橋伸夫・谷内達・阿部和俊・佐藤哲夫・杉谷隆
	Copyright ©2008 Takahashi, Taniuchi, Abe, Sato, and Sugitani
発行者	株式会社古今書院　橋本寿資
印刷所	株式会社理想社
製本所	渡邉製本株式会社
発行所	古今書院
	〒113-0021　東京都文京区本駒込5-16-3
WEB	http://www.kokon.co.jp
電　話	03-5834-2874
FAX	03-5834-2875
振　替	00100-8-35340

検印省略・Printed in Japan

課題（1）数値を図化する　答案用紙

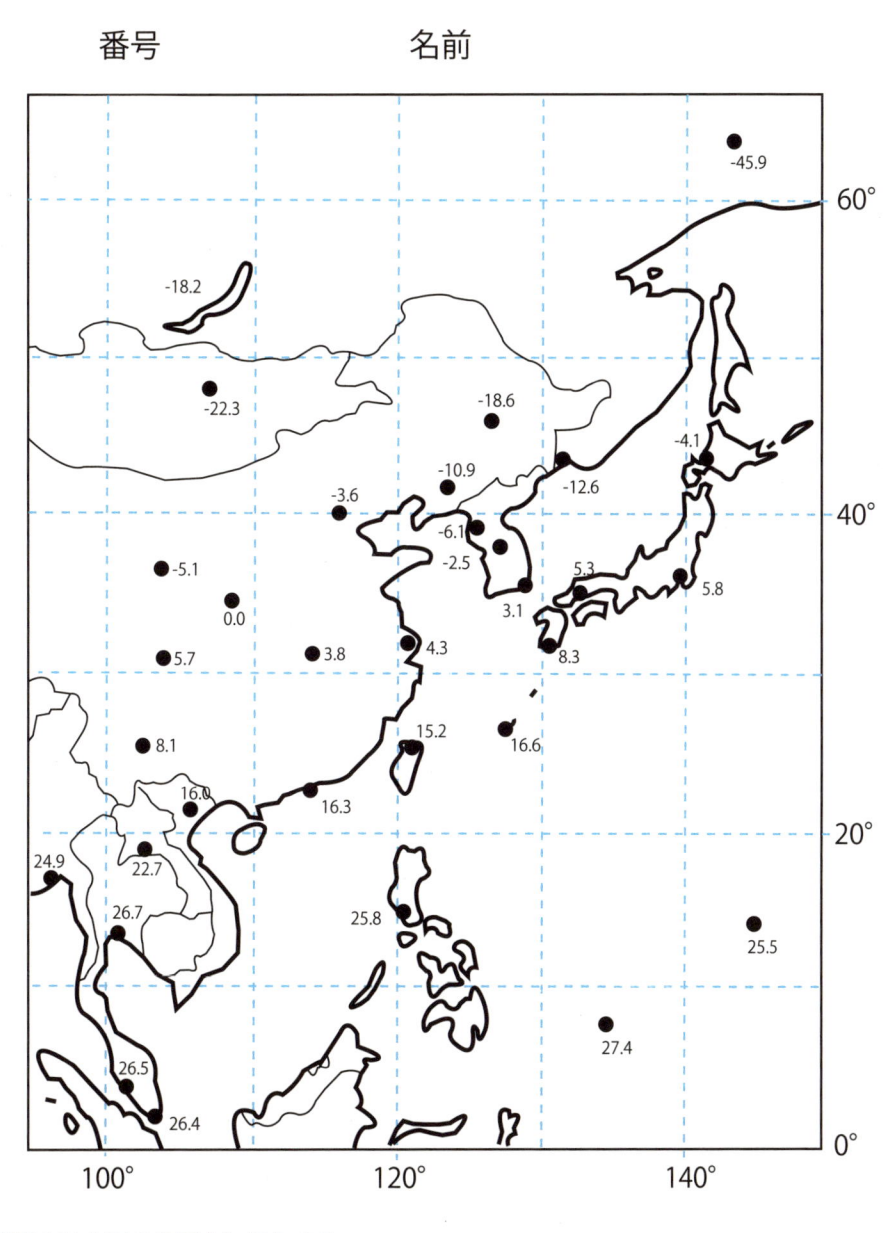

番号　　　　　　名前

課題1は上記の地図中に記入する。

課題2の解答
- _____
- _____
- _____

課題3の解答
- _____

課題 1 は裏ページの地図に等値線を記入する。
課題 2 の解答

_____

_____

_____

課題 3 の解答

_____

_____

_____

課題（2）土地利用の観察　答案用紙

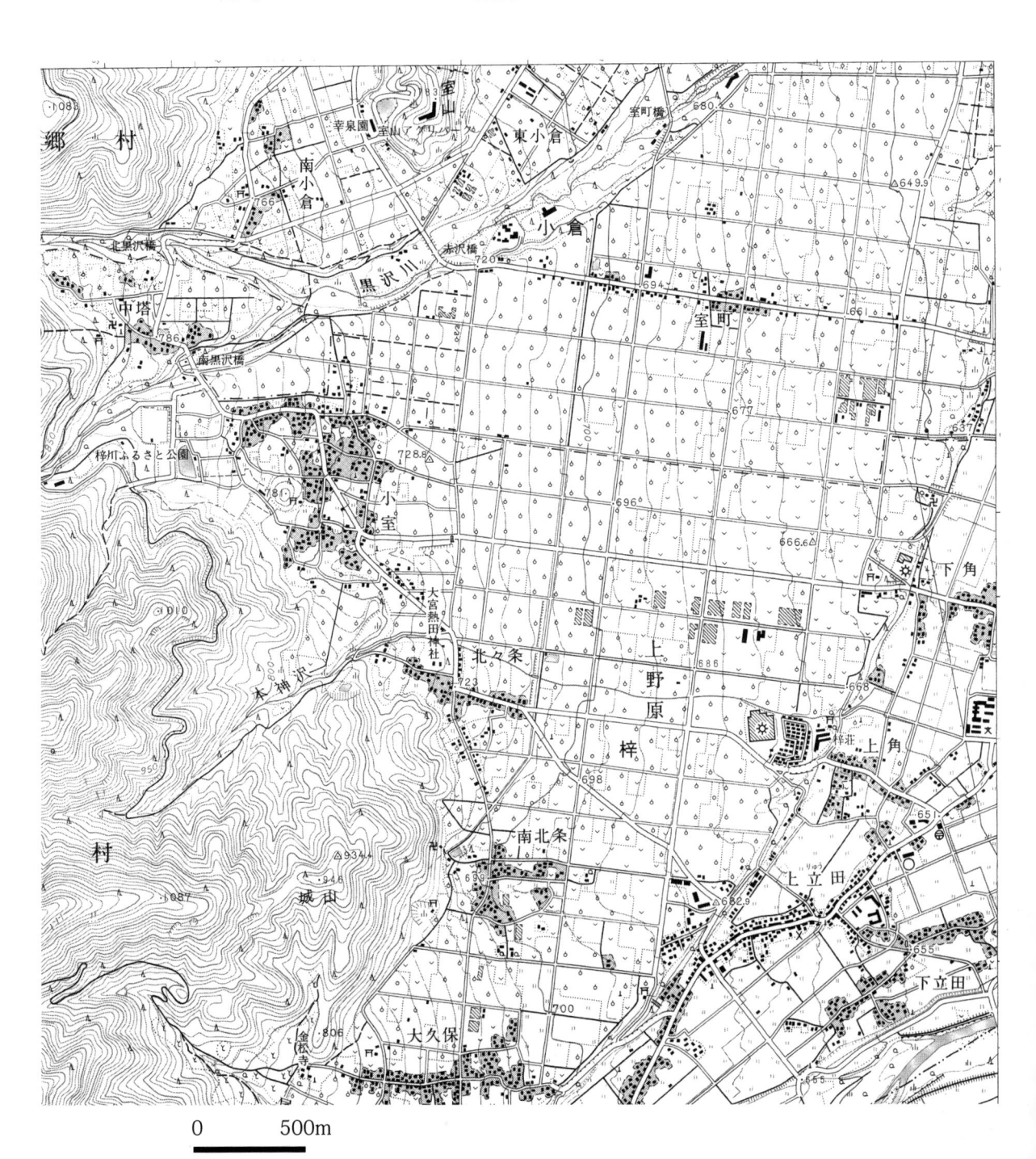

番号　　　　　　　名前

課題 1 は裏ページの地を着色する。
課題 2 の解答

_____

_____

_____

課題 3 の解答

_____

_____

_____

_____

課題（3）システム思考を　答案用紙

番号　　　　　　　名前

人口規模

100000000

10000000

1000000

100000

1　　　　　　　5　　　10
順位

課題1は上のグラフに記入する。

課題2の解答

_____

_____

_____